आज का चाणक्य

मैनेजमेंट गुरु

अमित शाह

राकेश गुप्ता

संपादकः डॉ. अशोक कुमार शर्मा

डायमंड बुक्स

www.diamondbook.in

प्रकाशक : डायमंड पॉकेट बुक्स (प्रा.) लि.
X-30 ओखला इंडस्ट्रियल एरिया, फेज-II
नई दिल्ली - 110 020
फोन : 0111-40712200
ई-मेल : sales@dpb.in
वेबसाइट : www.diamondbook.in

Aaj Ka Chanakya Management Guru Amit Shah
by : Rakesh Gupta

प्रस्तावना

भारत के इतिहास में महान रणनीतिकारों में चाणक्य का नाम सबसे ऊपर आता है। वही चाणक्य, जिन्होंने नंदवंश का खात्मा कर चंद्रगुप्त मौर्य को राजा बनाया और हमारा इतिहास एक स्वर्णिम दौर का चश्मदीद बन पाया। उनके द्वारा रचित 'अर्थशास्त्र' मौर्यकालीन भारतीय समाज का दर्पण कहलाता है। उनके बाद कुशल रणनीतिकारों में किसी का नाम आता है, तो वह निःसंदेह सरदार वल्लभभाई पटेल का है, जिनकी सूझ–बूझ की वजह से पांच सौ से ज्यादा स्व–शासी प्रांत भारत में विलीन हुए। विलय–संधियों की ऐसी रक्तहीन कार्रवाई वैश्विक इतिहास में विरले ही दिखती है। हालांकि, सरदार पटेल आजाद भारत या आधुनिक भारत के चाणक्य नहीं बन पाए, क्योंकि आजादी के तीसरे साल में ही उनका निधन हो गया और उनकी कुशल सांगठनिक क्षमता का गवाह काफी हद तक परतंत्र भारत ही रहा। उनके विरोध में यह तर्क भी जाता है कि वह चाणक्य की तरह नीतियों–सिद्धांतों से कहीं अधिक व्यावहारिकता पर जोर देते थे। इसलिए पटेल 'आधुनिक भारत के बिस्मार्क' कहलाए।

अब अगर इस खोज को आगे बढ़ाएं, तो मौजूदा राजनीति में एक धूमकेतु की तरह उभरता हुआ नाम अमित शाह है, जो कुशल राजनीतिक रणनीतिकार होने के अलावा जबर्दस्त सांगठनिक क्षमता भी रखते हैं। हालांकि, आलोचक यह कह सकते हैं कि उपरोक्त दो महापुरुषों से इनकी तुलना करना अभी जल्दबाजी भरा कदम है, लेकिन आम चुनाव 2014 और उसके बाद के विधानसभा चुनावों में भाजपा को मिली अभूतपूर्व जीत को महज एक तुक्का या अपवाद समझना भी या तो नादानी भरा काम होगा या अमित शाह की प्रतिभा के प्रति उपेक्षा का भाव रखना होगा। उनके

राजनीतिक विरोधी और प्रतिद्वंद्वी भी शायद ही इस बात से असहमति रखते हों कि अब तक अमित शाह की चुनावी रणनीतियां कारगर सिद्ध हुई हैं। इसके अलावा, उन्हें बस संगठन का आदमी या प्रबंधन कला का माहिर इंसान बताना भी उनकी क्षमता को कमतर आंकना ही है।

बेशक, 2014 के आम चुनाव में वह भाजपा के नायक नहीं थे, जो आगे चलकर जननायक भी बने। बेशक, उस लोकसभा चुनाव तक वह पार्टी की तरफ से संगठक (अध्यक्ष) नियुक्त नहीं हुए थे किंतु इसमें कोई दो राय नहीं कि वह पार्टी की जीत के बेहतरीन सूत्रधार थे। सूत्रधार किसी कहानी का किरदार नहीं होता, बल्कि उसके दम पर कहानी घटना-दर-घटना, किरदार-दर-किरदार आगे बढ़ती है। सूत्रधार किसी घटना के होने का इंतजार नहीं करता, बल्कि वह तो घटना को अंजाम देता है। सोलहवीं लोकसभा चुनाव की एक-एक घटना को अपने जेहन में उतारिए, आपकी आंखों के सामने अमित शाह की अभूतपूर्व भूमिका तैरने लगेगी और इसके बाद आप भले ही उनके समर्थक हों या आलोचक, किंतु आप कह उठेंगे कि नायक के लिए सूत्रधार उतना ही महत्त्वपूर्ण होता है, जितना सूत्रधार के लिए नायक और अन्य किरदार।

अमित शाह के लिए साधन और साध्य, दोनों महत्त्वपूर्ण रहा है। शायद इसलिए जब इतिहास तटस्थ होकर उनकी विवेचना करेगा, तो यही लिखेगा कि अमित शाह उन नेताओं में से थे, जिन्होंने सर्वप्रथम अपना और अपनी पार्टी का अंतिम लक्ष्य निर्धारित किया और फिर लक्ष्य से तात्कालिक समय को जोड़ते हुए आगे बढ़ते गए। यकीनन, ऐसे लोग राजनीति में लकीर के फकीर नहीं होते और न ही ऐसे लोग किसी कारवां या किसी टोली का गुमनाम हिस्सा बनते हैं। बल्कि ये चलते हैं और कारवां इनके साथ जुड़ता चला जाता है। अहमदाबाद से दिल्ली तक के सफर में अमित शाह ने इस बात को अक्षरशः सच साबित किया है।

अमित शाह ने यह देखा कि जहां कारवां उनके साथ नहीं जुड़ा, वहां वह अकेले चलने का दुस्साहस भी कर बैठे। राजनीति में अकसर ऐसे फैसले दुस्साहस की श्रेणी में ही आते हैं, क्योंकि अगर जीत मिलती है, तो उसे सामूहिक माना जाता है और इसके कई दावेदार प्रत्यक्ष-परोक्ष रूप से उठ खड़े होते हैं और अगर हार हुई, तो सारा दोष नेतृत्व पर मढ़ा

जाता है, जिसे 'आत्मघाती गोल' और 'पॉलिटिकल डेथ' तक कहा जाता है लेकिन अमित शाह ने ऐसे दुस्साहस भरे फैसले लिए, चाहे हरियाणा में अकेले चलने का निर्णय हो या महाराष्ट्र में चुनाव के ऐन पहले शिवसेना से दशकों पुराना गठबंधन तोड़ना हो। उन्होंने फैसले लिए और उन फैसलों को सुखद अंजाम तक पहुंचाया।

हालांकि, यह निर्विवाद सत्य है कि 2014 लोकसभा चुनाव में भाजपा को मिली जीत मोदी लहर की देन थी लेकिन इस लहर को जमीन पर किसी ने वाकई लहर बनाया, तो वह अमित शाह ही थे। भाजपा के लिए उत्तर प्रदेश की जमीन एक दशक से भी अधिक समय से सूखी हुई थी, उसे उर्वर बनाया अमित शाह ने। अगर हम यह कहें कि विष्णुगुप्त से चाणक्य तक का सफर बिना चंद्रगुप्त के मुमकिन नहीं था, तो इसमें कुछ भी गलत नहीं है लेकिन अगर हम यह कहें कि चाणक्य के बगैर चंद्रगुप्त मौर्य का सम्राट बनना मुमकिन था, तो यह ऐतिहासिक झूठ ही होगा। इसलिए मौजूदा राजनीति में प्रधानमंत्री नरेन्द्र मोदी और भाजपा के राष्ट्रीय अध्यक्ष अमित शाह, दोनों एक-दूसरे के पूरक हैं। अगर अमित शाह खुद को नरेन्द्र मोदी का सिपहसालार मानते हैं, तो रामलीला मैदान से नरेन्द्र मोदी, राजनाथ सिंह और लालकृष्ण आडवाणी की उपस्थिति में यह कहने से नहीं चूकते कि अमितभाई शाह भाजपा के सर्वश्रेष्ठ सफलतम अध्यक्ष हैं।

जिस तरह से भारतीय राजनीति में नरेन्द्र मोदी की प्रशंसा और आलोचना, दोनों संभव हैं, किंतु उन्हें खारिज कर देना असंभव है, उसी तरह, अमित शाह को भी खारिज करना नामुमकिन-सा होता जा रहा है। वर्तमान में उन्होंने अपनी चुनावी रणनीति से राजनीतिक प्रतिद्वंद्वियों को धूल चटाई है। उनका इरादा नरेन्द्र मोदी के साथ मिलकर कांग्रेस मुक्त भारत बनाने का है। इसलिए देश के बाद वह एक-एक प्रदेश को भाजपा की झोली में डालने में जुटे हैं।

उनका यह राजनीतिक मिशन जैसे-जैसे सफल होता जा रहा है, भारतीय राजनीति में उनका बढ़ता कद नई ऊंचाइयों, नई बुलंदियों को छूता जा रहा है।

–राकेश गुप्ता

rg@sadhna.com

प्रकाशकीय

मोदी के हनुमान

भारतीय जनता पार्टी को चुनावी महाभारत का चैम्पियन बनाने वाले नरेंद्र मोदी के हनुमान, अमित अनिल चंद्र शाह के खिलाफ जितने षडयंत्र बुने गए, शायद ही देश के किसी दूसरे राजनीतिज्ञ के विरुद्ध कभी रचे गए होंगे परन्तु वह हर चक्रव्यूह से साफ और बेदाग उबरे और आज देश के सबसे ताकतवर इंसान के सबसे विश्वस्त सहयोगी माने जाते हैं। उनकी कथनी-करनी, दिल और दिमाग को समझने का देश में आज तक कोई प्रयास नहीं किया गया कि आखिर किस तरह एक अत्यंत संपन्न व्यापारिक परिवार का एक उच्च शिक्षित बेटा, आधुनिक राजनीति का चाणक्य और प्रबंधन गुरु बना? किस तरह मानव-संबंधों के इस महान शिल्पकार ने भारतीय जनता पार्टी के दिग्विजय की पटकथा रची? किस प्रकार से घोर निराशाजनक हालातों से उन्होंने संभावनाओं की रोशनी का सृजन किया?

खुद मेरी नजर में अमित शाह नफरत, विद्वेष और अहंकार की शैली से कोसों दूर रहने वाले राजनेता हैं। उनकी अकल्पनीय रणनीतिक दूर-दृष्टि, क्षमता और नियोजन के गुण उनको बिना तपस्या के हासिल हो गए हों, ऐसा हो ही नहीं सकता।

जाहिर है कि सियासी रणनीति के माहिर अमित शाह समाजी जननीति के भी कुशल सारथी होंगे। सवाल यह भी है कि आखिर वे

क्या-क्या हरगिज नहीं हैं? क्या वे अल्पसंख्यकों के शत्रु हैं? हरगिज़ नहीं! क्या वे भ्रष्ट हैं? बिलकुल नहीं! क्या वे जातिवादी हैं? कदापि नहीं!

अमित शाह भारतीय जनता पार्टी के अपने पूर्ववर्ती नेताओं से अधिक युवा हैं और विज्ञान से स्नातक हैं। बहुत कम लोग जानते होंगे कि विरोधियों द्वारा अल्पसंख्यकों का विरोधी कहा जानेवाला यह शख्स खुद एक अल्पसंख्यक जैन धर्मी है, जो सभी धर्मों और उनकी परम्पराओं का बहुत लिहाज करता है।

बाहरी तौर पर बेहद कड़क लगनेवाले अमित शाह शांत स्वभाव के हैं। वह अविश्वसनीय ढंग से बिना थके-रुके और बिना खीज के काम करने की अपार क्षमता रखते हैं। वह कुल चार-पांच घंटे ही आराम करते हैं। सुबह उठने के बाद दैनिक नित्य क्रिया के बाद उन्हें स्वस्थ और प्रोटीन से भरपूर नाश्ता पसंद है। इसमें सीजनल फल भी शामिल होते हैं। यह उन्हें दिन भर ऊर्जावान बनाए रखने में भी सहायक होता है।

इस पुस्तक में आपको कई रोचक तथ्य भी मिलेंगे। मसलन अमित शाह को क्रिकेट खेलने, पढ़ने और समाज सेवा करने का शौक है। उन्होंने अपने सियासी गुरु नरेंद्र मोदी से एक साल पहले ही पार्टी ज्वाइन की थी। अमित शाह को बढ़ावा देने में मोदी जी ने खुद बहुत मेहनत की। खुद मोदी जी ने 1997 में, उनको 'सरखेज' के उपचुनाव में उतरने की सलाह दी। वह उपचुनाव जीतकर विधायक बने। 1998 के चुनाव में अमित शाह ने चुनाव जीतकर अपनी सीट बरकरार रखी। वह लगातार 1997 से 2012 तक सरखेज से विधायक रहे और हर बार उनका मतदान प्रतिशत बढ़ता ही गया।

उन्होंने भाजपा के दिग्गजों लालकृष्ण आडवाणी और अटल बिहारी वाजपेयी के गुजरात से चुनाव लड़ने के समस्त प्रबंधन को बड़ी काबलियत से निभाया। वह 2002 में नरेंद्र मोदी की सरकार में सबसे कम उम्र के (गृह राज्य) मंत्री बने। कुल मिलाकर अमित शाह ने 42 छोटे-बड़े चुनाव लड़े लेकिन उनमें से एक में भी उन्होंने हार का सामना नहीं किया।

सिर्फ अपने सियासी गुरु नरेंद्र मोदी और अपनी पार्टी की धुन में

रहनेवाले अमित इस बात की कतई परवाह नहीं करते कि कोई उनकी किस बात से, उनके बारे में क्या धारणा बनाएगा। जनहित और पार्टी हित में उन्हें जो करना होता है, वह उसमें राई-रत्ती भी कमी नहीं करते। मुझे याद है कि प्रधानमंत्री के शपथ ग्रहण समारोह के समय आमंत्रित अतिथियों की कतार में काफी पीछे और अलग-थलग बैठे अपने धुर विरोधी, समाजवादी पार्टी के मुखिया मुलायम सिंह यादव का भी हाथ थाम कर वह उनको सबसे आगे लाकर बैठाते नजर आए। जाहिर-सी बात है, ऐसी शिष्टता और विनम्रता दिखाने की उनको कोई ज़रूरत या मजबूरी नहीं थी।

अमित शाह आंधियों में भी हमेशा अटल, अप्रभावित और अविचल रहे हैं। हजारों इम्तहान उनकी कार्य शैली और तेजी नहीं छीन पाए। कांग्रेस ने उनको कुचलने के लिए सीबीआई का बहुत ही बेशर्मी से इस्तेमाल किया और तब सबको लगा था कि सियासत का यह सुपर स्टार किसी उल्का पिंड की तरह अंततः राख का ढेर बन कर रह जाएगा, पर वह बखूबी हर मुसीबत और बदनामी से बाहर निकले।

अमित शाह मुकद्दर के सिकंदर तो कतई नहीं हैं क्योंकि खाली उनका मुकद्दर अगर उन पर मेहरबान होता तो वह दुश्मनों के किसी-न-किसी शिकंजे में फंस ही जाते। वह कर्मयोगी हैं और किसी भी चुनौती को अपने लिए नामुमकिन नहीं मानते, वरना जिस भाजपा को उत्तर प्रदेश में अटल-आडवाणी की करिश्माई जोड़ी दस सांसदों से ज्यादा नहीं दिला पायी थी उसे 71 सांसदों की सौगात मिल पाती?

कम लोग जानते होंगे कि मंदिरों के महानगर वाराणसी से नरेंद्र मोदी को चुनाव लड़ाने का फैसला करने में भी उनका ही हाथ था।

बेशक, आधुनिक राजनीति के सबसे चर्चित चेहरों नरेंद्र मोदी-अमित शाह की जुगल जोड़ी कई मामलों में अनोखी और असाधारण है। सभ्यताओं के हिसाब से दोनों दाढ़ी रखते हैं, ज्योतिष और किस्मत पर दोनों को भरोसा नहीं, गुजराती-हिंदी-अंग्रेजी बोलते हैं, ठेठ गुजराती होते हुए भी उत्तर प्रदेश से भी सीधा रिश्ता रखते हैं और विवादों के चक्रव्यूह को काट कर विजयी हुए हैं। दोनों में अनेक अंतर भी हैं- मोदी मुखर

हैं तो अमित प्रायः मौन, मोदी संचार साधनों और सोशल मीडिया प्रेमी हैं तो अमित डोर-टू-डोर सम्पर्क शैली के हिमायती, मोदी राजनीति के मैदान के महारथी हैं तो अमित सियासी संपर्क-नियोजन-प्रबंधन उस्ताद। अमित शाह को कोई भी हलके में नहीं ले सकता। आज की राजनीति में सिर्फ दो ही तरह के लोग बचे हैं एक वे जो उनकी कद्र करते हैं या दूसरे वे जो उनसे डरते हैं।

मोटे तौर पर यह पुस्तक अमित के एक साधारण कार्यकर्ता से भारतीय जनता पार्टी अध्यक्ष बनने तक की दुर्लभ, दुष्कर, दुसाध्य और दुर्गम यात्रा का भी सार है, जिसकी असली तस्वीर शायद ही कभी अमित शाह खुद बयान करना चाहें। पुस्तक में उनके 1983 में अखिल भारतीय विद्यार्थी परिषद से जुड़ने और राजनीतिक करियर के शुरू होने के विवरण से लेकर, सरकार बनने के बाद काम-काज पर खत्म होती है। पुस्तक के लेखक राकेश गुप्ता का वायदा है कि भविष्य के संस्करणों में अमित शाह के जीवन की अन्य बातों का भी समावेश निरंतर किया जाता रहेगा।

आम मतदाता के मन में भी अमित शाह को लेकर बेशक अनेक सवाल होंगे। किस तरह राजनीति की शतरंज में क्षेत्रीय दलों के खतरनाक अवसरवादी पैंतरों को उन्होंने धूल चटाई? किस तरह खंडित जनादेश के कैंसर से प्रभावित अपनी पार्टी को कायाकल्प संजीवनी चखाई? कैसे उन्होंने राष्ट्रीय स्तर पर छिन्न-भिन्न मतदाताओं को प्रचंड जन-समर्थन में बदला? मेरे मन में बहुत समय से उनके बारे में एक जन सुलभ पुस्तक के प्रकाशन की योजना थी, जो भले ही उनकी आत्मकथा या जीवनी न हो मगर आधुनिक युग की भाजपा के इस महारथी के बारे में पाठकों की जिज्ञासाओं को शांत जरूर करे। यह पुस्तक सभी सवालों के जवाब है। एक तरह से यह पुस्तक डायमंड बुक्स की भी एक दीर्घकालिक आकांक्षा की पूर्ति है। अमित शाह अनोखे हैं और उनके महान व्यक्तित्व की थाह एक पुस्तक में लेना नामुमकिन है। कभी परिस्थितियां बनीं तो उनके भाषणों का भी हम सम्पादित संकलन प्रकाशित करने की कोशिश जरूर करेंगे।

अंत में इस पुस्तक में नरेंद्र मोदी से 1982 में अमित शाह की

पहली मुलाकात का प्रसंग पढ़कर मुझे अनायास ही भगवान श्री राम व पवन पुत्र हनुमान की पहली भेंट याद आ गयी।

हनुमान एक राजवंशी तथा आदि देवों में एक, पवन देव की संतान थे परन्तु उन्होंने भगवान श्री राम की मैत्री को कालांतर में एक ऐसी अलौकिक और अमर भक्ति में परिवर्तित कर दिया कि लोग आज तक राम-हनुमान को अविभाज्य आराध्य-द्वय मानते हैं। राम को पूजिए, तो हनुमान प्रसन्न और हनुमान को भजिये तो श्री राम की कृपा पाइए। मेरी हार्दिक शुभकामना है कि नरेंद्र मोदी-अमित शाह की पारस्परिक समझ और संबंधों को सियासी शकुनियों, मंथराओं और राक्षसों की नज़र कभी न लगे।

—नरेंद्र कुमार वर्मा

nk@dpb.in

विषय सूची

अध्याय- एक

बचपन

अहमदाबाद से 50 किमी दूर राजपूत चावड़ा वंश की रियासत और अमित शाह के अपने कस्बे मानसा में उनके बचपन के दोस्तों के पास कई मनोरंजक किस्से हैं। अमित शाह का जन्म मुंबई में एक परंपरागत जैन परिवार में हुआ था। वे एक साधन-संपन्न व प्रतिष्ठित परिवार से संबंध रखते थे। उनके पिता अनिल चंद्र गुजरात में मानसा नगर के जाने-माने व्यवसायी थे। उनका पीवीसी पाइप का व्यवसाय था। अमित शाह की नौवीं कक्षा तक की पढ़ाई मेहसाणा में हुई और इससे आगे की पढ़ाई पूरी करने के लिए वह 1979 में अहमदाबाद चले आए। अहमदाबाद आकर उन्होंने 'सीयू शाह साइंस कॉलिज' से बायो कैमेस्ट्री से बीएससी की डिग्री हासिल की। स्नातक करने के बाद वह अपने पिता के व्यवसाय में हाथ बंटाने लगे। उनके मित्र बताते हैं कि शांत, लेकिन तेज दिमाग और दृढ़ निश्चय वाले अमित शाह हर बार कक्षा के नायक, यानी मॉनिटर चुने जाते थे। वह स्थानीय आरबीएलडी हाई स्कूल में पढ़ते थे, जो शाही परिवार के विशाल महल के पास आज भी मौजूद है। यहीं पर लकड़ी पर नक्काशी वाले दरवाजों वाली हवेली है, जो अमित शाह के दादा गोकलदास की है। गोकलदास मानसा के नगर सेठ परिवार से थे और अपने यहां कभी श्री अरविंदो की मेजबानी कर चुके थे। आज भी अमित शाह के कुर्ते-पायजामे सिलने वाले उनके सहपाठी सुधीर दर्जी बताते हैं कि सातवीं कक्षा में मॉनिटर

बनाए जाने की होड़ में उन्हें 50 बच्चों की कक्षा में 73 प्रतिशत वोट मिले थे।

उनके दो अन्य सहपाठी बिपिन सोनी और किशोर व्यास एक और दिलचस्प घटना बताते हैं। स्कूल में एक नाटक *'पापा नो पक्ष पलटो'* में शाह ने तिकड़मी, लेकिन परिपक्व पिता की भूमिका निभाई थी, जो अपने छह बिगड़ैल बच्चों को रास्ते पर लाता है। अमित शाह के बचपन के एक अन्य मित्र हैं राजुभाई पटेल। वह अहमदाबाद के नौरंगपुरा में उनके साथ कंचे और क्रिकेट खेल चुके हैं। वह याद करते हैं कि किस तरह अमित शाह बतौर एक खिलाड़ी अपने लिए एक लक्ष्य निर्धारित करते थे और लक्ष्य को हासिल करने के लिए रणनीति तैयार करते थे उम्दा रणनीति तैयार करने में उन्हें निपुणता हासिल थी। पटेल कहते हैं, 'उनकी सोच एकदम सटीक थी। वह राष्ट्रीय स्वयंसेवक संघ के राष्ट्रवादी सिद्धांतों के प्रति समर्पित थे। वह किसी जादूगर की तरह हर व्यक्ति में अपेक्षित गुण भांप लेते थे। एक बार लक्ष्य निर्धारित करने के बाद मैंने उन्हें असफल होते नहीं देखा।' यही नहीं, आरएसएस के 78 वर्षीय वरिष्ठ स्वयंसेवक रतिभाई पटेल, 80 के दशक के शुरुआत में अमित शाह को साइकिल पर ले जाते थे। संघ का पहला पाठ अमित शाह ने उनसे ही पढ़ा था। वह भी मानते हैं, 'उनमें रणनीति बनाने की क्षमता गज़ब की है। उनमें फर्क बस यह आया है कि पहले वह सींकिया पहलवान होते थे, आज उनका शरीर भारी-भरकम हो गया है।'

अखिल भारतीय विद्यार्थी परिषद (एबीवीपी) की स्थानीय इकाई में काम कर चुके आरएसएस प्रचारक 58 वर्षीय भरतभाई भट अब एक प्राइमरी स्कूल के प्रिंसिपल हैं। भट बताते हैं कि अमित शाह हमेशा ही साथी कार्यकर्ताओं की मदद को तैयार रहते थे। साल 1998 में अहमदाबाद जिला कोऑपरेटिव बैंक (एडीसीबी) का चेयरमैन बनने के बाद वह छोटे, जरूरतमंद और ईमानदार संघ कार्यकर्ताओं और भाजपा कार्यकर्ताओं को ऋण देने के मामले में उदार थे, लेकिन ब्याज वसूली में उतने ही कड़े भी थे।

अपने पैत्रिक धंधे को विस्तार देने के लिए उन्होंने 20 साल की उम्र में पीवीसी पाइप बनाने की छोटी फैक्टरी खोली। पाइपों की जरूरत गुजरात में टपक सिंचाई के लिए पड़ती थी। वह गुजरात में टपक सिंचाई

के लिए पाइप बनाने वाले पहले उद्यमी थे। नरेन्द्र मोदी ने गुजरात में अपने 12 साल के शासन में टपक सिंचाई पर काफी जोर दिया। आज गुजरात इस मामले में अग्रणी है। बाद में, अमित शाह बीजेपी के पूर्णकालिक सदस्य बन गए।

रतिभाई पटेल, शाह के इस बुलंदी पर पहुंचने का श्रेय, उनकी मां के आशीर्वाद को देते हैं। रतिभाई बताते हैं, 'अमितभाई जब छोटे थे, तो मां कुसुमबेन के पांव छूकर ही घर से बाहर निकलते थे। मां का आशीर्वाद उन्हें फल गया है।' वह एक और बात बताते हैं, 'अमितभाई सोमनाथ मंदिर के उपासक हैं; जब सुप्रीम कोर्ट ने सोहराबुद्दीन केस में गुजरात में उनके प्रवेश पर रोक लगा दी और 2012 में रोक से प्रतिबंध हटा लिया, तो अमितभाई सबसे पहले सोमनाथ मंदिर में पूजा के लिए गए।'

अध्याय दो

शीर्ष से पहले: अमित शाह और मोदी

नरेंद्र मोदी से अमित शाह की पहली मुलाकात अहमदाबाद में लगने वाली राष्ट्रीय स्वयंसेवक संघ की शाखाओं में हुई थी। ऐसा बताया जाता है कि बचपन से ही दोनों इनमें (शाखा) जाया करते थे। हालांकि, जहां नरेन्द्र मोदी एक बेहद सामान्य परिवार से आते थे, वहीं अमित शाह गुजरात के एक रईस-संपन्न परिवार से थे। यह भी स्वीकारा जाता है कि युवावस्था में एकाएक सब कुछ छोड़कर, सभी से संपर्क काटते हुए नरेन्द्र मोदी कथित तौर पर, ज्ञान की तलाश में हिमालय कूच कर गए थे। लेकिन दूसरी तरफ, अमित शाह राष्ट्रीय स्वयंसेवक संघ से जुड़े रहते हुए, शेयर ट्रेडिंग तथा प्लास्टिक के पाइप बनाने के अपने पारिवारिक व्यापार से जुड़े रहे। 80 के दशक की शुरुआत में वापस आने के बाद नरेन्द्र मोदी फिर से राष्ट्रीय स्वयंसेवक संघ से जुड़ गए और बेहद सक्रियता से उसके लिए काम करना शुरू कर दिया। धीरे-धीरे वह राष्ट्रीय स्वयंसेवक संघ की सीढ़ियां चढ़ते गए। इसी दौरान उनकी अमित शाह से दोबारा मुलाकात हुई। शाह उस समय राष्ट्रीय स्वयंसेवक संघ से तो जुड़े थे, लेकिन मुख्य रूप से अपने पारिवारिक कारोबार में लगे हुए थे। मीडिया रिपोर्ट के मुताबिक, इसी बीच अमित शाह ने नरेन्द्र मोदी से भाजपा में शामिल होने की अपनी इच्छा जाहिर की। अमित शाह को लेकर नरेन्द्र मोदी गुजरात भाजपा के तत्कालीन प्रदेशाध्यक्ष शंकर सिंह वाघेला के पास गए। वर्तमान में गुजरात विधानसभा में नेता प्रतिपक्ष और पूर्व मुख्यमंत्री शंकर सिंह वाघेला उस दिन को याद करते हुए कहते हैं, 'मैं पार्टी ऑफिस में ही बैठा था। मोदी

अपने साथ एक लड़के को लेकर मेरे पास आए और कहा कि यह अमित शाह हैं। प्लास्टिक के पाइप बनाने का व्यापार करते हैं। अच्छे व्यवसायी हैं। आप इन्हें पार्टी का कुछ काम दे दीजिए।' इस तरह से अमित शाह भाजपा में शामिल हो गए। भाजपा में शामिल होने के बाद लंबे समय तक शाह की पहचान एक नेता की ही रही, लेकिन वह धीरे-धीरे नरेन्द्र मोदी के करीब होते गए। 90 के दशक में जब गुजरात में भाजपा मजबूत हो रही थी, उस समय अमित शाह के राजनीतिक जीवन में सबसे बड़ा मौका आया। वर्ष 1991 में भाजपा नेता लालकृष्ण आडवाणी ने सांसद का चुनाव लड़ने के लिए गांधीनगर का रुख किया। उस समय अमित शाह ने नरेन्द्र मोदी के सामने लालकृष्ण आडवाणी के चुनाव प्रबंधन की कमान संभालने की इच्छा जाहिर की थी। अमित शाह का दावा था कि वह अकेले बहुत अच्छी तरह से पूरे चुनाव की जिम्मेदारी संभाल सकते हैं। अगर लालकृष्ण आडवाणी यहां अपना चुनाव प्रचार नहीं करते हैं, तब भी वह इस सीट को आडवाणी के लिए जीत के दिखाएंगे। अमित शाह के इस आत्मविश्वास से नरेन्द्र मोदी बड़े प्रभावित हुए और आडवाणी की उस सीट के चुनावी प्रबंधन की पूरी कमान उन्हें सौंप दी गई। आडवाणी उस चुनाव में भारी मतों से जीते। इस चुनाव के बाद अमित शाह का कद गुजरात की राजनीति में बढ़ता चला गया। इसी तरह का मौका 1996 में भी अमित शाह के पास आया। जब पार्टी नेता अटल बिहारी वाजपेयी ने गांधीनगर (गुजरात) से चुनाव लड़ना तय किया। नरेन्द्र मोदी के कहने पर उस चुनाव की पूरी जिम्मेदारी फिर से अमित शाह को ही सौंपी गई। उस समय अटल बिहारी वाजपेयी पूरे देश में पार्टी का प्रचार कर रहे थे। ऐसे में उन्होंने अपने क्षेत्र में न के बराबर समय दिया। पूरा दारोमदार पार्टी ने अमित शाह के कंधे पर दे रखा था। नरेन्द्र मोदी को यकीन था कि जिस व्यक्ति को पार्टी ने गांधीनगर की जिम्मेदारी सौंपी है, वह इसमें जरूर सफल होगा और यही हुआ।

गुजरात की राजनीति को जानने-समझने वाले बताते हैं कि इन दो चुनावी कामयाबियों ने अमित शाह के जीवन पर तीन तरह से असर डाला। सबसे बड़ा प्रभाव यह पड़ा कि अमित शाह एक छोटे नेता की छवि से बाहर निकलकर एक ऐसे नेता के रूप में स्थापित हो गए, जो चुनावी प्रबंधन में बेहद माहिर है। दूसरा प्रभाव यह पड़ा कि भाजपा के दो शीर्ष नेताओं के सफल चुनाव प्रबंधन के चलते वे उन नेताओं, यानी

अटल बिहारी वाजपेयी और लालकृष्ण आडवाणी की नज़रों में आ गए थे। तीसरा प्रभाव, वह नरेन्द्र मोदी के और अधिक विश्वासपात्र और करीबी हो गए। शुरुआत में काफी लंबे समय तक अमित शाह की राजनीति अहमदाबाद शहर के इर्द-गिर्द सीमित थी, लेकिन अटल-आडवाणी के आशीर्वाद और मोदी के वरदहस्त ने अमित शाह के राजनीतिक सपनों को उड़ान दी। अब उनकी नज़र गुजरात की सहकारी संस्थाओं पर थी। पूरे राज्य में, बैंकों से लेकर दूध तक से जुड़ी कोऑपरेटिव संस्थाओं पर कांग्रेस पार्टी का कब्जा था। अमित शाह ने अहमदाबाद में इन संस्थाओं पर भगवा फहराने की शुरुआत कर दी। प्रदेश की राजनीति को समझने वाले लोग, कांग्रेस के राज्य में बदहाल स्थिति को, कोऑपरेटिव पर उसके खत्म हुए प्रभाव से भी जोड़कर देखते हैं। सहकारी संस्थाओं के बाद शाह का अगला निशाना गुजरात क्रिकेट संघ था। जानकार बताते हैं कि प्रदेश के क्रिकेट संघ पर वर्षों से कांग्रेस नेता नरहरि अमीन का कब्जा था। अमित शाह ने यहां भी अपनी तैयारी से कांग्रेस को पटखनी दे दी और डेढ़ दशक से ज्यादा के उसके एकाधिकार को खत्म कर दिया। कालांतर में उन्होंने संघ की कुर्सी पर नरेन्द्र मोदी को बिठाया और खुद उपाध्यक्ष की कुर्सी पर बैठे।

खैर, प्रदेश के राजनीतिक समीकरण आने वाले समय में कुछ इस कदर बदले कि वर्ष 1986 में, नरेन्द्र मोदी राष्ट्रीय सचिव बनकर दिल्ली आ गए। यहां आकर वह कई राज्यों के प्रभारी बने और कुशाभाऊ ठाकरे के राष्ट्रीय अध्यक्ष बनने के बाद महासचिव भी बनाए गए लेकिन नरेन्द्र मोदी का मन गुजरात से दूर नहीं हो पाया था। वह वहां की राजनीतिक गतिविधियों पर लगातार नज़र बनाए हुए थे। इस दौरान अमित शाह ने केशुभाई पटेल के करीबी लोगों में अपनी जगह बना ली थी। उधर, केशुभाई पटेल के नेतृत्व में प्रदेश भाजपा की स्थिति लगातार कमजोर होती जा रही थी। पार्टी स्थानीय चुनावों से लेकर उपचुनावों तक में हार का मुंह देख रही थी। इसी बीच 2001 में गुजरात को भयानक भूकंप का सामना करना पड़ा। भूकंप पीड़ितों को राहत पहुंचाने के मामले में भी प्रदेश सरकार की काफी आलोचना होने लगी। इसके बाद तो पूरा माहौल ही बदल गया कि केशुभाई पटेल के नेतृत्व में अगर सरकार को छोड़ा गया, तो आगामी चुनावों में भाजपा की हार तय है। केशुभाई के खिलाफ दिल्ली में खूब लॉबिंग हुई। स्थानीय अखबारों से लेकर राष्ट्रीय पत्रिकाओं के पास गुजरात भाजपा की तरफ से ही केशुभाई के खिलाफ खबरें आने

लगीं। केशुभाई को प्रदेश के मुखिया की गद्दी से हटाकर, नरेन्द्र मोदी को प्रदेश की कमान सौंप दी गई।

यहां से मोदी और अमित शाह के संबंधों के एक नए दौर की शुरुआत होती है। 2002 में, पार्टी ने अमित शाह को सरखेज विधानसभा से टिकट दिया। चुनाव में वह रिकॉर्ड एक लाख, 60 हजार मतों से जीत कर आए। यह आंकड़ा 2007 में जाकर 2 लाख, 35 हजार पर पहुंच गया। 2002 में प्रदेश में जब नरेन्द्र मोदी के नेतृत्व में भाजपा की फिर सरकार बनी, तो सरकार में सबसे कम उम्र के अमित शाह को गृह (राज्य) मंत्री बनाया गया। यही नहीं, सबसे अधिक 10 मंत्रालय उन्हें दिए गए। मोदी ने शाह को 90 फीसदी से अधिक कैबिनेट समितियों का सदस्य भी बनाया।

चुनावी राजनीति में माहिर अमित शाह के नाम यह रिकॉर्ड भी है कि अपने जीवन में उन्होंने अब तक कुल 42 छोटे-बड़े चुनाव लड़े, लेकिन उनमें से एक में भी उन्होंने हार का सामना नहीं किया। अपने राजनीतिक करियर में अमित शाह की छवि बेहद लो-प्राफेाइल रखने वाले व्यक्ति की है। एक ऐसा व्यक्ति, जो मीडिया से नरेन्द्र मोदी के समान ही दूरी बरतता है। बेहद नपे-तुले शब्दों में अपनी बात अमित शाह रखते हैं। गुजरात में पार्टी के प्रदेशाध्यक्ष कानजी एस. ठाकुर कहते हैं, 'वह सभी को साथ में लेकर चलते हैं। उनमें कोई घमंड नहीं है। हां, यह है कि वे जो सच होता है, सीधे मुंह पर बोल देते हैं। किसी को अच्छा लगे या बुरा।'

मोदी और शाह के बीच के अब तक के आपसी संबंध और शाह की चुनावी काबिलीयत से यह बात समझी जा सकती है कि क्यों मोदी ने उनको उत्तर प्रदेश का चुनाव प्रभारी बनाया। उत्तर प्रदेश का चुनाव प्रभारी बनने के बाद से, अमित शाह ने प्रदेश में भाजपा की जीत के लिए युद्धस्तर पर काम करना शुरू किया।

अध्याय तीन

उत्तर प्रदेश में प्रवेश

भारतीय राजनीति में एक कहावत है: दिल्ली का रास्ता लखनऊ से होकर जाता है। नेहरू-गांधी युग से लेकर अटल बिहारी वाजपेयी के शासनकाल तक यह कहावत, भारतीय राजनीति में सही साबित होती रही। देश के पहले प्रधानमंत्री पंडित जवाहरलाल नेहरू स्वयं इलाहाबाद से जीतकर आते थे। गांधी परिवार के अलावा, किसी भी अन्य के लिए अमेठी-रायबरेली अब भी एक अभेद्य दुर्ग की तरह है और मौजूदा प्रधानमंत्री नरेन्द्र मोदी से पहले भारतीय जनता पार्टी की तरफ से इस गद्दी को पाने वाले लोकप्रिय नेता अटल बिहारी वाजपेयी का संसदीय क्षेत्र लखनऊ ही रहा।

लखनऊ मतलब पूरा उत्तर प्रदेश- उत्तर प्रदेश पश्चिम में दिल्ली से सटे राष्ट्रीय राजधानी परिक्षेत्र गाज़ियाबाद से लेकर पूरब में बिहार से लगते गोरखपुर तक फैला है। यह राज्य अपने अंदर 80 संसदीय क्षेत्रों को समेटे हुए है और यहां बड़े राजनीतिक प्रभुत्व का सीधा-सा मतलब पूरी हिंदी पट्टी या भारत के मैदानी क्षेत्र पर अपना राजनीतिक वर्चस्व माना जाता है।

बेशक, मैदानी पट्टी में कई सारे क्षेत्रीय राजनीतिक दलों के उद्भव से, किसी भी राष्ट्रीय राजनीतिक दल के लिए यह काम टेढ़ी खीर की तरह हो चुका है लेकिन 2014 के आम चुनाव में भारतीय जनता पार्टी ने यह साबित कर दिया कि वह इस प्रदेश की न केवल राजनीतिक अहमियत समझती है, बल्कि समाजवादी पार्टी और बहुजन समाज पार्टी

जैसे बड़े जनाधार वाले क्षेत्रीय राजनीतिक दलों के बीच अपना वर्चस्व स्थापित करना भी जानती है। स्वयं प्रधानमंत्री नरेन्द्र मोदी ने इस लिटमस टेस्ट को पास किया। वह काशी नगरी, वाराणसी से मैदान में कूदे और उनके इशारे पर ही पार्टी ने अमित शाह को उत्तर प्रदेश प्रभारी बनाकर एक महत्त्वपूर्ण दायित्व सौंपा। फिर अमित शाह ने जो राजनीतिक हवा दी, उसका असर देखकर पार्टी ने अपने दर्जनों विविध और महत्त्वपूर्ण चेहरों को (राजनाथ सिंह, मुरली मनोहर जोशी, कलराज मिश्र से लेकर फिल्म अभिनेत्री हेमा मालिनी और पूर्व थलसेना अध्यक्ष जनरल वी.के. सिंह) यहां से टिकट दिए। अमित शाह के कुशल सांगठनिक नेतृत्व, चुनाव प्रबंधन की बेजोड़ कला और ओजस्वी भाषण से माहौल को अपने पक्ष में करने की खासियत ने पार्टी के लिए तमाम राजनीतिक पंडितों के कयासों और सर्वेक्षणों की उम्मीद से कहीं बेहतर स्थिति पेश की। गौरतलब है कि राजनीतिक पंडित भारतीय जनता पार्टी को, सभी पासे सही पड़ने की परिस्थिति में भी अधिक-से-अधिक 40 सीटें (उत्तर प्रदेश की कुल सीटों की आधी संख्या) दे रहे थे, लेकिन पार्टी वहां से बहुमूल्य 73 सीटें जीतने में कामयाब रही और इस सफलता का सारा श्रेय अमित शाह को देने से उनके धुर आलोचक भी पीछे नहीं हट सकते, क्योंकि एक बड़ा अंतर तो यही दिख जाता है कि पार्टी ने उत्तर प्रदेश में पिछले लोकसभा चुनाव (2009) के मुकाबले 63 सीटें अधिक जीतीं।

जीत का यह रास्ता इतना आसान भी नहीं था, यह बात अमित शाह जानते थे। इसमें भी कोई दो राय नहीं कि उत्तर प्रदेश का राजनीतिक उर्वर क्षेत्र कई राजनीतिक महारथियों के लिए बंजर साबित हो चुका है। जैसे 2014 के आम चुनाव में कांग्रेस के उत्तर प्रदेश प्रभारी और राहुल गांधी के करीबी समझे जाने वाले मधुसूदन मिस्त्री के लिए हुआ। 1996, 1998 और 1999 में भारतीय जनता पार्टी उत्तर प्रदेश की राजनीति में सफलता के झंडे गाड़ चुकी थी, लेकिन बाद के आम चुनावों में पार्टी के हाथों से प्रदेश फिसलता गया। जहां 1998 के आम चुनाव में पार्टी को 59 सीटें मिली थीं, वहीं 2009 में यह 10 सीटों पर सिमट गई। भाजपा के बड़े नेता कल्याण सिंह वहां के मुख्यमंत्री (24 जनवरी, 1991- 06 दिसबंर, 1992 और 21 सितंबर, 1997- 12 नवंबर,

1999) रह चुके हैं। अमित शाह से पूर्व, भारतीय जनता पार्टी के अध्यक्ष रह चुके (वर्तमान गृहमंत्री) राजनाथ सिंह भी प्रदेश के मुख्यमंत्री रहे हैं। उनका शासनकाल 28 अक्टूबर, 2000 से 08 मार्च, 2002 तक रहा। यह तो साफ था कि अगर भारतीय जनता पार्टी को केंद्र में अच्छा प्रदर्शन करना है, तो उसे उत्तर प्रदेश से अधिकतम सीटें जीतनी होंगी। यह अमित शाह के सामने एक बड़ी चुनौती थी। यह चुनौती तब और बड़ी हो जाती है, जब आपके सामने इतिहास यों है कि उत्तर प्रदेश कई महारथियों के लिए कब्रिस्तान साबित हो चुका है। भाजपा के कद्दावर नेता और रणनीतिक कौशल के महारथी दिवंगत प्रमोद महाजन भी यहां पार्टी को पुनर्जीवित करने में बुरी तरह नाकाम हुए थे। 2014 के आम चुनाव के तकरीबन नौ महीने पहले तक भाजपा की प्रदेश इकाई एक आभासी युद्धक्षेत्र थी। अहं का टकराव और विभिन्न गुटों के बीच खींचतान, दोनों ही आम थे। साथ ही, यह सोच क्षेत्रीय नेताओं और कार्यकर्ताओं में पैठ कर गई थी कि पार्टी वहां सिर्फ और सिर्फ राम मंदिर के मसले पर बची हुई है और उन्हें इस हिंदुत्व मुद्दे को ज़िंदा रखना है। आलोचकों की नजर में भी बेशक यह बात हो, लेकिन पार्टी के अंदर गतिशीलता-सक्रियता को लाने में यह एक बड़ी रुकावट थी, खासकर गुजरात के विकास मॉडल और बदलाव-सुधारों के नारों के बीच। उत्तर प्रदेश भाजपा भारी विवादों के बीच महामंत्रियों से बंटा हुआ था। साफ तौर पर उत्तर प्रदेश प्रभारी के लिए वहां की राह कठिन थी, क्योंकि उन्हें जो दायित्व सौंपा गया था, उसे पूरा करने से पहले उनके सामने भाजपा के सांगठनिक पुनरुद्धार की आवश्यकता थी। देखते-ही-देखते अमित शाह के सामने दोहरी चुनौती आ गई थी- पहली, चुनावी मैदान में कूदने से पहले प्रदेश भाजपा के अंदर सांगठनिक पुनरुद्धार को सफल बनाना, ताकि पार्टी के नेता और कार्यकर्ता एकजुट होकर चुनाव मैदान में कूदें और दूसरी चुनौती थी कि तमाम कूटनीतिक और चुनावी प्रबंधन के जरिये राज्य में पार्टी को अधिक-से-अधिक सीटें दिलाना।

19 मई, 2013 वह तारीख थी, जब भारतीय जनता पार्टी के संगठन के अंदर एक बड़ा फेरबदल हुआ। पार्टी की पोल-मशीनरी का पुनर्गठन करते हुए तत्कालीन पार्टी अध्यक्ष राजनाथ सिंह ने अमित शाह को उत्तर

प्रदेश का प्रभारी बनाया। जाहिर है, यह कदम 2014 के आम चुनाव को देखते हुए उठाया गया था और संभवतः इसमें गुजरात के तत्कालीन मुख्यमंत्री नरेन्द्र मोदी की सहमति रही होगी। गुजरात में लगातार तीन भाजपा-शासनकाल देकर नरेन्द्र मोदी, तब तक पार्टी के अंदर सबसे बड़े नेता के तौर पर उभरने लगे थे। भाजपा के अंदर एक बड़ा तबका उनमें देश के अगले प्रधानमंत्री का अक्स देख रहा था। राष्ट्रीय स्वयंसेवक संघ का हाथ उनके कंधे पर था ही। हालांकि, तब वह भारतीय जनता पार्टी की तरफ से प्रधानमंत्री पद के उम्मीदवार घोषित नहीं हुए थे। इसकी औपचारिक घोषणा सितंबर की संसदीय समिति के बाद हुई थी। बहरहाल, नरेन्द्र मोदी इस घोषणा से पहले ही पार्टी के स्टार प्रचारक बन गए थे और उन्हें उनके आलोचक भी संभावनाओं से भरा व्यक्तित्व बता रहे थे। 9 जून, 2013 को गोवा में राष्ट्रीय कार्यकारिणी की बैठक में उन्हें चुनाव अभियान समिति का अध्यक्ष बना दिया गया था। ऐसा माना गया कि यह फैसला उन्हें प्रधानमंत्री पद के उम्मीदवार बनाने से एक कदम पीछे का है, क्योंकि तब भारतीय जनता पार्टी के अंदर और राष्ट्रीय जनतांत्रिक गठबंधन के भीतर नरेन्द्र मोदी को लेकर आम सहमति नहीं बनी थी।

नरेन्द्र मोदी के ही इशारे पर मार्च, 2013 में अमित शाह को पार्टी महासचिव बनाया गया और उसके ठीक डेढ़ महीने बाद यानी गोवा में राष्ट्रीय कार्यकारिणी की बैठक के चार दिन बाद, 12 जून, 2013 को उन्हें उत्तर प्रदेश की भी जिम्मेदारी दी गई। हालांकि, तब इस नियुक्ति में मोदी फैक्टर को खारिज किया गया था। तत्कालीन पार्टी अध्यक्ष राजनाथ सिंह ने कहा था, 'नरेन्द्रभाई मोदी ने किसी भी नाम की अनुशंसा नहीं की है। वह (अमित शाह) गुजरात में एक सफल मंत्री रह चुके हैं। मुझे विश्वास है कि वह पार्टी के लिए उत्तर प्रदेश में उपयोगी साबित होंगे।' लेकिन यह अनिवार्य नहीं कि राजनीति में मीडिया के सामने जो बातें कही जाती हैं, वे सही ही हों। परदे के पीछे भी बहुत कुछ चल रहा होता है।

ऐसा कहा जाता है कि भाजपा के रणनीतिकार अमित शाह का 'मिशन यूपी' इससे करीब एक साल पहले से ही शुरू हो चुका था। वह

उत्तर प्रदेश विधानसभा चुनावों के दौरान ही प्रदेश की राजनीति में अपनी भूमिकाओं को तलाशते दिखे और कुछ दौरे भी किए। मायावती की बहुजन समाज पार्टी पर मुलायम सिंह यादव की समाजवादी पार्टी की जीत की राजनीतिक और सामाजिक इंजीनियरिंग का उन्होंने बारीकी से अध्ययन किया था।

खैर, अमित शाह को उत्तर प्रदेश की कमान सौंपने को लेकर भारतीय जनता पार्टी में बनी आम सहमति का अंदाजा, वयोवृद्ध भाजपा नेता मुरली मनोहर जोशी के उस वक्तव्य से लग जाता है, जो उन्होंने एक दिन बाद कही। उन्होंने कहा, 'अमित शाह एक अनुभवी नेता हैं। पार्टी उत्तर प्रदेश को बहुत महत्व देती है और इसलिए उन्हें राजनीतिक रूप से महत्वपूर्ण राज्य का प्रभारी बनाया गया है।' अकेले मुरली मनोहर जोशी ही नहीं, पार्टी के सभी वरिष्ठ नेताओं ने भी अमित शाह को बधाई दी।

भारतीय जनता पार्टी के इस फैसले के बाद उत्तर प्रदेश की भाजपा इकाई स्फूर्त हो उठी और कार्यकर्ताओं का मनोबल अपने चरम पर पहुंच गया। साथ ही, भारतीय राजनीति में अचानक से ज्वार फूट पड़ा। समर्थन और विरोध की राजनीति भी तेज हो गई। राजनीतिक विश्लेषकों का एक तबका यह मानता है कि उत्तर प्रदेश में तमाम विरोधी पार्टियों के हाशिये पर चले जाने की एक वजह यह भी रही कि उनके हमले व्यक्ति आधारित होने लगे, न कि पार्टी आधारित। कहने का मतलब यह कि सभी विपक्षी राजनीतिक पार्टियों के निशाने पर अमित शाह थे, न कि भारतीय जनता पार्टी। ऐसी नकारात्मक व निजी हमले पर आधारित सियासत लंबे समय तक सफल नहीं होती, इसका उदाहरण उत्तर प्रदेश से आए चुनावी नतीजे हैं। बहरहाल, अमित शाह की अपार लोकप्रियता की झलक तब दिखी, जब 12 जून, 2013 की सुबह को ही वह बतौर प्रभारी पहली बार उत्तर प्रदेश के दौरे पर गए। इससे यह अंदाजा लग जाता है कि अमित शाह अपनी प्रतिबद्धताओं और जिम्मेदारियों को संभालने का अद्वितीय व्यक्तित्व रखते हैं। वहां उन्होंने भाजपा के प्रदेश पदाधिकारियों, विभिन्न शाखाओं के अध्यक्षों और विभिन्न प्रकोष्ठों के संयोजकों से मुलाकात की। यहां तक कि विधानसभा भवन के पास भाजपा प्रदेश इकाई के दफ्तर में वह तमाम बड़े क्षेत्रीय नेताओं को एक

मंच पर लाने में सफल रहे। कल तक भाजपा की जो क्षेत्रीय इकाई अंदरखानों में बंटी थी और गुटबंदी का अड्डा बन चुकी थी, आज वही अमित शाह को ध्यान से सुन रही थी। पार्टी के तत्कालीन प्रदेश अध्यक्ष लक्ष्मीकांत वाजपेयी उनकी 12 जून, 2013 की लखनऊ बैठक के बारे में बताते हैं कि 'बड़े ही खुशनुमा माहौल में हम लोगों की बातचीत हुई और क्षेत्रीय पदाधिकारियों के बीच सकारात्मक ऊर्जा का संचार हुआ।' इस बैठक में क्या-कुछ बातें हुईं, अमित शाह ने पार्टी नेताओं को क्या दिशा-निर्देश दिए, इसका स्पष्ट अंदाजा नहीं लग पाता है। क्योंकि एक तरफ तो उस बैठक में मौजूद रहे ज्यादातर नेता उनके जोरदार स्वागत की बातें करते हैं और उस मुलाकात को गर्मजोशी से हुई आपसी परिचय का नाम देते हैं। सब एक स्वर से स्वीकारते हैं कि उसी दिन तय हो गया था कि प्रदेश में अच्छे दिन आने वाले हैं। दूसरी तरफ, जो उस बैठक की मीडिया रिपोर्ट मिलती है, उसके मुताबिक, यह कहा जाना अतिशयोक्ति नहीं होगा कि अमित शाह ने अपनी पहली बैठक में अपने इरादे स्पष्ट कर दिए थे कि वह यहां हनीमून मनाने नहीं, बल्कि 'मिशन 273 प्लस' को अंजाम देने पहुंचे हैं। कुछ ही घंटों में उन्होंने उत्तर-प्रदेश की व्यूह-रचना तैयार कर दी थी। बैठक में सख्त चेहरा लिए अमित शाह धड़ल्ले से बोलते जा रहे थे, जिसमें उत्तर प्रदेश की कुल पोलिंग बूथों की तुलना, राज्य में सक्रिय भाजपा कार्यकर्ताओं की संख्या से की जा रही थी। उनकी तरफ से पार्टी के बड़े-बड़े क्षेत्रीय नेताओं को साफ तौर पर कहा गया, 'आपको पोलिंग बूथ पर अपना ध्यान देना होगा। यही वह जगह है, जहां से सब कुछ शुरू होगा और यहीं पर सब कुछ सही और स्पष्ट होना चाहिए।' उनके इस संदेश का प्रभाव यह रहा कि भाजपा के प्रदेश अध्यक्ष लक्ष्मीकांत वाजपेयी ने भी उदाहरण पेश करने के लिए एक बूथ की जिम्मेदारी ली। इस पहल के दो अर्थ निकलते हैं। पहला, अमित शाह ने उत्तर प्रदेश में पार्टी के बड़े नेताओं को सीधे जमीन से जोड़ने का काम किया और दूसरा, उन्होंने सबकी जिम्मेदारी भी तय कर दी। अपनी यात्रा के दूसरे दिन, यानी 13 जून, 2013 को वह मीडिया से मुख़ातिब हुए और कहा कि 'भाजपा के प्रतिबद्ध कार्यकर्ताओं से हुई मेरी बातचीत के आधार पर मुझे भरोसा हो गया है कि भाजपा के लिए

दिल्ली का रास्ता लखनऊ से होकर ही जाएगा।' उन्होंने यह भी भरोसा दिलाया कि पार्टी को राज्य में मजबूत करने के लिए वह महीने में बीस दिन यहीं गुजारेंगे। ज्यादातर मीडियाकर्मियों का मानना है कि वह चुनाव के दौरान इस वचन से बंधे रहे और अक्सर कहते थे कि अब यहीं आइए, फिर बातचीत होगी।

जून, 2013 से मई, 2014 के लोकसभा चुनावों के बीच के समय-अंतराल को देखें, तो अमित शाह के पास बामुश्किल 11 महीने ही बचे थे और इसी बीच उन्हें भाजपा के लिए 360 डिग्री से कायापलट करना था। संप्रग सरकार की नीतियों के खिलाफ पूरे भारत में उठ खड़े हुए जनाक्रोश और हिंदी पट्टी छोड़कर बाकी भारत में नरेन्द्र मोदी की बढ़ती लोकप्रियता को उन्हें उत्तर प्रदेश की भूमि पर जल्द-से-जल्द लागू करना था। इसलिए यह काम इतना आसान नहीं था, क्योंकि यह प्रदेश अपने जातिगत समीकरणों के लिए अधिक जाना जाता है और बड़े क्षत्रपों के बीच 'मोदी लहर' की सौ फीसदी सफलता के आसार नहीं दिख रहे थे।

इस विषम परिस्थिति में मतदाताओं तक अपनी बात पहुंचाने के लिए उन्हें एकजुट और आंदोलित करना जरूरी था। एक बहुसंख्यक तबके को विकास की राजनीति के लिए लामबंद करने से पहले यह जरूरी था कि उसकी संवेदनाओं को सियासत में तरजीह दी जाए। ऐसे में अक्सर आस्था यथार्थ से ज्यादा प्रभावी साबित होती है। पार्टी के तमाम शुभचिंतकों को यह लगने लगा कि मोदी के विकास के नारे को उत्तर प्रदेश के घर-घर तक पहुंचाने के लिए पहले मतदाताओं को जातिगत और दलगत राजनीति से ऊपर उठाना होगा और यह तभी हो पाएगा, जब भारतीय जनता पार्टी अपने पुराने कार्ड फेंटे। इसी रणनीति के तहत, 6 जुलाई, 2013 को अमित शाह अयोध्या पहुंचे, जहां उन्होंने पूजा-प्रार्थना की। वहां उन्होंने मीडिया से कहा कि अयोध्या करोड़ों हिंदुओं के हृदय में बसा हुआ है और मैंने भगवान श्रीराम से यह आशीर्वाद मांगा है कि देश को कांग्रेस मुक्त करें। गौरतलब है कि राम मंदिर मुद्दा भाजपा के लिए अतीत में भी कारगर था और शाह की यात्रा इसी दिशा में एक कोशिश थी। उन्होंने कहा, 'मैंने यह भी प्रार्थना की है कि हम लोग बड़ा भव्य राम मंदिर जल्द-से-जल्द बनाएंगे और भगवान श्रीराम को सही

जगह पर स्थापित करेंगे।' इस बयान के साथ ही प्रदेश की राजनीति में बहुसंख्यक समुदाय की भावना जाग्रत हो उठी। इसके साथ, यह बहस राष्ट्रीय जनतांत्रिक गठबंधन के अंदर और बाहर सुरगर्म होने लगी कि क्या भाजपा एक बार फिर से राम मंदिर को चुनावी मुद्दा बनाने जा रही है। विपक्षी पार्टियों और खासकर उत्तर प्रदेश की सत्तारूढ़ पार्टी के हमले भाजपा के खिलाफ तेज हो गए। कल तक राजनीतिक दृश्य यह था कि प्रदेश की राजनीति में विपक्षी पार्टी बहुजन समाज पार्टी का हमला सत्तारूढ़ समाजवादी पार्टी पर होता था और समाजवादी पार्टी का हमला बहुजन समाज पार्टी एवं केंद्र की संप्रग सरकार पर। वहीं केंद्र में संप्रग सरकार का नेतृत्व कर रही कांग्रेस प्रदेश की राजनीति में पुराने समाजवादी नेता बेनी प्रसाद वर्मा के जरिये, मुलायम सिंह के जनाधार में सेंध लगाने में जुटी थी लेकिन अमित शाह के अयोध्या दौरे के बाद राजनीतिक दृश्य पूरी तरह बदल चुका था। सभी पार्टियों के हमले भाजपा के खिलाफ होने लगे। विपक्षी पार्टियों को लगा कि उनको बैठे-बिठाए वह मुद्दा मिल गया, जो उनकी यह चुनावी वैतरणी आसानी से पार लगा सकता है। दूसरी तरफ, नई स्थिति में भारतीय जनता पार्टी को अब प्रदेश में सुना जाने लगा था। यह एक बड़ी उपलब्धि थी-'आप हो कि नहीं' की स्थिति से 'आप हो' की स्थिति में आना।

बहरहाल, यह मुद्दा भारतीय जनता पार्टी के एजेंडे में कहां स्थान रखता है, इसका अंदाजा उसी 6 जुलाई को तत्कालीन भाजपा अध्यक्ष राजनाथ सिंह के एक बयान से लग जाता है। कोलकाता में अपनी एक निजी यात्रा के दौरान उन्होंने कहा, 'मैं नहीं जानता कि उन्होंने (अमित शाह) क्या कहा लेकिन अगर उन्होंने ऐसा कहा है, तो इसमें गलत क्या है? सभी हिंदू वहां राम मंदिर चाहते हैं, मुस्लिम वहां मस्जिद चाहते हैं। लेकिन मामला कोर्ट के सामने है। कोर्ट को फैसला देना है। लेकिन यदि वहां राम मंदिर बनता है, तो हम सबको खुशी होगी।'

तब तक उत्तर प्रदेश की राजनीति में उबाल आ चुका था। भाजपा की नई गति से नेता और कार्यकर्ता यह समझ चुके थे कि पार्टी से फंड पाने और अपनी जोर-आजमाइश दिखाने के लिए उन्हें अमित शाह का भरोसा जीतना होगा, जो बस और बस पार्टी के प्रचार-प्रसार के काम से

ही संभव है। नरेन्द्र मोदी और अमित शाह की जोड़ी ने जिस तरह से गुजरात में कामयाबी पाई, अब फिर से उसी की पटकथा उत्तर प्रदेश में लिखी जा रही थी। जहां नरेन्द्र मोदी विकासशील भारत के सत्तानायक दिख रहे थे, वहीं अमित शाह आधुनिक भारतीय राजनीति में चाणक्य की भूमिका में थे। पार्टी के तत्कालीन प्रदेश उपाध्यक्ष शिव प्रसाद शुक्ला ने इस बारे में कहा था कि अमित शाह वह नेता हैं, जो मोदी समर्थन की लहर को अपनी कड़ी मेहनत और सांगठनिक कौशल से मत में बदलने की कूटनीति जानते हैं। साफ तौर पर इस लहर को व्यापकता देने के लिए उचित तंत्र की जरूरत थी, जो समय के हिसाब से लगातार काम करे। अमित शाह इसी दिशा में प्रयत्नशील हो गए।

हालांकि, उनकी चरणबद्ध कवायद क्या-क्या रही, इसकी सही-सही जानकारी नहीं मिल पाती है लेकिन प्रदेश में भाजपा की अप्रत्याशित ऐतिहासिक सफलता के बाद चुनावी पंडितों ने माना कि इसके पीछे पुख्ता राजनीतिक व चुनावी प्रबंधन, जातिगत समीकरणों का ख़याल, संवेदनशील मुद्दों पर स्पष्टता, बुनियादी जरूरतों को पूरा करने का वादा और तकनीक का लाजवाब इस्तेमाल था। इसमें कहां तक सच्चाई है, इसका पता अमित शाह के दो बयानों से चल जाता है। एक, जो उन्होंने अप्रैल, 2014 में उत्तर प्रदेश के मुज़फ्फरनगर से 40 किलोमीटर दूर राजहर गांव में दिया था। वैसे, एसडीजे हाईस्कूल में आयोजित यह रैली मुजफ्फरनगर दंगे के संदर्भ से जुड़कर विवादों का कारण बनी और अमित शाह पर एक खास समुदाय की भावनाओं को भड़काने का आरोप लगा लेकिन इस तरफ उनके आलोचकों का ध्यान गया कि वह इस रैली में साढ़े चार घंटे देर से पहुंचे और उन्होंने कहा कि मैं यहां देरी से पहुंचा हूं, क्योंकि इलाके की सड़कें टूटी-फूटी थीं। जब नरेन्द्र मोदी सत्ता में आएंगे, हर गांव में पर्याप्त सड़कें और बिजली होगी। पश्चिमी उत्तर प्रदेश में उन्होंने बुनियादी सुविधाएं देने की बात तब कही, जब इस पूरे क्षेत्र में सांप्रदायिक तनाव का माहौल था। इसी तरह, जिस दिन आम चुनाव के नतीजे आ रहे थे, तब उन्होंने इकोनॉमिक टाइम्स को इंटरव्यू देते हुए कहा कि उत्तर प्रदेश की जनता ने क्षेत्रीय पार्टियों को खारिज कर दिया और एक मजबूत राष्ट्रीय पार्टी को चुना है। यह उत्तर प्रदेश से साफ

संदेश है। बहुजन समाज पार्टी अपना खाता भी नहीं खोल पाई। कांग्रेस और समाजवादी पार्टी किसी तरह वे सीटें जीतने में कामयाब रहीं, जहां से उनके शीर्ष नेता और उनके परिवार सदस्य खड़े हुए थे। देश में जबर्दस्त मोदी लहर थी, लेकिन उत्तर प्रदेश में कुछ ऐसे फैक्टर थे, जिन्होंने इस लहर के प्रभाव को सीमित कर दिया। यह राज्य जातिगत समीकरणों से प्रभावित है। कई स्याह पक्ष थे, यानी वे क्षेत्र, जहां न तो टेलीविजन देखे जाते हैं और न ही अखबार पढ़े जाते हैं। ऐसे में, स्थानीय लोगों को यह समझाना कि भाजपा के लिए वोट करें, बहुत मुश्किल काम था। फिर भी उनकी सहानुभूति हमसे जुड़ी, क्योंकि पानी और बिजली की ज्यादातर समस्याएं राज्य सरकार के अंतर्गत ही आती हैं। इंटरव्यू के इस संपादित अंश से कोई भी यह अंदाजा लगा सकता है कि अमित शाह उत्तर प्रदेश के राजनीतिक परिदृश्य और चुनावी मुद्दों से भली-भांति वाकिफ थे।

अध्याय चार

मिशन यूपी

अमित शाह का पहला काम जनसंपर्क का रहा। भाजपा के प्रदेश अध्यक्ष लक्ष्मीकांत वाजपेयी के साथ उन्होंने पूरे राज्य का सघन दौरा किया। वे जगह-जगह आम जन और पार्टी कार्यकर्ताओं से मिले। जहां भी उन्हें 'बाहरी' के तौर पर देखा गया, वहां उन्होंने यह दलील दी कि चूंकि वह 'बाहरी' हैं, इसलिए सभी तथ्यों को निरपेक्ष भाव से देख-परख सकते हैं। पार्टी कार्यकर्ताओं से मिली जानकारियों के आधार पर उन्होंने उन क्षेत्रों की पहचान भी की, जहां पार्टी को ज़मीनी स्तर पर अधिक काम करने की जरूरत थी। जब उनका इलाके-इलाके में जाकर नेताओं, कार्यकर्ताओं और लोगों से मिलने का काम पूरा हुआ, तब उन्होंने लखनऊ लौटकर अपनी एक कोर टीम बनाई। ऐसा कहा जाता है कि यह कोर टीम राज्य भाजपा कार्यकारिणी के समानांतर काम करती थी। अमित शाह ने इसमें अपने-अपने क्षेत्र के जानकार लोगों को जगह दी। जैसे, इस कोर टीम में सुनील बंसल, महेंद्र सिंह और रत्नाकर को अहम जिम्मेदारियां दी गई। बंसल राष्ट्रीय स्वयंसेवक संघ के वरिष्ठ प्रचारक हैं और उन्हें भारतीय जनता पार्टी के वरिष्ठ नेताओं के लिए कार्यक्रम आयोजन करने की जिम्मेदारी सौंपी गई। ऐसा कहा जाता है कि बंसल की भी एक छोटी टीम थी, जिसमें द्विभाषिए, तकनीकी विशेषज्ञ और समयबद्ध काम करने वाले लोग थे। सोशल मीडिया पर नज़र रखने की व्यवस्था की गई अमित शाह ने भाजपा के आईटी सेल के राष्ट्रीय सह-संयोजक संजीव सिंह को लखनऊ में एक केंद्र खोलने को कहा गया और उत्तर प्रदेश भाजपा आईटी

सेल के सह-संयोजक को वही रुकने का निर्देश दिया। भाजपा के विधान पार्षद महेंद्र सिंह और राष्ट्रीय स्वयंसेवक संघ के पदाधिकारी रत्नाकर को प्रचार-अभियानों की जिम्मेदारी मिली।

अमित शाह ने तीसरे काम के तौर पर उन लोगों से मिलना पसंद किया, जो भारतीय जनता पार्टी के नेता नहीं, लेकिन समर्थक जरूर थे। इस अभियान में उन्होंने उन प्रभावशाली लोगों से भी मुलाकात की, जो भारतीय जनता पार्टी के समर्थक नहीं थे, लेकिन अपने-अपने क्षेत्र के महारथी थे। अमित शाह का यह अभियान बताता है कि वह वोटों की लामबंदी में जुट गए थे। अमित शाह ने समर्थकों को इसके लिए प्रेरित किया कि वे न सिर्फ अपनी तादाद बढ़ाएं, बल्कि लोकतंत्र के इस पर्व में हिस्सा भी लें। दूसरी तरफ, गैर-समर्थक प्रभावशाली शख़्सियतों को मनाने की चेष्टा उन्होंने इसलिए की, कि इनके पक्ष में आने से अपने आप कई लोग जुड़ जाएंगे। इसका असर यह हुआ कि अमित शाह और उनकी टीम ने जिन लोगों से संपर्क किया, वे राज्य में भारतीय जनता पार्टी के संदेश को आगे बढ़ाने का जरिया बन गए।

अमित शाह के कहने पर जनवरी-फरवरी, 2014 तक अखिल भारतीय विद्यार्थी परिषद के कार्यकर्ताओं को भी इस काम में जोड़ा गया। निश्चय ही इससे प्रचार-प्रसार में और तेजी आई। इसके अलावा, पार्टी का संदेश कैलाश यात्रा और उसके बाद मोदी रथ के साथ आगे बढ़ने लगा। उत्तर प्रदेश की राजनीति में मोदी रथ की अवधारणा एकदम नई थी। यह रथ मिनी-वैन जैसा होता था; जिसमें जीपीएस, फोटो, पोस्टर, ओडियो और मोदीजी के संदेश के वीडियो होते थे। यही नहीं, इसके जरिये पैरोडी गीत-संगीत भी सुनाए जाते थे। ऐसी लगभग 450 वैन तमाम गांव और कस्बाई शहरों में भेजी गईं। नतीजतन, जिन इलाकों में भारतीय जनता पार्टी की उपस्थिति तक नहीं थी, वहां भी 'अब की बार, मोदी सरकार', 'अच्छे दिन आने वाले हैं', 'मोदी आने वाले हैं', 'हम मोदी को लाने वाले हैं', जैसे नारे लोगों की जुबान पर चढ़ते गए। इन वैनों में पार्टी के वालेंटियर होते थे, जो मोदी के संदेश जन-जन तक पहुंचा रहे थे। साथ ही, पोलिंग बूथ-स्तरीय टीम का भी गठन साथ-साथ चल रहा था। अमित शाह ने यह लक्ष्य निर्धारित किया था कि हर बूथ पर कम-से-कम एक कार्यकर्ता हो। उनकी टीम ने उत्तर प्रदेश में चार

लाख ऐसे लोग ढूंढ़ निकाले, जिनका नाम, पता, संसदीय क्षेत्र और मोबाइल नंबर सब लखनऊ कार्यालय में मौजूद होता था। समय-समय पर यह जानकारी भी दुरुस्त की जा रही थी कि कुल कितने मतदान केंद्रों की ये नुमाइंदगी कर रहे हैं। इनमें से जिनके पास मोबाइल फोन नहीं था, बताया जाता है कि उन्हें एक्टिवेटेड प्रीपेड सिम कार्ड के साथ एक मोबाइल फोन दिया गया। लखनऊ में बीजेपी का कॉल सेंटर स्थापित किया गया, जहां से कॉलर हर रोज इन कार्यकर्ताओं से रोजाना की रिपोर्ट लेते और उन्हें दिशा-निर्देश देते थे। उनसे मिली प्रतिक्रियाओं को इकट्ठा करके, दिन के अंत तक एक विस्तृत रिपोर्ट तैयार की जाती थी, जिसे अमित शाह स्वयं देखते। इसके बाद, वह हर सुबह पिछले दिन की समस्याओं का समाधान निकालते थे।

अमित शाह इस सोच के बड़े पैरोकार हैं कि हर व्यवस्था को उसके पेशेवरों के हवाले कर देना चाहिए, इससे व्यवस्था में समस्याएं आती ही नहीं हैं। यूपी मिशन में भी अमित शाह ने यही किया। लखनऊ में जो 20 सीटर कॉल सेंटर बनाया गया था, उनमें सभी 20 सदस्य दक्ष, पेशेवर टेली-कॉलर थे। इनको प्रशिक्षण देने की जिम्मेदारी बीजेपी की राज्य इकाई के निदेशक, सुरक्षा प्रकोष्ठ के संयोजक कामेश्वर मिश्र को दी गई। गौरतलब है कि कामेश्वर मिश्र पहले पार्टी के आईटी सेल के सह-संयोजक भी रह चुके थे। उनके पास कॉल सेंटर चलाने का लंबा-चौड़ा अनुभव था। वह स्थानीय भाषाओं को भी अच्छी तरह से समझते थे, इसलिए संवाद-प्रक्रिया में कोई अड़चन नहीं आई। कॉल सेंटर को यह विशेष दायित्व सौंपा गया कि वह जिला समिति सदस्यों, मोदी रथ पर मौजूद कार्यकर्ताओं और मतगणना केंद्रों पर मौजूद सक्रिय कार्यकर्ताओं से सीधे जुड़े रहें।

अक्सर यह देखा जाता है कि इस तरह के आयोजनों में निचले स्तर की तैयारी या तो अनदेखी रह जाती है या छूट जाती है और यहीं से कार्यकर्ताओं के मन में असंतोष का भाव घर कर जाता है लेकिन अमित शाह के नेतृत्व में उत्तर प्रदेश में कुछ भी ऐसा नहीं हुआ। इससे उलट कार्यकर्ताओं के जोशो-ख़रोश में दिन-ब-दिन इज़ाफा होता गया, क्योंकि उनसे यह कॉलर टीम बड़े ही सहज सवाल करती थी, जैसे वैन को गांव में ले जाने में कोई दिक्कत तो नहीं हुई, क्या गाड़ी में ईंधन है, कितने

लोगों से बातचीत हो पाई, कोई विशेष फीडबैक मिला, या फिर गांव वालों की क्या शिकायतें हैं, पैसे या संसाधन की कोई आवश्यकता है, प्रचार सामग्री है या नहीं, वगैरह-वगैरह। इस कारण जिला और बूथ स्तरीय कार्यकर्ताओं को सूचना देने में आनंद आने लगा। उन्हें यह एहसास हो चुका था कि उन्हें अहमियत मिल रही है और वही भाजपा के सूचना-स्रोत हैं।

सहायताकर्मियों के लिए सूर्या फाउंडेशन से कुछ नौजवानों का चयन भी किया गया। यह एक गैर-सरकारी संगठन है, जिसका मुख्यालय हरियाणा के झिनझोली में है। इसका गठन 1992 में इस उद्देश्य से किया गया था कि नौजवानों के बीच सामाजिक जागरुकता और चेतना का संचार हो। यह संगठन युवाओं के बीच व्यक्तिगत और कौशल विकास का काम करता है और योग व नैचुरोपैथी को बढ़ावा देता है। इस तरह से देखा जाए, तो उत्तर प्रदेश में भाजपा के पूरे चुनाव अभियान को उन्होंने एक मुकम्मल, पेशेवर, लक्ष्य-केंद्रित मिशन का रूप दिया। योजनाबद्ध तरीके से सारे काम शुरू किए गए।

अमित शाह ने उत्तर प्रदेश के इर्द-गिर्द एक चुस्त चुनावी रणनीति का खाका खींच दिया था और इसमें जातिगत समीकरणों का भी खूब ख़याल रखा गया। भारतीय जनता पार्टी के चुनावी तरकश में 25 अन्य पिछड़ी जातियों के उम्मीदवार व 17 अनुसूचित जातियों के उम्मीदवार थे। राज्य में सोशल इंजीनियरिंग का पूरा ध्यान रखते हुए 16 ब्राह्मण और 14 राजपूत उम्मीदवार भी उतारे गए। भारतीय जनता पार्टी ने 'अपना दल' के साथ गठबंधन का भी फैसला किया और उसे दो सीटें दी गईं। कर्मी जनाधार वाले 'अपना दल' ने ये दोनों सीटें (मिर्ज़ापुर और प्रतापगढ़) जीतीं। हर उम्मीदवार के नाम पर सहमति बनने में शाह की महत्वपूर्ण भूमिका बताई जाती है। उनका फंडा एकदम साफ था- उन्हें टिकट न दिया जाए, जिन्होंने राज्य में कई बार चुनाव लड़े, पर जीत नहीं मिली। उनकी हार ही उनकी अलोकप्रियता का सबूत है। टिकट उन्हें दिया जाए, जो संसदीय क्षेत्र से अपना जुड़ाव महसूस करते हैं और जनता की नजर में जिनसे संपर्क साधा जा सकता है। इससे यह जाहिर होता है कि कांग्रेस की तरह यहां हेलिकॉप्टर से उम्मीदवार नहीं उतारे गए, बल्कि भाजपा ने जनता की आवाज को सुनकर स्थानीय और जीतने की

क्षमता रखने वाले उम्मीदवार उतारे। अमित शाह के कहने पर यही तरीका पूरे देश में अपनाया गया। नतीजा देखिए कि पीआरएस लेजिस्लेटिव रिसर्च (एक स्वतंत्र शोध संस्था) के अनुसार, 2014 आम चुनाव में भाजपा के 281 सांसदों में से 165 सांसद पहली बार चुनकर आए। राज्य में अमित शाह के कहने पर निषाद, कुशवाहा जैसी पिछड़ी जाति के उम्मीदवार को भी टिकट बांटे गए। किसी खास संसदीय क्षेत्र में इन जातियों के वोटरों की संख्या सबसे अधिक नहीं थी, लेकिन ये टिकट इस समीकरण के आधार पर बांटे गए कि गंगा से सटे मैदानी हिस्से में इनकी अच्छी-खासी मौजूदगी है और इससे प्रदेश में यह पूरा समुदाय एकमुश्त वोट करेगा।

पूर्वी उत्तर प्रदेश में, जहां समाजवादी पार्टी और बहुजन समाज पार्टी का दबदबा था। अमित शाह ने न केवल जातिगत समीकरणों को साधा, बल्कि धर्मनगरी वाराणसी को सांस्कृतिक और राजनीतिक प्रतीक के तौर पर चिह्न करते हुए नरेन्द्र मोदी को वहां से चुनाव लड़ने को प्रेरित किया। शाह ने यह अंदाज लगा लिया था कि अगर मोदी यहां से उतरते हैं, तो उनके प्रभाव से पूरे पूर्वांचल में भाजपा की जय-जयकार होगी, और ऐसा ही हुआ।

अमित शाह जब प्रदेश के सभी संसदीय क्षेत्रों के मतदाताओं, तथ्यों और रुझानों का अध्ययन कर रहे थे, तो उनके सामने एक कटु इतिहास यह था कि प्रदेश की सत्ता से भाजपा 17 साल से बाहर थी। 1998 में यहां पार्टी को 36% वोट मिले थे लेकिन इसके ठीक एक साल बाद हुए चुनाव में वोट प्रतिशत गिरकर 27 हो गया। 2004 में यह 22%, 2009 में 17% और 2012 के विधानसभा चुनाव में सिर्फ 15% रहा। उनके सामने यह आंकड़ा भी था कि दलित, यादव और मुस्लिम मिलकर राज्य के 42% मतदाता बन जाते हैं, जो भारतीय जनता पार्टी के स्वाभाविक समर्थक नहीं हैं। इसी तरह, इकोनॉमिक टाइम्स को दिए अपने इंटरव्यू में अमित शाह ने यह माना था कि जब वह प्रदेश का दौरा कर रहे थे, तब उन्हें मालूम हुआ कि राज्य के सिर्फ 58 फीसदी हिस्सों तक ही पार्टी का फैलाव है और वोट शेयर साल-दर-साल गिरता जा रहा है। यह भी गौरतलब है कि भाजपा राज्य में करीब दो दशक से न तो पंचायत चुनाव में शिरकत करती थी और न ही कोऑपरेटिव इलेक्शन में। यहां

तक कि ग्रामप्रधान स्तर पर भी इस समय में संपर्क साधने का कोई विशेष प्रयास नहीं हुआ था। इन प्रतिकूल तथ्यों और आंकड़ों के साथ अमित शाह ने यह फैसला लिया कि भारतीय जनता पार्टी स्थानीय चुनावों में हिस्सा लेगी।

दरअसल, वह पार्टी को 'मिशन 273 प्लस' का खाका ही खींच कर नहीं दे रहे थे, बल्कि उत्तर प्रदेश में भाजपा को स्थिरता और मजबूती भी प्रदान कर रहे थे। इसलिए उनकी चुनावी रणनीति के चार स्तर थे- पहला, उम्मीदवारों और संसदीय सीटों के स्तर पर। दूसरा, समूह-समुदायों के स्तर पर, तीसरा, विभिन्न क्षेत्रों के स्तर पर और चौथा राज्य स्तर पर। शाह ने सीटों को 21 समूह-समुदायों के आधार पर बांटा। देखा जाए, तो एक समूह में तीन-चार संसदीय क्षेत्रों को शामिल किया गया। अब उन्होंने इन समूहों के लिए अलग-अलग और समूह के चरित्र के आधार पर रणनीतियां तैयार कीं। समूह के ऊपर आठ क्षेत्र रखे गए। जनवरी-फरवरी, 2014 में अखिल भारतीय विद्यार्थी परिषद के कार्यकर्ताओं को अपनी रणनीति में शामिल कर बेहद कम समय में अमित शाह राज्य के 13,000 कॉलेज कैंपस तक पहुंचने में कामयाब रहे। इन कैंपसों में वालेंटियर को पंजीकृत करने के लिए कई स्तरों पर कार्यक्रमों का आयोजन हुआ और कई कार्यक्रमों में खुद अमित शाह भी शामिल हुए।

एक बड़े विजय अभियान में तमाम तबकों और तमाम उम्र के लोगों को साथ लेकर चलना होता है। इस बात को अमित शाह जैसे रणनीतिकार से बेहतर कौन समझ सकता है? नए बदलावों के साथ पुराने वफादारों को साथ लेकर चलने की चुनौती उनके सामने थी। इस दिशा में उनका पहला कदम यह रहा कि उन्होंने अनुभवी धुरंधरों को तकनीक से जुड़ने के लिए राजी किया। उन्हें कंप्यूटर और इंटरनेट चलाने का प्रशिक्षण दिया गया। इसके दो फायदे सीधे तौर पर हुए। जहां ये अनुभवी नई तकनीकों के प्रभाव को समझ पाए, वहीं सीखने के क्रम में नई पीढ़ी के नेताओं से भी जुड़े। नतीजतन, पार्टी का कार्यालय पहले जैसा नहीं रहा, जहां सब कुछ क्लास-रूम की तरह था और पद के हिसाब से सीटें तय थीं। अब यह क्लास-रूम अधिक लोकतांत्रिक हो चुकी था और बेंच-टेबल की जगह राउंड टेबल-कुर्सी ने जगह ले ली थी। अमित शाह यही तो चाहते थे कि प्रदेश की राजनीति में बड़ी जीत से पहले सबकी

गलतफहमियां दूर हों और सब आपस में मिल-जुलकर फैसला लें। उत्तर प्रदेश के गेम प्लान के संदर्भ में उन्होंने एक इंटरव्यू में कहा भी कि उन्होंने कभी अपने अहं को आड़े नहीं आने दिया। बकौल शाह, 'अहं तभी मुद्दा बनता है, जब यह दोनों तरफ हो।'

अमित शाह पार्टी के वर्तमान और पूर्व सांसदों व विधायकों से मिलते थे। इस तरह की भेंट-मुलाकात में भी तीन चीजों का बेहद खयाल रखा जाता था। पहली, इन सबसे अलग-अलग मिलने की बजाय समूहों में मिला जाए, ताकि इनके बीच अगर कोई मनमुटाव हो, तो खत्म हो जाए। भेंट-मुलाकात आपसी खींचतान और कानाफूसी का केंद्र न बने, बल्कि रणनीतिक तैयारियों की सार्थक मेज बने। दूसरी चीज, यह भेंट-मुलाकात कम समय की न हो, क्योंकि कम समय में सभी बातें सामने नहीं आ पाती हैं और नेताओं के मन में असंतुष्टि का भाव घर कर जाता है। तीसरी चीज, पूर्व विधायकों और सांसदों से चर्चा इस पर अधिक हो कि वे क्यों हारे, क्योंकि शिकस्त के कारणों को समझना महत्वपूर्ण होता है। मौजूदा सांसदों और विधायकों से उनकी जीत के कारणों के अलावा, आगे की तैयारियों पर भी बातें होती थीं। इन भेंट-मुलाकात का एक असर यह हुआ कि प्रदेश में पार्टी का सांगठनिक ढांचा मज़बूत हुआ, चाहे वह संसाधनों के वितरण का मामला हो या रैलियों के आयोजन का, सबने पूरा-पूरा सहयोग किया।

उत्तर प्रदेश का प्रभारी बनने के बाद और नरेन्द्र मोदी को प्रधानमंत्री पद का उम्मीदवार घोषित किए जाने तक के चार महीनों में, वह उत्तर प्रदेश में नरेन्द्र मोदी को 'विकास पुरुष' के रूप में प्रोजेक्ट करने में कामयाब हो चुके थे। इस बीच, उन्होंने राज्य में विकास के गुजरात मॉडल का खूब प्रचार-प्रसार किया। नरेन्द्र मोदी को प्रधानमंत्री पद का उम्मीदवार बनाए जाने के एक महीने के अंदर शाह ने उत्तर प्रदेश में उनकी विजय शंखनाद रैली की शुरुआत की। 5 अक्तूबर को बरेली में पार्टी कार्यकर्ताओं से अमित शाह ने कहा कि मुझे उम्मीद है कि हर पोलिंग बूथ पर मोदी के पक्ष में माहौल होगा। आप सबको यह बताना है कि कांग्रेस का एकमात्र विकल्प भाजपा है, न कि समाजवादी पार्टी और बहुजन समाज पार्टी। भाजपा के प्रधानमंत्री पद के उम्मीदवार नरेन्द्र मोदी हैं और आपको सिर्फ उनके नाम पर वोट देने की अपील करनी

है। आठ चरणों में यह रैली संपन्न हुई और अनुमानतः 22 लाख लोग इन रैलियों में शामिल हुए। रैलियां कहां होंगी और उनमें कौन-कौन से नेता मंच पर उपस्थित होंगे, यह सब अमित शाह खुद तय करते थे। वह नरेन्द्र मोदी को अपने भाषण में स्थानीय मुद्दों और समस्याओं से जुड़े इनपुट भी देते थे। राज्य में सार्वजनिक सभा करने की सूची में 35-40 बड़े नेताओं के नाम थे, पर उन्होंने नरेन्द्र मोदी और तत्कालीन भाजपा अध्यक्ष राजनाथ सिंह को ही सबसे अधिक भाषण देने के लिए आमंत्रित किया। पोलिंग बूथ के महत्व को तो वह अपने गृह-राज्य गुजरात से ही सीख कर आए थे। राज्य के एक लाख, 40 हजार बूथों को देखने वाली समितियों को उन्होंने निर्देश दिया कि बूथ जीतकर ही चुनाव जीते जाते हैं। अमित शाह जानते थे कि बूथों पर नज़र रखकर प्रदेश में किसी भी तरह की मतदान धांधली को रोका जा सकता है। इसलिए उन्होंने अपनी दस सदस्य वाली समिति को यह निर्देश दिया कि भाजपा पदाधिकारियों के साथ वह मतदाताओं के नाम और पते के रिकार्ड को खंगाले। यह रिकॉर्ड बूथ-स्तर के कार्यकर्ताओं ने जुटाया था। अगर मतदाता सूची में नाम फर्जी हैं, तो इसकी जानकारी चुनाव आयोग के संबंधित अधिकारियों को दी जाएं और अगर नाम सही हैं, तो उनसे अपने मताधिकार के सही इस्तेमाल करने की अपील की जाए।

अमित शाह बतौर प्रदेश प्रभारी पहली बार उत्तर प्रदेश के दौरे पर आए, तब उनकी मुलाकात पार्टी के वरिष्ठ नेता कल्याण सिंह से भी हुई थी। गौरतलब है कि कल्याण सिंह के मुख्यमंत्री-काल में ही राम मंदिर एक मुद्दा बना था। हालांकि, उस बैठक में क्या बातें हुईं, इस पर सिर्फ कयास लगाए जा सकते हैं लेकिन एक अंदाजा कल्याण सिंह के उस बयान से लग जाता है, जो उन्होंने जून, 2013 के दूसरे हफ्ते में दिया। उन्होंने कहा, 'मैंने नरेन्द्र मोदी को भाजपा चुनाव अभियान समिति का अध्यक्ष बनने पर उन्हें अपनी शुभकामनाएं देने के लिए फोन किया। उन्होंने मुझे यह भी बताया कि उन्होंने अमित शाह को यह निर्देश दिया है कि अपनी 12 जून की उत्तर प्रदेश यात्रा के दौरान वह मुझसे संपर्क करें।' जानकारों के मुताबिक, इस मीटिंग का मकसद, कल्याण सिंह को बातचीत की मेज पर लाना और जोड़ना था। चूंकि कल्याण सिंह दिसंबर, 1999 में तत्कालीन प्रधानमंत्री अटल बिहारी वाजपेयी से मतभेद के मुद्दे

पर और फिर बाद में टिकट बंटवारे के मुद्दे पर जनवरी, 2009 में भाजपा से अलग हो गए थे, इसलिए भारतीय जनता पार्टी का पिछड़ा जनाधार खिसक कर समाजवादी पार्टी और बहुजन समाज पार्टी के पास चला गया। हालांकि, साल 2013 में कल्याण सिंह ने अपनी 'जन क्रांति पार्टी' को भाजपा में विलय कर लिया था, फिर भी भाजपा की गतिविधियों में उनकी भूमिका न के बराबर ही थी लेकिन इस मुलाकात के बाद चीजें बदलीं। मीडिया रिपोर्टों के मुताबिक, कल्याण सिंह ने इस बैठक में अलीगढ़, एटा, बुलंदशहर, फिरोज़ाबाद, फर्रुखाबाद और हाथरस में अपनी पसंद के उम्मीदवारों को टिकट देने की बात कही, जिस पर अमित शाह को कोई आपत्ति नहीं थी। दरअसल, ये वे संसदीय क्षेत्र हैं, जहां लोध आबादी की ठीक-ठाक उपस्थिति है और कल्याण सिंह इसी समुदाय से आते हैं।

उम्मीदवारों और कार्यकर्ताओं के बीच अमित शाह तीन बातों को जरूर रख रहे थे। पहली, वे जनता के बीच जाकर सत्ता-विरोधी भावनाओं को अपने पक्ष में करें। यह सत्ता विरोधी लहर केंद्र में मौजूद संप्रग सरकार और राज्य में समाजवादी पार्टी की सरकार के खिलाफ थी। दूसरी बात, समाजवादी पार्टी मुस्लिम तुष्टीकरण की राजनीति खेल रही है, इससे जुड़ी चिंताओं को जनता के समक्ष रखें और तीसरी चीज, जनता को यह भी बताएं कि मोदी पिछड़े वर्ग से आते हैं।

असंतुष्टों को मनाना

उत्तर प्रदेश में कई बड़े वरिष्ठ नेताओं से मिलने अमित शाह खुद उनके घर भी गए। निश्चित रूप से इन मुलाकातों में प्रदेश के अंदर पार्टी के भविष्य और वर्तमान राजनीति में संभावनाओं पर चर्चाएं हुई होंगी। इसके अलावा, नाराज नेताओं के मान-मनौव्वल का प्रयास भी अमित शाह की तरफ से हुआ होगा और किसी प्रकार की रजामंदी की स्थिति में उनसे अमित शाह ने अपनी रणनीति में शामिल होने का ज़िक्र किया होगा। ऐसा बताया जाता है कि बतौर प्रभारी अपनी पहली लखनऊ यात्रा में वह पूर्व अनुमति के साथ वरिष्ठ भाजपा नेता लालजी टंडन, विनय कटियार और पूर्व प्रदेश अध्यक्ष ओम प्रकाश सिंह से मिलने पहुंचे थे। यह ध्यान दिया जाना चाहिए कि लालजी टंडन वैश्य समुदाय से आते

हैं, तो कटियार और ओम प्रकाश, दोनों अन्य पिछड़ी जाति से ताल्लुक रखते हैं। ये बड़े नेता पार्टी की अंदरूनी स्थिति को लेकर लगातार चिंता जता रहे थे और यह शिकायत भी कर रहे थे कि पार्टी से जुड़े क्षेत्रीय मसलों में उनकी अनदेखी लगातार की जा रही है। अलग-अलग बैठकों में अमित शाह ने उनकी शिकायतें दूर कीं। उन्होंने वरिष्ठ नेता लालजी टंडन को नरेन्द्र मोदी की लखनऊ रैली की जिम्मेदारी सौंपी और ओम प्रकाश को गुजरात में सरदार वल्लभभाई पटेल के मूर्ति-निर्माण के लिए प्रदेश के लोगों से लोहा इकट्ठा करने के अभियान का संचालक बनाया। अमित शाह की 5 अक्तबूर, 2013 की बरेली बैठक में असंतुष्ट नेताओं के भरोसे को जीतने का काम हुआ। कुछ को नरेन्द्र मोदी की प्रस्तावित रैलियों का संयोजक बनाया गया, तो कुछ को लोकसभा सीटों का संयोजक। असंतुष्टों की यह घर-वापसी अमित शाह की बदौलत हो पा रही थी, वरना अब तक के राजनीतिक इतिहास में यही दिखता आया है कि चुनाव के वक्त असंतुष्ट या तो पाला बदल लेते थे या पार्टी के साथ बड़े सौदे पर आमादा हो जाते थे। भारतीय जनता पार्टी में तो इससे भी बदतर स्थिति कई बार तब दिखी है, जब पार्टी के अंदर रहकर अंसतुष्टों ने पार्टी के उम्मीदवार को हराने का काम किया है लेकिन इस बार ऐसा पूरे प्रदेश में कहीं नहीं दिखा, क्योंकि अमित शाह खुद प्रदेश में रहकर पार्टी का भविष्य लिख रहे थे। इसी तरह राष्ट्रीय स्वयंसेवक के प्रदेश नेताओं और कार्यकर्ताओं से भी उन्होंने कई दौर की मुलाकात की। जुलाई, 2013 में वह संघ और उससे जुड़े संगठनों, जैसे विश्व हिंदू परिषद्, हिंदू जागरण मंच, अखिल भारतीय विद्यार्थी परिषद (एबीवीपी) और भारतीय मजदूर संघ के कार्यालयों में भी पहुंचे। इनके कार्यालय जाकर अमित शाह ने एक ही तीर से कई निशाने साधे। सबसे पहला, उन्होंने इस भारतीय परंपरा का निर्वाह किया कि चूंकि हम एक शुभ काम करने जा रहे हैं, तो इससे पूर्व आपकी सलाह और आशीर्वाद की हमें जरूरत है। दूसरा, उन्होंने इस सर्वोच्च राजनीतिक मर्यादा का ख़याल रखा कि दल को जोड़कर रखने के लिए पार्टी नेतृत्व असंतुष्टों और सहयोगियों से मिलता है, जिससे समस्या का समाधान हो सके। इसी क्रम में उम्मीदवार और अभियान से जुड़े मुद्दों पर उनसे प्रतिक्रिया और परामर्श देने को भी कहा जाता। मीडिया रिपोर्टों के अनुसार, अमित

शाह के लखनऊ पहुंचने से पहले तक राष्ट्रीय स्वयंसेवक संघ की शिकायत रहती थी कि प्रदेश भाजपा की तरफ से संवादहीनता है लेकिन अमित शाह की यात्रा के बाद पूरा संघ परिवार सक्रिय हो उठा। अखिल भारतीय विद्यार्थी परिषद् ने नरेन्द्र मोदी की कानपुर रैली के लिए आईआईटी-कानपुर और अन्य स्थानीय उच्च शिक्षा संस्थानों के लिए स्पेशल टिकट की व्यवस्था की। यही नहीं, संघ के कार्यकर्ता गांवों में जाने लगे और बूथ स्तरीय समिति के कामकाज पर प्रतिक्रिया भी जुटाने लगे। राम मंदिर आंदोलन के बाद पहली बार पूरा संघ परिवार नरेन्द्र मोदी को प्रधानमंत्री बनाने के लिए एकजुट हो चुका था और इस बड़ी सफलता का सारा श्रेय अमित शाह को ही जाता है। राष्ट्रीय स्वयंसेवक संघ के एक बड़े नेता सुरेश सोनी ने लखनऊ में संघ और भाजपा कार्यकर्ताओं की एक बैठक की, जिसमें उन्होंने आपसी गुटबंदी को खत्म करने को कहा और यूपी प्रभारी को संघ के पूरे सहयोग का भरोसा दिलाया।

इसी दौरान अमित शाह भाजपा कार्यकर्ताओं में यह विश्वास पैदा करने में सफल रहे कि लोकसभा उम्मीदवार उनकी ही सहमति से चुने जाएंगे और प्रदेश की 18 सीटों को छोड़कर वह बाकी सीटों पर कार्यकर्ताओं के बीच आम सहमति बनाने में सफल भी हुए। भारतीय राजनीति में ऐसी स्थिति विरले ही देखने को मिलती है, जब उम्मीदवारों के मुद्दे पर जमीनी कार्यकर्ताओं का गुस्सा नज़र नहीं आया, बल्कि उम्मीदवारों के पक्ष में जहां देखो, वहीं जन-सैलाब उमड़ रहा था। बेशक, दिल्ली में उत्तर प्रदेश की सीटों को लेकर बहस गरम हो चुकी थी, प्रदेश की सीटों को लेकर अनिश्चितता और टकराव की स्थिति बनी हुई थी, किंतु उत्तर प्रदेश के नेताओं और कार्यकर्ताओं ने कोई नाराजगी या आपत्ति नहीं दर्ज कराई। जिन 18 सीटों पर 'बाहरी नेताओं' को टिकट बांटे गए, उनके पीछे उनकी जीत के अवसर को बहुत अधिक मानते हुए फैसला लिया गया। साथ ही, इसके जरिये तमाम विरोधी पार्टियों के जनाधार में सेंध लगाने की सफल कोशिश भी हुई। जगदम्बिका पाल उस समय डुमरियागंज सीट से कांग्रेस के सांसद थे। उनका पर्चा अमित शाह ने भाजपा की तरफ से भरवाया। इसे एक बड़े उलटफेर के तौर पर देखा गया, क्योंकि वह राहुल गांधी के करीबी माने जाते थे। इसी तरह बहुजन समाज

पार्टी के नेता एस. पी. सिंह बघेल भाजपा में आ गए और उन्हें फिरोज़ाबाद से उतारा गया। बहुजन समाज पार्टी के पुराने सांसद राजेश वर्मा को भाजपा ने सीतापुर से उम्मीदवारी दी। समाजवादी पार्टी के पुराने नेता कीर्तिवर्धन सिंह, श्यामा चरण गुप्ता और ब्रिज भूषण शरण सिंह को क्रमशः गोंडा, इलाहाबाद तथा केसरगंज तथा राष्ट्रीय लोकदल पार्टी के पुराने नेता चौधरी बाबूलाल को फतेहपुर सीकरी से भारतीय जनता पार्टी ने टिकट दिए।

जहां एक तरफ अमित शाह प्रदेश में राष्ट्रीय स्वयंसेवक संघ और पार्टी के अंदर के विवादों को खत्म करने में जुटे थे, वहीं दूसरी तरफ उनका हमला प्रदेश की सत्तारूढ़ पार्टी समाजवादी पार्टी और कांग्रेस पर तेज हो गया। पार्टी के अंदर सुरक्षात्मक दृष्टिकोण से काम और बाहर आक्रामक रुख अपनाने का यह लाजवाब संतुलन कई चुनाव शास्त्रियों और प्रबंधकों को भी चौंका गया। 1 सितंबर को झांसी में हुई बैठक में अमित शाह ने पार्टी नेताओं को उत्तर प्रदेश के इस फैसले का तीखा विरोध करने के लिए कहा, जिसके तहत 85 योजनाओं में अल्पसंख्यकों के लिए 20 % आवंटन को सुनिश्चित किया गया था। इसे पिछड़ी जाति बनाम अल्पसंख्यक का मुद्दा मानते हुए अमित शाह ने कहा, 'महेश का हक महमूद को मिले, ये भाजपा बर्दाश्त नहीं करेगी।' इसी तरह, झांसी में शाह एक दलित परिवार के यहां भोजन करने पहुंचे। इससे कांग्रेस उपाध्यक्ष राहुल गांधी के दलित कार्यक्रमों से उनके कार्यक्रमों की तुलना की जाने लगी।

पार्टी नेताओं व कार्यकर्ताओं के साथ बैठक में अमित शाह बोलना कम और सुनना अधिक पसंद करते थे। राजनेता में और खासकर एक रणनीतिकार में यह गुण बेहद कम ही दिखाई देता है, क्योंकि आम समझ यही है कि राजनेता भाषण देना अधिक पसंद करते हैं।' लेकिन अमित शाह के साथ ऐसा नहीं है। कई बार तो वह पूरी मीटिंग के दौरान चुपचाप ही रहते थे। उनकी बैठकों में पार्टी के जिम्मेदार कार्यकर्ताओं को एक प्रारूप सौंपा जाता था, जिसके लिए उनसे उनकी समस्या या सुझाव लिखित तौर पर मांगा जाता। उनके कामकाज के ब्योरे का भी एक कॉलम उसमें होता था। यदि किसी कार्यकर्ता ने इस कॉलम को रिक्त रखा है या अधूरा छोड़ा है या उनके कामकाज में किसी प्रकार की कोताही दिख रही है, तब अमित शाह अपनी खामोशी तोड़ते और उस कार्यकर्ता को उचित दिशा-निर्देश देते थे। उनकी बैठकों से नेताओं और

कार्यकर्ताओं में ऊर्जा का संचार किस प्रकार से हुआ, इसकी बानगी 10 मार्च, 2014 की गाज़ियाबाद बैठक है। इसमें बागपत के भाजपा जिला अध्यक्ष कुल प्रकाश ने कहा, 'सामान्य तौर पर जिला अध्यक्षों की कोई अहमियत नहीं होती है लेकिन जब आप हमारे सामने बैठे होते हैं, तो हमारे अंदर भी ताकत आ जाती है। आप एक शेर की तरह हैं और आपकी मौजूदगी हममें शेर जैसी ताकत प्रदान करती है।' सचमुच, मार्च 2014 आते-आते वह पार्टी को जीत की राह पर ले जा चुके थे। अब अगर अमित शाह को इंतजार था, तो चुनाव आयोग की अधिसूचना का, लोकतंत्र के उस महापर्व का, जो भारतीय राजनीतिक इतिहास में एक नई इबारत लिखने वाला था।

मतदान की तारीख

बुधवार, 05 मार्च, 2014 की सुबह निर्वाचन आयोग की तरफ से मतदान की तारीखों की घोषणा हो गई। मुख्य चुनाव आयुक्त वी. एस. संपत ने यह बताया कि 16वीं लोकसभा के चुनाव 7 अप्रैल से 12 मई तक छह चरणों में संपन्न होंगे। वोटों की गिनती 16 मई को कराई जाएगी। यह भारतीय चुनाव के इतिहास में पहली बार हो रहा था कि लोकसभा चुनावों के लिए छह चरण निर्धारित किए गए थे। मतदान तिथियों की घोषणा के साथ ही सरकारों व राजनीतिक पार्टियों पर तत्काल प्रभाव से आचार संहिता लागू हो गया। यह तस्वीर साफ हो चुकी थी कि लगभग दो महीने तक प्रशासनिक गतिरोध बना रहेगा। जहां एक तरफ अर्थशास्त्री व राजनीतिक पंडित इसे अर्थव्यवस्था और राज-व्यवस्था के लिए शुभ नहीं मान रहे थे, वहीं निर्वाचन आयोग का तर्क था कि देश में स्वच्छ, निष्पक्ष और पारदर्शी चुनाव कराने के लिए यह लंबा समय लिया जा रहा है। विपक्ष, खासकर भाजपा के लिए यह एक अवसर ही था, क्योंकि वह धीमी गति से होने जा रहे इस चुनाव में अपने सीमित संसाधन का समुचित इस्तेमाल कर सकती थी। वह उन-उन क्षेत्रों तक पहुंच सकती थी, जहां पार्टी का जनाधार न के बराबर था। वह सत्ता-विरोधी लहर को और अधिक उभारने का काम कर सकती थी। भाजपा ने ये सारे काम बखूबी किए और उत्तर प्रदेश में इन कामों को अंजाम अमित शाह ने ही दिया। या यों कहें कि अमित शाह के परामर्श

पर सभी राज्यों के भाजपा चुनाव प्रभारियों ने इन कामों को संपन्न किया। 80 संसदीय क्षेत्रों वाले उत्तर प्रदेश में छह चरणों में चुनाव कराए गए- 10, 17, 24, 30 अप्रैल और 07 और 12 मई को।

लोकसभा चुनाव की तारीखों के ऐलान के दसवें दिन भारतीय जनता पार्टी ने भी उत्तर प्रदेश में अपने पत्ते खोल दिए। 15 मार्च को भाजपा केंद्रीय चुनाव समिति ने यह फैसला लिया कि उसके प्रधानमंत्री पद के उम्मीदवार नरेन्द्र मोदी, वडोदरा के साथ वाराणसी से भी चुनाव लड़ेंगे। यह बताया जाता है कि नरेन्द्र मोदी को वाराणसी से चुनाव लड़ाने का आयडिया अमित शाह का ही था। दरअसल, अमित शाह का विचार था कि वाराणसी हिंदुओं का पवित्र-स्थल है, मोदी के यहां से लड़ने से देश-भर के हिंदुओं के बीच एक सकारात्मक संदेश जाएगा। दूसरा, नरेन्द्र मोदी जैसे बड़े नेता अगर इस क्षेत्र को अपनी नाक की लड़ाई बनाते हैं, तो उससे कम-से-कम 74 संसदीय सीटों पर पार्टी को फायदा होता दिख रहा था। इसमें पूर्वी उत्तर प्रदेश की 20 सीटें, बिहार की सभी 40 सीटें और झारखंड की 14 सीटें शामिल हैं। मोदी की लोकप्रियता व उनके प्रभाव से उत्तर प्रदेश के अंदर भाजपा कार्यकर्ताओं और नेताओं में जोश-खरोश भरने की उम्मीद भी सबसे अधिक थी। सवाल उठता है कि क्या अमित शाह के ये सारे तर्क बेबुनियाद थे? बिलकुल नहीं; बल्कि 16वें लोकसभा चुनाव के नतीजे इसकी पुष्टि करते हैं कि अमित शाह की यह रणनीति सौ फीसदी सही साबित हुई, कुछ उसी तरह जैसे महाराजा चंद्रगुप्त के इर्द-गिर्द चाणक्य की कूटनीति सफल होती थी। वाराणसी से पार्टी के निवर्तमान सांसद और वरिष्ठ नेता मुरली मनोहर जोशी को कानपुर से टिकट दिया गया, जहां उनके सामने कांग्रेस के श्रीप्रकाश जायसवाल थे। हालांकि पार्टी की केंद्रीय चुनाव समिति की पुरानी बैठक में मुरली मनोहर जोशी ने यह आपत्ति जताई थी कि वाराणसी सीट को लेकर स्पष्टता क्यों नहीं बन रही है लेकिन उन्हें अमित शाह के रणनीतिक कारणों का हवाला देते हुए मनाने की कोशिश की गई और मुरली मनोहर जोशी मान भी गए। इससे यह अंदाजा सहज लग जाता है कि अमित शाह के विचार को पार्टी के अंदर कितनी अधिक अहमियत दी जा रही थी लेकिन इस संघर्ष से उमड़ा जन-स्वर और अमित शाह की पूर्व तैयारियों का असर वहां यह था कि स्थानीय

लोग नारा लगा रहे थे कि 'बच्चा मांगे मां की गोदी, काशी मांगे नरेन्द्र मोदी' और मीडिया ने इसे *'अस्सी की रस्साकसी'* बताया।

इस सूची में कुछ चौंकाने वाले नाम थे जैसे, उत्तर प्रदेश के पूर्व मुख्यमंत्री कल्याण सिंह चुनाव नहीं लड़ रहे थे और उनके बेटे राजबीर सिंह को एटा से पार्टी ने टिकट दिया था। इसी तरह, कलराज मिश्र को देवरिया से चुनाव लड़ने को कहा गया, जबकि वह कानपुर सीट चाहते थे। ऐसा माना गया कि इस तरह के उलट-फेर की पृष्ठभूमि अमित शाह के जून, 2013 के लखनऊ दौरे में ही तैयार कर दी गई थी। तब वह कल्याण सिंह और कलराज मिश्र से विशेष तौर पर मिले थे। चूंकि पार्टी यह तय करने जा रही थी कि अब दूसरी पीढ़ी के नेताओं को मौका मिलना चाहिए, इसलिए इस सिलसिले में अमित शाह ने उत्तर प्रदेश में पार्टी के वरिष्ठ नेताओं से मुलाकात की और उन्हें मनाया भी। कल्याण सिंह यों भी पार्टी में खुद को हाशिये पर पा रहे थे और अमित शाह ने अलीगढ़, एटा, बुलंदशहर, फिरोजाबाद, फर्रुखाबाद और हाथरस में उनकी पकड़ को देखते हुए उनके बेटे राजबीर सिंह को एटा से उम्मीदवार बनाया। कलराज मिश्र को मुरली मनोहर जोशी के लिए कानपुर सीट खाली करना था, इसलिए उन्हें देवरिया से लड़ने भेजा गया, जहां पार्टी की अच्छी-खासी पकड़ थी। उमा भारती को झांसी से टिकट दिया गया। झांसी उत्तर प्रदेश के बुंदेलखंड क्षेत्र में पड़ता है और इसे पूरे बुंदेलखंड क्षेत्र 'इसमें मध्य प्रदेश का भी हिस्सा है' का केंद्र माना जाता है। इसके अलावा इस क्षेत्र का हमेशा से बड़ा राजनीतिक महत्व रहा है। हर पार्टी की नज़र इस सीट पर रहती है। 1989 से लेकर 1999 तक पूरे 10 साल तक झांसी भाजपा का दुर्ग रहा लेकिन उसके बाद यह संसदीय क्षेत्र भाजपा के हाथ से फिसल गया था। 2012 के उत्तर प्रदेश विधानसभा चुनाव में पार्टी के पुनरुद्धार की जिम्मेदारी उमा भारती को सौंपी गई। भाजपा इस चुनाव में भले कुछ खास नहीं कर पाई, लेकिन झांसी व इससे सटे इलाकों में पार्टी का जनाधार बढ़ा था, क्योंकि यह क्षेत्र उमा भारती की कर्मभूमि रहा है। इसलिए भाजपा का एक बड़ा तबका चाहता था कि उमा भारती यहां से चुनाव लड़ें और पार्टी की केंद्रीय चुनाव समिति की बैठक में यही फैसला हुआ लेकिन बाबा

रामदेव के यह कहने के बाद कि उमा भारती रायबरेली में सोनिया गांधी के खिलाफ खड़ी होतीं, तो एक बड़ा संदेश जाता, से कई भाजपा नेताओं के मन में यह राय बनी कि उमा भारती रायबरेली में कांग्रेस अध्यक्ष सोनिया गांधी के खिलाफ खड़ी हों और वहां उनको जबर्दस्त टक्कर दें। अमित शाह यह समझते थे कि सोनिया गांधी के खिलाफ उमा भारती को खड़ा कर पार्टी एक बड़ा संदेश देने में कामयाब होगी लेकिन नतीजे के दिन जैसा कि उन्होंने मीडिया को कहा, इससे यह भी अंदाज़ा लगता है कि वह मार्च, 2014 में ही समझ चुके थे कि दूसरी बड़ी पार्टियों के अध्यक्ष और उनके रिश्तेदार उत्तर प्रदेश में अपनी-अपनी सीटें जीत लेंगे। इसलिए उन्होंने 273 प्लस के अपने मिशन पर जोर देना ज्यादा जरूरी समझा, न कि दूसरी पार्टी के किसी बड़े नेता को टक्कर देकर अपने एक मोहरे को गंवाना। उधर 28 मार्च, 2014 को झांसी में उमा भारती ने स्वयं कहा कि वह झांसी से अपनी उम्मीदवारी नहीं छोड़ेंगी, भले ही पार्टी मुझे रायबरेली से एक और उम्मीदवारी दे दे। इससे अचानक ही प्रदेश कार्यकर्ताओं में असमंजस का माहौल बनने लगा कि क्या किसी की भी उम्मीदवारी कभी भी बदल सकती है। मौके की नज़ाकत को देखते हुए अमित शाह ने तत्कालीन पार्टी अध्यक्ष राजनाथ सिंह और नरेन्द्र मोदी से बात की और तब जाकर भाजपा प्रवक्ता सुधांशु त्रिवेदी ने कहा कि जहां तक उमा भारती का प्रश्न है, तो वह झांसी से ही लड़ेंगी। इस तरह से यह भी मालूम होता है कि उत्तर प्रदेश में अमित शाह केवल पार्टी के अच्छे रणनीतिकार साबित हो रहे थे, बल्कि वह पार्टी के नए संकटमोचक भी थे। इसी तरह हेमा मालिनी को मथुरा से उम्मीदवार बनाया गया। इस जाटलैंड में सेंध लगाना किसी भी पार्टी के लिए मुश्किल था, क्योंकि यहां अजित सिंह की पार्टी 'राष्ट्रीय लोकदल' का वर्चस्व था। राष्ट्रीय लोकदल के महासचिव और अजित सिंह के बेटे जयंत चौधरी उस समय मथुरा से सांसद थे। 16वें लोकसभा चुनाव में इस संसदीय सीट से पार्टी की जीत सुनिश्चित करने के लिए अजित सिंह ने अपने बेटे जयंत चौधरी को दोबारा यहां से उतारा, लेकिन हेमा मालिनी ने उन्हें 3,30,743 वोटों से हरा दिया। यह कैसे संभव हो पाया? बताया जाता है कि इसके पीछे भी अमित शाह की सोच थी।

नरेन्द्र मोदी, राजनाथ सिंह और अमित शाह उत्तर प्रदेश की एक-एक सीट के बारे में सोच रहे थे। इसलिए अमित शाह ने इस क्षेत्र के जातिगत समीकरण को इस तरह रखा कि मथुरा में जाट और ब्राह्मण वोट सबसे अधिक हैं। इसे ध्यान में रखकर एक ऐसे नेता को यहां से खड़ा किया जाना चाहिए, जो सभी तबकों का पसंदीदा हो और जो जाट और ब्राह्मण दोनों के वोट हासिल कर सके। ऐसे में पार्टी के सामने हेमा मालिनी से बढ़िया विकल्प क्या हो सकता था? वह अपने समय की मशहूर अभिनेत्री थीं। वह ब्राह्मण हैं और उनके पति फिल्म अभिनेता धर्मेंद्र जाट समाज से हैं। खुद तत्कालीन भाजपा अध्यक्ष राजनाथ सिंह ने लखनऊ से चुनाव लड़ने का फैसला किया। वह पिछले आम चुनाव में गाज़ियाबाद संसदीय क्षेत्र से विजयी हुए थे। दरअसल, अमित शाह का मानना था कि लखनऊ उत्तर प्रदेश की राजधानी है और भाजपा के वरिष्ठ नेता और देश के पूर्व प्रधानमंत्री अटल बिहारी वाजपेयी यहां से चुनाव लड़ते थे, इसलिए पार्टी के लिए यह महत्वपूर्ण संसदीय क्षेत्र है और यहां से किसी बड़े भाजपा नेता को उतारकर एक बड़ा संकेत दिया जा सकता है। पार्टी के सामने अटल बिहारी वाजपेयी की परंपरा को भी आगे बढ़ाने की चुनौती थी। अटल बिहारी वाजपेयी यहां से पांच बार चुनाव जीत चुके थे। 2009 में लालजी टंडन लखनऊ से चुनाव लड़े थे। भाजपा को एक बड़ा चेहरा चाहिए था, इसलिए राजनाथ सिंह की उम्मीदवारी लखनऊ से तय हुई।

अध्याय पांच

भाजपा के मैन ऑफ द मैच

चुनाव के दौरान मीडिया यह कयास लगाता रहा कि केंद्र में नरेन्द्र मोदी की सरकार बनती है, तो उनके करीबी और उत्तरप्रदेश के भाजपा प्रभारी अमित शाह किस महत्वपूर्ण पद पर विराजमान होंगे। वैसे, पूरे चुनाव के दौरान अमित शाह मीडिया से कम ही मुख़ातिब हुए और ज्यादा से-ज्यादा समय पार्टी कार्यकर्ताओं के बीच प्रचार अभियानों में बिताया। चुनाव के दौरान जब एक पत्रकार ने उनसे सवाल पूछा कि अगर भाजपा जीतती है, तो आप क्या पद लेना पसंद करेंगे? तो उनका जवाब था कि अभी हम यहां चुनाव जीतने आए हैं, सरकार बनाने नहीं। चुनाव नतीजे के बाद जब इसी तरह का सवाल एक अन्य पत्रकार ने किया कि आप संगठन में रहना पसंद करेंगे या मंत्रिमंडल में शामिल होना चाहेंगे? तो उन्होंने कहा कि मुझे संगठन जो दायित्व देगा, उसका निर्वाह करूंगा। ऐसे में, यह कयास लगने लगा कि अमित शाह की अतुलनीय सांगठनिक क्षमता को देखते हुए पार्टी उन्हें संगठन में बड़ी जिम्मेदारी दे सकती है। लेकिन सवाल यह था कि वह जिम्मेदारी क्या होगी? अमित शाह भाजपा महासचिव तो थे ही और उत्तर प्रदेश के प्रभारी भी। इससे आगे की जिम्मेदारी पार्टी अध्यक्ष की ही हो सकती है। ऐसे में, यह संभावना प्रबल हो उठी कि उन्हें भाजपा का नया अध्यक्ष बनाया जा सकता है, लेकिन यह फैसला बहुत कुछ इस पर निर्भर करने वाला था कि तत्कालीन भाजपा अध्यक्ष राजनाथ सिंह मोदी

के कैबिनेट में शामिल होते हैं या नहीं। अगर वह मोदी मंत्रिमंडल में शामिल होने को तैयार होते हैं, तो पार्टी में एक व्यक्ति, एक पद का सिद्धांत है और इस आधार पर उन्हें भाजपा अध्यक्ष का पद छोड़ना पड़ेगा।

नरेन्द्र मोदी 20 मई, 2014 को राष्ट्रपति प्रणब मुखर्जी से राष्ट्रपति भवन में मिले, जहां उन्हें सरकार बनाने का न्योता दिया गया। 26 मई, 2014 को नरेन्द्र मोदी ने प्रधानमंत्री पद की शपथ ली और उस मंत्रिमंडल में राजनाथ सिंह को महत्वपूर्ण पोर्टफोलियो 'गृह मंत्रालय' का मिला। अब यह साफ हो चुका था कि राजनाथ सिंह भाजपा अध्यक्ष पद से अपना इस्तीफा देंगे और नए अध्यक्ष का चुनाव होगा। मीडिया रिपोर्ट के मुताबिक, इस रेस में दो नाम थे– अमित शाह, जिन्होंने भाजपा को उत्तर प्रदेश में ऐतिहासिक जीत दिलाई और जो प्रधानमंत्री नरेन्द्र मोदी के बेहद करीबी हैं तथा दूसरा नाम जगत प्रकाश नाडा का था। नाडा भी पार्टी के महासचिव थे और पार्टी में उनका कद भी बड़ा था। लोकसभा चुनाव अभियान में पार्टी मुख्यालय से वह संयोजक का काम देख रहे थे। शुरू में ऐसा लगा कि नाडा इस पद की दौड़ में आगे हैं। पार्टी के वरिष्ठ नेताओं के साथ उनके अच्छे रिश्ते बताए जाते हैं और बीती संसद के अंतिम सत्र में राज्यसभा के अंदर, उन्होंने अपने भाषण से सबको प्रभावित किया था। प्रधानमंत्री नरेन्द्र मोदी के विश्वस्तों में एक नाडा भी थे, साथ ही उनका रिश्ता राष्ट्रीय स्वयंसेवक संघ से भी अच्छा था। एक बात और थी कि अमित शाह के साथ भी उनके संबंध घनिष्ठ बताए जाते हैं। दोनों ने पार्टी की युवा इकाई 'भारतीय युवा जनता मोर्चा' में साथ मिलकर काम किया था। लेकिन पार्टी के शीर्ष स्तर के नेताओं के बीच चल रही लगातार बातचीत और चर्चाओं में यह बात उभरकर आ रही थी कि पार्टी को सफलता दिलाने में शाह की भूमिका बड़ी है और आने वाले समय में कई राज्यों में विधानसभा चुनाव होने वाले हैं। ऐसे में अमित शाह को अध्यक्ष बनाकर जनता और पार्टी कार्यकर्ताओं के बीच अच्छा संदेश दिया जा सकता है। वरिष्ठ नेता यह मान रहे थे कि उत्तर प्रदेश में अमित शाह ने जिस सांगठनिक क्षमता और कूटनीति का परिचय दिया है, उसे पूरे देश में अपनाकर देखा जाना चाहिए। इसके अलावा,

यह भी देखा जा रहा था कि सरकार और संगठन के बीच समन्वय की जरूरत रहनी चाहिए और अमित शाह संगठन के आदमी हैं और मोदी के करीबी है, इसलिए वह इस जिम्मेदारी को बखूबी निभा सकते हैं। हालांकि, कुछ भाजपा नेताओं और राष्ट्रीय स्वयंसेवक संघ कार्यकर्ताओं को यह आपत्ति थी कि एक ही प्रदेश, यानी गुजरात से प्रधानमंत्री और भाजपा अध्यक्ष, दोनों के होने से असंतुलन की स्थिति आएगी लेकिन शाह के पक्ष में सबसे बड़ी बात यह थी कि वह मोदी के साथ गुजरात में काम कर चुके थे। उनका सरकार और संगठन, दोनों में बराबर का तजुर्बा था और वह उन चंद नेताओं में शामिल थे, जो मोदी के सामने अपनी बात बेलाग रख सकते थे। कुछ नेता यह भी मानते थे कि चूंकि नाडा के संबंध वरिष्ठ नेताओं के साथ अच्छे हैं और संघ व मोदी सांगठनिक बदलाव के पक्षधर हैं, इसलिए भाजपा अध्यक्ष पद की जिम्मेदारी नाडा की बजाय अमित शाह को दी जानी चाहिए, क्योंकि उन्होंने उत्तर प्रदेश में युवाओं के साथ-साथ वरिष्ठ नेताओं को भी साधा।

इस बीच, राष्ट्रीय स्वयंसेवक संघ ने भी अमित शाह के नाम पर अपनी सहमति जता दी। इसके साथ ही अमित शाह के भाजपा अध्यक्ष बनने का रास्ता साफ हो गया, अब सिर्फ ऐलान की देरी थी।

नाम की घोषणा

9 जुलाई, 2014 को वह घोषणा भी हो गई। भाजपा संसदीय बोर्ड की बैठक में अमित शाह को सर्वसम्मति से भाजपा का नया अध्यक्ष बनाया गया। इस बैठक में प्रधानमंत्री नरेन्द्र मोदी के अलावा वरिष्ठ भाजपा नेता लालकृष्ण आडवाणी। मुरली मनोहर जोशी, एम. वैकेया नायडू, नितिन गडकरी, अरुण जेटली और सुषमा स्वराज शामिल थे। इस बैठक में पार्टी के निवर्तमान अध्यक्ष राजनाथ सिंह ने अपने पद से इस्तीफा दिया और उन्होंने कहा कि मैंने केंद्रीय संसदीय बोर्ड की बैठक बुलाई और अपना इस्तीफा सौंपा है। संसदीय बोर्ड ने सर्वसम्मति से अमित शाह को भाजपा अध्यक्ष नियुक्त करने का फैसला किया है। घोषणा के कुछ देर बाद, प्रधानमंत्री नरेन्द्र मोदी और गृहमंत्री राजनाथ सिंह ने शाह का मुंह मीठा किया और आडवाणी, जोशी, स्वराज, जेटली और अनंत कुमार ने उन्हें

गुलदस्ता भेंट किया। इसके बाद मीडिया ने अमित शाह पर सवालों की बौछार कर दी, जिन सबका जवाब अमित शाह ने एक ही बार में केवल यह कहकर दिया, 'मैं आप लोगों से बाद में बातें करूंगा।'

अक्सर भारतीय राजनीति में इस तरह अधिकारों का हस्तांतरण कम ही देखने को मिलता है। वरना, अक्सर अध्यक्ष पद की कुर्सी किसी आरोप में चली जाती है और फिर पार्टी को अपना अगला अध्यक्ष आनन-फानन में नियुक्त करना पड़ता है। यह भी देखा गया है कि लोकसभा चुनावों या राज्य के चुनावों में हार की जिम्मेदारी पार्टी अध्यक्ष अपने ऊपर लेता है और अपना इस्तीफा सौंप देता है। इसके बाद, किसी अन्य नेता को अगला अध्यक्ष बनाया जाता है लेकिन इस बार कुछ ऐसा नहीं हुआ, बल्कि 'एक व्यक्ति-एक पद' की स्वस्थ राजनीतिक परंपरा का निर्वाह करते हुए राजनाथ सिंह ने इस्तीफा दिया और भाजपा संसदीय बोर्ड ने अपने अगले अध्यक्ष के रूप में अमित शाह का चुनाव सर्वसम्मति से किया। राजनाथ सिंह के मन में अमित शाह के लिए कितनी अच्छी भावना है, इसका अंदाजा उनके इस बयान से लगता है, जो उन्होंने संसदीय बोर्ड की बैठक में अपना फैसला सुनाते हुए कहा- 'शाह कल्पनाशील विचारों से भरे हुए हैं और सांगठनिक कौशल में माहिर हैं। लोकसभा चुनाव के दौरान उत्तर प्रदेश के प्रभारी के तौर पर उन्होंने बड़ी जीत दिलाई। अपने इतिहास में भाजपा को उत्तर प्रदेश में इतनी बड़ी सफलता कभी नहीं मिली थी।'

भारतीय राजनीति में यह भी विरले ही दिखता है कि किसी की नियुक्ति पर कोई आलोचनात्मक टिप्पणी नहीं हो। अध्यक्ष पद पर अमित शाह की नियुक्ति की घोषणा के बाद पार्टी के तमाम नेताओं ने उन्हें बधाई ही नहीं दी, गुजरात से लेकर उत्तर प्रदेश तक कार्यकर्ताओं ने खुशियां मनाईं। वित्तमंत्री अरुण जेटली, जो खुद बड़े रणनीतिकार हैं, अमित शाह को अपनी पीढ़ी का सबसे तेज राजनीतिक दिमाग वाला इंसान बताते हैं।

आम बजट और अमित शाह

10 जुलाई, 2014 मोदी सरकार के लिए अग्नि-परीक्षा की तिथि थी। मोदी सरकार का पहला आम बजट वित्तमंत्री अरुण जेटली ने पेश

किया, जिसे सभी अर्थशास्त्रियों ने एक संतुलित बजट बताया। बेशक, इसमें कई नई घोषणाएं थीं, लेकिन उनसे कहीं अधिक पुरानी घोषणाओं को अमल में लाने का इरादा भी था। जैसा कि भारतीय राजनीति में दिखता रहा है कि सरकार बदल जाने से कई योजनाएं अधर में लटक जातीं या निरस्त हो जाती थीं, परन्तु मोदी नेतृत्व में ऐसा कुछ भी नहीं हुआ बल्कि पुरानी सरकार की अच्छी योजनाओं को जारी रखने का फैसला लिया गया, उनको तेज करने के कदम उठाए गए, साथ ही उन नीतियों-योजनाओं को बदला गया, जो सिर्फ कहने-भर को लोक-कल्याणकारी सरकारी खजाने पर बोझ थीं। चूंकि विपक्षी पार्टियों का काम सरकार की नीतियों और आलोचनाओं में खामियों का तर्क ढूंढ़ना आलोचना करना ही होता है, इसलिए ऐसे में यह बेहद मायने रखता है कि सरकार की नीतियों और योजनाओं के पक्ष में उसकी पार्टी किस मजबूती के साथ खड़ी होती है। इसलिए प्रेस की निगाहें 11 अशोक रोड, नई दिल्ली की ओर थीं कि भारतीय जनता पार्टी के महज एक दिन पुराने अध्यक्ष अमित शाह की ओर से बजट पर क्या प्रेस-वक्तव्य जारी होता है।

लेकिन इस बार भी अमित शाह ने प्रेस को कुछ उछालने का मुद्दा नहीं दिया, बल्कि उनका वक्तव्य बजट की तरह ही संतुलित था। उन्होंने न ही भावातिरेक में सरकार के पक्ष में बढ़-चढ़कर बातें कीं और न ही इस बजट को कमतर आंकने की जहमत। वह अपने एक प्रेस-वक्तव्य से साबित कर चुके थे कि वह जितने अच्छे रणनीतिकार हैं, उतने ही अच्छे अध्यक्ष भी। उन्होंने कहा-

'यह मोदी सरकार का पहला बजट है। इसमें जनता की अपेक्षाओं को संतोष देने का प्रयास किया गया है। यह संतुलित बजट है। एक तरफ मध्यम वर्ग का ध्यान रखा गया है, वहीं दूसरी ओर ग्रोथ रेट बढ़ाने के लिए ठोस कदम उठाए गए हैं। मैं वित्त मंत्री श्री अरुण जेटली जी को एक साहस भरे, विकासोन्मुखी और दूर की सोच वाले ऐतिहासिक बजट को पेश करने के लिए बधाई देता हूं, जहां 125 करोड़ भारतीयों की अपेक्षाओं और आवश्यकताओं को ध्यान में रखा गया है। हमारी सरकार ने भारत के आर्थिक पुनरुद्धार के लिए रोड मैप तैयार किया है। यह बजट भारतीय जनता पार्टी के घोषणापत्र में शामिल सभी मुद्दों को

समाहित किए हुए है। यह बजट हमारे ध्येय वाक्य 'सबका साथ, सबका विकास' को स्पष्ट रूप से परिलक्षित करता है।

कांग्रेस सरकार द्वारा हमें उत्तराधिकार में मिला है- खाली तिजोरी, कमरतोड़ महंगाई, कराहती अर्थव्यवस्था, विकास की भ्रामक अवस्था, एक बड़ा राजकोषीय घाटा, करंट अकाउंट घाटा और घोर निराशापूर्ण माहौल। उन्होंने सरकार का प्रयोग देश की आम जनता के हितों की कीमत पर कुछ सीमित लोगों की स्वार्थपूर्ति के लिए किया, जिसके परिणामस्वरूप करोड़ों भारतीयों ने कांग्रेस के बुरे शासन व कुरीतियों के खिलाफ एकजुट होकर बदलाव के लिए वोट किया।

वित्त मंत्री जी ने भारत के पुनरुद्धार के लिए एक व्यापक कार्य-योजना प्रस्तुत की है। यह बजट अर्थव्यवस्था में आशा और विश्वास का फिर से संचार करेगा। साथ ही, यह हमारे सपने 'एक भारत, श्रेष्ठ भारत' को साकार करने के लिए एक मजबूत आधार प्रदान करेगा। भारत के समावेशी, पारदर्शी और मिनिमम गवर्नमेंट, मैक्सिमम गवर्नेंस वाले शासन के सिद्धांतों को पुनः स्थापित करने के लिए यह बजट एक मजबूत आधार प्रदान करता है। उन्होंने एक ऐसे एक्शन प्लान को प्रस्तुत किया है जो सभी की मूलभूत सुविधाओं को सुनिश्चित करता है, बुनियादी व सामाजिक ढांचे को मजबूती प्रदान करने वाला है, ग्रामों के जीवन स्तर को बढ़ाने वाला है, उन्नत कृषि के विकास में सहायक है, सशक्त उत्पादन व्यवस्था वाला है, करोड़ों युवाओं को रोजगार प्रदान करने वाला है, बच्चों के लिए अच्छी शिक्षा प्रदान करने वाला है और समुचित स्वास्थ्य सेवाएं उपलब्ध कराने वाला है।

हमने ऐसे कदम उठाए हैं, जिससे निवेशकों व उद्यमियों का विश्वास फिर से बहाल हो सके। यही विश्वास आने वाले वर्षो में देश के विकास और समृद्धि को आगे बढ़ाने के लिए प्रेरणा व तेज गति प्रदान करेगा।

विशेष रूप से यह आम जनता के लिए बेहद फायदेमंद होगा। अब लोग बुजुर्गों के इलाज, महिला विकास, बच्चों की शिक्षा पर और अधिक खर्च करने में सक्षम हो सकेंगे कृषि व ग्रामीण अर्थव्यवस्था के विकास की योजना को यह प्रोत्साहित करने वाला है। तम्बाकू, गुटका व कोल्ड

ड्रिंक्स पर कर–वृद्धि की घोषणा का भी मैं हृदय से स्वागत करता हूं। युद्ध स्मारक निर्माण की प्रतिबद्धता, एक रैंक–एक पेंशन व कश्मीरी विस्थापितों की पुनर्वास योजना के लिए यह राष्ट्र आभारी है।

आज जो कदम उठाए गए हैं, वे निश्चित रूप से निवेशकों के भरोसे को बढ़ाएगा, बचत–निवेश साइकिल को जीवित करेगा, जो इस वर्ष विकास दर को 5.5–5.9 प्रतिशत तक पहुंचाने में सहायक होगा एवं आने वाले दो वर्षों में और अधिक वृद्धि दर को प्राप्त करेगा। कृषि विकास और उत्पादकता को बढ़ावा देने के लिए विशेष जोर दिया गया है। किसानों की आय को बढ़ाने के लिए भंडारगृहों की स्थापना, ग्रामीण सड़कों का विकास और आधुनिक तकनीकों का प्रयोग किया जाएगा। आधारभूत संरचनाओं के विकास पर विशेष बल दिया गया है। कराधान परिवर्तन पारदर्शिता बढ़ाएगा, जो निवेशकों के विश्वास को बहाल करने में सहायक होगा।

एक बार पुनः मुझे यह देखकर अत्यंत संतोष हो रहा है कि हमारी पार्टी की योजना पूरी स्पष्टता के साथ देश के भविष्य को प्रगतिपथ पर बढ़ाने वाली है, जिससे सभी भारतवासी लाभान्वित होंगे। इसमें किसी प्रकार का शक नहीं है कि यह भाषण आने वाले कई दशकों तक याद किया जाएगा। एक बार फिर से मैं श्री अरुण जेटली जी को इस सकारात्मक व विकासोन्मुखी बजट के लिए बधाई देता हूं।'

इस प्रेस वक्तव्य से यह सहज अंदाजा हो जाता है कि अमित शाह ने बजट पर विचार रखने से पूर्व बजट के तमाम बिंदुओं पर गौर किया, पूर्ववर्ती बजट से तुलना की और फिर अपना वक्तव्य प्रेस के सामने रखा। तटस्थता के साथ भी देखा जाए, तो भी यह मालूम होता है कि उनके विचार महज किसी नेता के नहीं, बल्कि एक कुशल रणनीतिकार, घरेलू मामलों के जानकार और बजट और अर्थव्यवस्था के अध्येता के थे।

राष्ट्रीय परिषद की बैठक

9 अगस्त को 'भारतीय जनता पार्टी राष्ट्रीय परिषद' की चुनाव पश्चात पहली बैठक हुई। इस बैठक में अमित शाह को पार्टी का राष्ट्रीय अध्यक्ष बनाए जाने के प्रस्ताव को राष्ट्रीय परिषद ने सर्वसम्मति से

अनुमोदन कर दिया। प्रधानमंत्री नरेन्द्र मोदी ने अमित शाह को लोकसभा चुनावों में मिली जीत का 'मैन ऑफ द मैच' कहा। उनके बयान से साफ हो जाता है कि उन्होंने भाजपा की जीत का सेहरा अमित शाह के सिर पर बांधा। इस बैठक में पार्टी के वरिष्ठ नेता लालकृष्ण आडवाणी ने कहा कि जब राजनाथ सिंह '272 प्लस' की बात करते थे, तो लोग मजाक उड़ाते थे, लेकिन यह अंत में सही साबित हुआ। पार्टी अध्यक्ष अमित शाह की विनम्रता को उन्होंने कुछ ऐसे रखा, 'मैंने पार्टी अध्यक्ष अमित शाहजी को कहा था कि प्रधानमंत्री को इस बैठक को संबोधित करना चाहिए, मुझे नहीं। लेकिन शाह ने मुझसे अनुरोध किया कि आपको बोलना ही होगा।'

पार्टी अध्यक्ष अमित शाह ने इस सम्मेलन के जरिये अपने दृढ़ इरादे स्पष्ट कर दिए। दरअसल, प्रधानमंत्री नरेन्द्र मोदी के साथ मिलकर वह 'पहले देश, फिर एक-एक प्रदेश' पर काम कर रहे थे। इस जुमले का मतबल यह हुआ कि राष्ट्रीय स्तर पर बदलाव लाने के बाद अब वे दोनों क्षेत्रीय स्तर पर बदलाव लाना चाहते थे। अमित शाह ने कहा, 'उत्तर प्रदेश में कानून-व्यवस्था की बदतर स्थिति चिंता की बात है। इसके पीछे राज्य सरकार की तुष्टिकरण नीति और उसका एकतरफा बर्ताव है। उत्तर प्रदेश सरकार राज्य में शांति बहाल करने में नाकाम हुई है। इसलिए अब यह हमारी जिम्मेदारी है कि हम वहां शांति बहाल करें। हमें यह नहीं भूलना चाहिए कि वहां हमें 73 सीटें मिली हैं।' जम्मू-कश्मीर की स्थिति के बारे में उन्होंने कहा कि जम्मू-कश्मीर सरकार भ्रष्टाचार की सारी सीमाएं पार कर चुकी है। स्थानीय लोग वहां के दो परिवारों से तंग आ गए हैं। बिहार की राजनीति पर भाजपा अध्यक्ष ने तेज कटाक्ष करते हुए कहा कि नीतीश सबसे अधिक लालू का विरोध करते हैं और आज यही दोनों गठबंधन में हैं। हमें इन दोनों का पर्दाफाश करना चाहिए। अमित शाह ने महाराष्ट्र की तत्कालीन कांग्रेस-एनसीपी सरकार को भी नहीं बख्शते हुए कहा कि कांग्रेस पिछले 15 साल से महाराष्ट्र में शासन कर रही है, लेकिन महाराष्ट्र की हालत खराब होती जा रही है। इस राज्य में सबसे अधिक किसान मरते हैं। हरियाणा की पार्टी इकाई से उन्होंने गुहार लगाई कि वह इस तरह काम करें कि भाजपा अपने दम पर सरकार

बनाए। झारखंड के बारे में उनका कहना था कि वहां के लोग हमें एक मौका दें, मैं उनसे वादा करता हूं कि इस राज्य को हम छत्तीसगढ़ जैसा अच्छा बना देंगे। उन्होंने यह भी कहा कि जम्मू-कश्मीर, हरियाणा, झारखंड और महाराष्ट्र में विधानसभा चुनाव होने बाकी हैं और इन सभी राज्यों में हमें सरकार बनाने की चुनौती स्वीकार करनी होगी। हां, मैं अपना प्रदर्शन इन राज्यों में दोहराना चाहता हूं।

गौरतलब है कि अमित शाह की मुहिम ने 'पहले देश, फिर एक-एक प्रदेश, हरियाणा और महाराष्ट्र विधानसभा चुनावों में भाजपा को जीत दिलाई। इन दोनों ही राज्यों में भाजपा का सांगठनिक विकास भी अपने अव्वल स्तर तक पहुंचा है और दोनों प्रदेशों में मिली जीत ऐतिहासिक है। हरियाणा में भाजपा इससे पहले कभी सत्ता में नहीं आई और आज वहां उसकी अपने बूते सरकार है। दूसरी तरफ, महाराष्ट्र में शिवसेना के सहयोगी के तौर पर भाजपा की स्थिति हमेशा अच्छी रही। लेकिन अमित शाह के कुशल चुनाव प्रबंधन के कारण भाजपा अकेले चुनाव मैदान में कूदी और सबसे बड़ी पार्टी के तौर पर उभरी। बेशक उसे सरकार बनाने के लिए सहयोग की जरूरत पड़ी, पर उसने अपनी शर्तों पर सरकार बनाई। यह भी काबिल-ए-ज़िक्र है कि दोनों ही सूबों में भाजपा ने अकेले मैदान में उतरने का ैसला लिया, जबकि हरियाणा को पारंपरिक रूप से कांग्रेस का मजबूत जनाधार वाला क्षेत्र माना जाता रहा है और साथ ही, यहां क्षेत्रीय पार्टियों की जबर्दस्त पकड़ हाल के वर्षों में दिखाई पड़ी। वहीं दूसरी तरफ, महाराष्ट्र में कांग्रेस-एनसीपी की 15 साल की सरकार थी और यहां कांग्रेस बतौर संगठन काफी मजबूत रही है।

बतौर भाजपा अध्यक्ष, अमित शाह अपने पहले ही भाषण में सरकार और उनके मंत्रियों को संदेश देने में सफल रहे। उन्होंने मंच से कहा कि मंत्रियों से यह निवेदन करता हूं कि वे उन वायदों पर ध्यान केंद्रित रखें, जो भाजपा के घोषणापत्र में शामिल हैं। उन्होंने जनता के भरोसे की नब्ज टटोलने के लिए कहा कि लोगों को हम पर विश्वास रखना चाहिए और हम उनकी आकांक्षाओं पर खरे उतरने के लिए काम करेंगे। उन्होंने यह बताया कि सरकार ने विश्व वाणिज्य संगठन (डब्ल्यूटीओ) में यह जता

दिया कि उसकी प्राथमिकताओं में गरीब और किसान शामिल हैं। सरकार में सहयोगी दलों को नसीहत देने के लिए उन्होंने कहा कि अटल बिहारी वाजपेयी के समय में गठबंधन सरकार थी, लेकिन इस बार हम अपने दम पर सरकार में हैं।

अमित शाह यह जानते थे कि कांग्रेस नेतृत्व वाली सरकार अभी केंद्र से बाहर हुई है; पर हरियाणा, महाराष्ट्र, जम्मू-कश्मीर, कर्नाटक और झारखंड जैसे कई राज्यों में या तो उसकी सरकार है या उसके समर्थन से सरकार चल रही है। इसलिए उन्होंने प्रधानमंत्री नरेन्द्र मोदी के साथ मिलकर इस मंच से कांग्रेस मुक्त भारत का आह्वान किया। भाजपा अध्यक्ष ने कहा कि जो 60 वर्षों में कांग्रेस नहीं कर पाई, उसे मोदी सरकार ने 60 दिन में कर दिखाया। इसलिए आज उसे इतनी कम सीटें मिली हैं कि वह मुख्य विपक्षी दल भी नहीं बन पाई। यह कोई सामान्य बदलाव नहीं है। उन्होंने पुरानी सरकार की नाकामी और अपनी सरकार की उपलब्धि के बारे में दो टूक शब्दों में कहा कि दस साल सरकार में रहकर कांग्रेस ने देश को इस खराब हालत में ला दिया कि हर क्षेत्र में बहुत काम करने की जरूरत है और यह देखिए कि जनता पर वित्तीय बोझ डाले बगैर वित्त मंत्री ने अपना बजट पेश किया है।

लोकसभा चुनाव के नतीजे पर अमित शाह ने कहा कि यह उन पार्टियों के लिए हार है, जो वोट बैंक की राजनीति करती हैं। पार्टी अध्यक्ष ने कहा कि पार्टी सिर्फ गुजरात मॉडल के कारण जनता का भरोसा जीत पाई। जनता एक ऐसा नेता चाहती थी, जो उसके सामने विकास का नक्शा पेश कर सके, मोदी जी ने यह किया और उन्हें जनता का भरोसा मिला। अमित शाह ने उन लोगों का धन्यवाद दिया, जो विभिन्न क्षेत्रों में, विभिन्न माध्यमों से भारतीय जनता पार्टी के अभियान से जुड़े। उन्होंने तमाम विपक्षियों पर यह कहकर हमला बोला कि हमारे किसी भी पुराने अध्यक्ष की कोई राजनीतिक पृष्ठभूमि नहीं है। वे सब अपनी मेहनत और पार्टी में काम के बूते संगठन के शीर्ष पद पर पहुंचे।

जवाहरलाल नेहरू स्टेडियम, नई दिल्ली में अमित शाह के अध्यक्षीय उद्‌बोधन के संपादित अंश इस प्रकार हैंः-

'72 साल पूर्व इसी दिन मुंबई में ब्रिटिश सत्ता के विरोध में महात्मा

गांधी जी के नेतृत्व में 'भारत छोड़ो आंदोलन' हुआ था। स्वाधीनता आंदोलन के इस पर्व में सैकड़ों लोगों ने लाठियां खाईं और कइयों ने बलिदान दिया। हम इस 'अगस्त क्रांति दिवस' के पर्व पर सभी स्वाधीनता सेनानियों की पावन स्मृति का अभिवादन करते हैं। हम मानते हैं कि भारत को सभी दृष्टि से स्वाधीन बनाने हेतु प्रयास करते रहना, उनके प्रति सच्ची श्रद्धांजलि होगी।

सबसे पहले मैं आप सभी के प्रति अपने हृदय की गहराइयों से आभार व्यक्त करना चाहता हूं। पार्टी के नेतृत्व ने मुझ पर भरोसा किया, आप सभी ने मेरी क्षमता में विश्वास किया और उसके लिए मैं आप सभी का आभारी हूं।

मैंने एक साधारण कार्यकर्ता के रूप में अपनी यात्रा प्रारंभ की थी। बूथ समिति से लेकर मैंने काम किया और आज तुलनात्मक दृष्टि से कम आयु में और सीमित अनुभव रहते हुए भी आप सभी ने राष्ट्रीय अध्यक्ष पद के लिए मुझे उचित समझा, यह मेरा सौभाग्य है। भारत में 1200 से भी अधिक राजनीतिक दल हैं। मगर शायद ही कोई ऐसा दल होगा, जहां एक कार्यकर्ता इस तरीके से राष्ट्रीय अध्यक्ष के रूप में चुना गया होगा। मैं यह अपनी पार्टी की असाधारण विशेषता मानता हूं। यह पार्टी एक आंदोलन है, विचारधारा इसका प्राण है और कार्यकर्ता इसकी ताकत है। राष्ट्रीय अध्यक्ष के रूप में जो दायित्व मुझे मिला है, उसे बड़ी विनम्रता से और पूरी गंभीरता से मैं स्वीकार कर रहा हूं। मेरी धारणा है कि मेरा अध्यक्ष बनना 'कार्यकर्ता' नाम की संस्था का सम्मान है। इस पद की गरिमा न केवल कायम रखना, बल्कि उसे बढ़ना मैं अपना दायित्व मानता हूं। यह दायित्व निभाने में मेरे वरिष्ठ मेरा मार्गदर्शन करेंगे, सहयोगी मेरे साथ रहेंगे और कार्यकर्ता मुझे समर्थन देंगे, यह मेरा विश्वास है। मेरी ईश्वर से प्रार्थना है कि यह दायित्व निभाने के लिए मुझे आवश्यक शक्ति और सामर्थ्य दे।

आदरणीय राजनाथ सिंह जी ने पार्टी को सत्तासीन करने में प्रमुख भूमिका निभाई। उनके प्रति आभार व्यक्त करते हुए मैं सभी पूर्व अध्यक्षों से उम्मीद करूंगा कि उनका मार्गदर्शन मुझे हमेशा मिलता रहे।

अध्याय छः

शंखनाद

देश-भर में चली 'मोदी-लहर' और 'यूपी मिशन' की कामयाबी के बाद अब बारी थी-अपने मतदाताओं, गंगा-घाट और अपनी काशी नगरी को धन्यवाद ज्ञापित करने की तैयारी की। 17 मई को दिल्ली में संसदीय बोर्ड की बैठक के बाद नरेन्द्र मोदी धर्मनगरी वाराणसी रवाना हुए। उनके साथ थे, उनके सिपहसालार अमित शाह और गृहमंत्री राजनाथ सिंह।

उधर, वाराणसी इन तीनों के इंतजार में सज-धजकर तैयार हो चुका था। सब कुछ अद्‌भुत, अभूतपूर्व, अप्रतिम। आखिर यह नज़ारा क्यों न हो, वाराणसी ने पहली बार प्रधानमंत्री जो चुना है! देश ने सांसद चुना और काशी ने प्रधानमंत्री। आज वही भावी प्रधानमंत्री उसके बीच आ रहा था और साथ में इस जीत की पटकथा लिखने वाले अमित शाह थे। विशेष विमान से ये तीनों करीब पांच बजे शाम को बाबतपुर हवाई अड्डे पर उतरे और वहां से हेलिकॉप्टर से पुलिस लाइन पहुंचे। करीब पांच बजकर 52 मिनट पर नरेन्द्र मोदी का काफिला छत्ताद्वार (ज्ञानवापी) पहुंचा, नरेन्द्र मोदी निश्चित रूप से अमित शाह की तैयारियों, बेसब्र बनारस वासियों का उत्साह व संयम देखकर गद्‌गद्‌ हुए होंगे। इतनी बेसब्री से अपने नायक को करीब से देखने का यह रोमांचक पल शायद ही कभी भारतीय राजनीति के इतिहास में आया था। फूलों से ढकी सफेद सफारी से सबसे पहले अमित शाह उतरकर नेताओं और

कार्यकर्ताओं के बीच जाते हैं, फिर नरेन्द्र मोदी और राजनाथ सिंह। पुष्पगुच्छों से उनका स्वागत होता है।

पांच बजकर 57 मिनट पर काशी विश्वनाथ मंदिर परिसर में मंत्रोच्चार शुरू हो जाता है। छह बजे की शुभ घड़ी में मोदी के साथ अमित शाह और राजनाथ सिंह पहला अर्ध्य देते हैं। ये तीनों विधिवत पूजा-अर्चना करते हैं। इस दौरान पंडितों ने मंत्रोच्चार के बीच नरेन्द्र मोदी का रूद्राभिषेक संपन्न करवाया। ढोल-नगाड़ों की गगनभेदी आवाज के बीच सबसे पहले अमित शाह निकलते हैं, फिर नरेन्द्र मोदी और अंतिम में राजनाथ सिंह। इसके बाद, ये तीनों दशाश्वमेघ घाट पर गंगा आरती में हिस्सा लेते हैं। गंगा घाट से वाराणसी की जनता को संबोधित करने के बाद नरेन्द्र मोदी का काफिला वहां से निकल जाता है। अमित शाह के 'मिशन यूपी' की यह अंतिम झांकी रही। विशाल जन-लहर, गंगा और आस्था के संगम को दशाश्वमेघ घाट से देखने के बाद देश के भावी प्रधानमंत्री नरेन्द्र मोदी यह फैसला ले चुके थे कि वह वाराणसी सीट नहीं छोड़ेंगे।

प्रधानमंत्री पद की शपथ लेने के तीसरे दिन, 29 मई, 2014 को नरेन्द्र मोदी ने इस बात पर अपनी मुहर लगा दी। उन्होंने गुजरात की वड़ोदरा लोकसभा सीट से अपना इस्तीफा दे दिया, अब वह वाराणसी से सांसद हैं। इस तरह से उन्होंने अमित शाह के 'मिशन यूपी' का मान रख लिया।

लोकसभा चुनावों की जीत

लोकसभा में हमारी जीत का वास्तविक विश्लेषण यह है कि हमारे प्रधानमंत्री पद के उम्मीदवार श्री नरेन्द्र मोदी के रूप में, हमने विकास के प्रति जनता में जगी आकांक्षा के अनुरूप नेतृत्व प्रस्तुत कर पाए हैं। साथ ही, कुशासन के प्रति जनता के आक्रोश को हमने सफलतापूर्वक आवाज़ दी। कार्यकर्ताओं की मेहनत और आदरणीय नरेन्द्र भाई का नेतृत्व, इसके कारण अनेक गैर-भाजपाई इस प्रचार में जुट गए। बीते चुनावों से लेकर अब तक के कई चुनाव अभियानों में, हजारों ऐसे कार्यकर्ताओं ने काम किया है, जो पूर्ण निरपेक्ष भाव से जुड़े रहे हैं। बूथ पर पूरा दिन मेहनत करने वाले कार्यकर्ता हों या हमारी किसी सैद्धांतिक

भूमिका के समर्थन में ट्विटर या फेसबुक पर लड़ाई लड़ने वाला कोई अनाम, अपरिचित, साइबर-योद्धा हो, इन्होंने धन्यवाद-पत्र की भी अपेक्षा नहीं रखी। इन सभी ने काम किया, पसीना बहाया, इसलिए आज चंद लोग मंत्रिमंडल में है और कुछ सांसद या विधायक बन पाए हैं। 'अबकी-बार मोदी सरकार' का नारा इन सारे प्रयासों के कारण बुलंद हो पाया। पार्टी अध्यक्ष के नाते देश की जनता का मैं ऋणी हूं, जिसने मोदी जी के नेतृत्व में भरोसा कर हमें विजयी बनाया है।

हम सब भली भांति जानते हैं कि हमारी विजय यात्रा में प्रधानमंत्री नरेन्द्र मोदी जी का योगदान बहुत महत्वपूर्ण रहा है। एक पार्टी में समर्पित और दृढ़ निश्चयी कार्यकर्ता अपने परिश्रम के कारण कितना लंबा फासला तय कर पाता है, इसका प्रेरक उदाहरण नरेन्द्र भाई ने प्रस्तुत किया है। नरेन्द्र मोदी सुशासन का प्रतीक बने हैं। जनतांत्रिक शासन व्यवस्था में उन्होंने पुनः भरोसा स्थापित किया है। उन्होंने प्रधानमंत्री पद के उम्मीदवार के नाते न केवल प्रचार को एक दिशा दी, बल्कि अपार मेहनत करते हुए वह देश के कोने-कोने में पहुंचे और मतदाताओं से सीधा संवाद किया। इस प्रचार में उनके मार्गदर्शन में हमने प्रचार के कई नए तौर-तरीकों पर अमल किया और जनता का विश्वास जीत लिया। भारत के निर्वाचन इतिहास में हमारा पूरा प्रचार अभियान ऐतिहासिक रहा। यह उल्लेखनीय है कि इस अभियान में नरेन्द्र मोदी जी ने प्रधानमंत्री पद के उम्मीदवार के रूप में घोषणा होने के बाद 437 बड़ी सभाओं को संबोधित किया, कुल 5,827 जनसंपर्क अभियानों में हिस्सा लिया और 25 राज्यों में तीन लाख किलोमीटर की यात्राएं की। मोदी जी का नेतृत्व और राजनाथ जी का मार्गदर्शन और कार्यकर्ताओं के परिश्रम, इन सभी को इस सफलता का श्रेय है। सभी भाजपा शासित राज्य सरकारों के अच्छे कामों ने भी महत्त्वपूर्ण भूमिका निभाई है।

चुनाव परिणामों का विश्लेषण

हमें विगत लोकसभा चुनाव परिणामों के आंकड़ों का विश्लेषण करना होगा और साथ ही, देश के राजनीतिक मानचित्र पर इस चुनाव के नतीजों का परिणाम भी ध्यान में लेना होगा। हमें इस चुनाव में 31

प्रतिशत वोट मिले हैं, जो अब तक के चुनावी इतिहास में किसी भी गैर-कांग्रेसी पार्टी को मिले हुए अधिकतम वोट प्रतिशत हैं। कई राज्यों में हमने नए कीर्तिमान स्थापित किए हैं। हिमाचल प्रदेश, उत्तराखंड, राजस्थान, गुजरात और गोवा जैसे राज्य तथा दादरा नगर हवेली, दमन द्वीव, अंडमान निकोबार, चंडीगढ़ तथा दिल्ली में लोकसभा की सारी सीटें हासिल कर हमने इतिहास रचा है। उत्तर प्रदेश, राजस्थान और महाराष्ट्र समेत बहुत सारे प्रदेशों में हमारी सीटें बहुत अच्छी संख्या में बढ़ी हैं।

जहां तक वोटों के प्रतिशत की बात है, गुजरात, उत्तराखंड, राजस्थान और मध्य प्रदेश में हमने 50% से अधिक वोट पाए। छत्तीसगढ़, दिल्ली, कर्नाटक, उत्तर प्रदेश और झारखंड में हमारा वोट 40% से अधिक है। जहां तक हमारे वोट प्रतिशत में वृद्धि का सवाल है, उत्तर प्रदेश, असम और राजस्थान में हुई वृद्धि 20% से भी अधिक है। अब हम लगभग देश के सभी कोनों से 16वीं लोकसभा में उपस्थित हैं।

इस पृष्ठभूमि पर यह भी उल्लेखनीय है कि लगभग 130 वर्ष पुरानी कांग्रेस पार्टी 12 राज्यों और 7 केन्द्र शासित प्रदेशों में लोकसभा चुनाव में अपना खाता भी खोल नहीं पाई है। इस जनादेश ने न केवल भाजपा को पूर्ण बहुमत दिलाया, बल्कि कांग्रेस को विपक्ष के दर्जे से भी वंचित रखा।

युवा वर्ग, महिलाओं, अनुसूचित जाति और जनजातीय समाज तथा पिछड़े वर्गों में बहुत बड़ी मात्रा में हमने जनाधार स्थापित किया है। हमारी इस ऐतिहासिक सफलता से देश में कांग्रेस युग के अंत की शुरुआत हो चुकी है। हमारा सत्ता में आना ऐतिहासिक महत्व है। हमें समझना चाहिए कि यह कोई साधारण परिवर्तन नहीं था। देश के राजनीतिक इतिहास में, स्वाधीनता के बाद जन्म लिए एक नेता ने राष्ट्रीय राजनीति को स्वराज्य प्राप्ति के स्वर्णिम इतिहास के अगले चरण पर, यानी सुराज्य प्राप्ति के पर्व में लेकर पूरी ताकत से स्थापित किया। सबका साथ, सबका विकास, यह शत-प्रतिशत सही मंत्र लेकर हम प्रचार में उतरे और सफल हुए। हमारे नारे में कोई खोखला, लुभावना आश्वासन नहीं था, कोई भावनाओं को चेताने वाली बात नहीं थी। यह एक सीधा-सादा वादा था और हमारे

नेता प्रधानमंत्री नरेन्द्र भाई मोदी की क्षमता में पूरा विश्वास करते हुए लोगों ने हमें सत्ता सौंप दी। 2014 के चुनाव परिणामों ने परिवारवाद या घरानेशाही की राजनीति को पराजित किया है। साथ ही, उन्होंने तुष्टिकरण तथा वोट बैंक की राजनीति को भी ध्वस्त किया।

यह जीत आकांक्षावान भारतीय जनता की सच्ची विजय है। हमें यह भूलना नहीं चाहिए कि भाजपा, आजादी के बाद कांग्रेस के अलावा पूर्ण बहुमत लेकर सत्ता में आने वाली एकमात्र पार्टी है।

हमारी परंपरा

'भारतीय जनता पार्टी' की कमान मैं उस समय संभाल रहा हूं, जब पार्टी अपने बल पर पूर्ण बहुमत प्राप्त करते हुए, केन्द्र में सत्ता की बागडोर हाथ में ले चुकी है।

सत्ता में आना हमारे लक्ष्य का केवल एक हिस्सा है। हमारा लक्ष्य है–सत्ता के सहारे राष्ट्र को वैभवशाली और समाज को समरस बनाना। मैं यह केवल औपचारिकता के लिए नहीं कर रहा हूं। मेरी यह अटूट श्रद्धा है और सत्ता केवल मात्र एक साधन है। हमें दरिद्र नारायण की सेवा करनी है। हमारा साध्य हमारी आंखों से ओझल नहीं होना चाहिए। पं. दीनदयाल उपाध्याय की 'अन्त्योदय' की कल्पना को चरितार्थ करना हमारा लक्ष्य है।

हमारे दल में कार्यकर्तापन की एक समृद्ध परंपरा है। जनसंघ के जमाने में अधिवेशन में आए प्रतिनिधियों को स्वयं श्रद्धेय अटल जी भोजन परोस रहे थे। इस प्रसंग का चित्र हम सभी ने देखा है। आडवाणी जी दशकों तक पार्टी के प्रस्तावों और अन्य दस्तावेजों को बनाने का कार्य करते हुए पार्टी के अध्यक्ष हुए। स्वर्गीय कुशाभाऊ ठाकरे से लेकर राजनाथ जी और नितिन गडकरी जी तक सभी इसी तरह बड़े हुए। एक गरीब घर में पले-बढ़े नरेन्द्र मोदी जी, सामान्य कार्यकर्ता के नाते काम करते-करते प्रधानमंत्री पद तक पहुंचे, यह भी हमारे दल की परंपरा के अनुरूप है। किसी परिवार में पैदा होने के कारण यहां कोई बड़ा नहीं होता। हमें इस वास्तविकता पर गर्व होना चाहिए। इसलिए मैं मानता हूं कि सुशासन देने हेतु अच्छा संगठन भी आवश्यक है और अच्छे संगठन

भाजपा में नये युग की शुरुआत के शीर्ष तीन नायक
(बायें से) राजनाथ सिंह, अमित शाह और नरेन्द्र मोदी

नयी दिल्ली में पार्लियामेंटरी बोर्ड की बैठक के बाद
विजन डॉक्यूमेंट दिखाते हुए बोर्ड सदस्य

आपकी अदालत में अमित शाह

गुजरात के मुख्यमंत्री रहे नरेन्द्र मोदी से आशीर्वाद लेते हुए

गुजरात में, लोकसभा चुनाव में वोट देने
के बाद अपनी धर्म पत्नी के साथ

काशी में गंगा आरती से पूर्व जल अर्पित करते हुए नरेन्द्र मोदी।
उनके साथ हैं अमित शाह और राजनाथ सिंह

बस, आपका आशीर्वाद चाहिए

राजनाथ सिंह को मिला भाजपा का योग्य और नया भाजपा अध्यक्ष

अपनी बात कहने की कला

हरियाणा के मुख्यमंत्री के रूप में शपथ ग्रहण करते हुए मनोहर लाल खट्टर।

महाराष्ट्र में ऐतिहासिक कामयाबी, साथ में मुख्यमंत्री देवेंद्र फडनवीस

रणनीति पर चर्चा

कामयाबी पर पुरस्कार

गुजरात क्रिकेट संघ के अध्यक्ष

जम्मू में खिला कमल

अमित शाह और नरेन्द्र मोदी के साथ भाजपा की मुख्यमंत्री प्रत्याशी किरण बेदी।

हेतु स्वयं प्रेरित तथा क्षमतावान कार्यकर्ताओं की टोली, इस आवश्यकता को हमें समग्रता से समझना चाहिए। सत्ता चलाने के साथ पार्टी संगठन का दायित्व भी बढ़ा है और उसे पूरी क्षमता से हमें निभाना होगा।

विचारधारा यही आधार

हमें इस समय पार्टी के अतीत में भी पुनः झांकना होगा। जो पार्टी अपने इतिहास को भूल जाती है, वह अपने भविष्य को कभी बना नहीं सकती। हमें ध्यान में रखना होगा कि 1951 में जब जनसंघ की स्थापना हुई या फिर 1980 में जब भारतीय जनता पार्टी के रूप में हमारा पुनः जन्म हुआ, तो दोनों घटनाक्रमों के केन्द्र में थी हमारी विचारधारा। हम विचारधारा के लिए बने हैं और विचारों के लिए ही हमारा जीवन है। ध्यान में रहे कि राष्ट्रवाद हमारी प्रेरणा है और 'अंत्योदय' यही हमारा अंतिम लक्ष्य है।

जनसंघ की स्थापना से लेकर आज तक हमारी राजनीतिक यात्रा पर अगर हम गौर करते हैं, तो ध्यान में आता है कि 1950 से लेकर 1980 तक हमने व्यापक राजनीतिक विरोध का सामना किया है। इस विरोध पर्व के बाद 1990 का दशक हमारी स्वीकृति का दशक रहा। 90 के बाद सम्मान-पर्व आया और अब 2014 से प्रभाव-पर्व का प्रारंभ हो चुका है। यह यात्रा आसान नहीं थी। स्वर्गीय श्यामा प्रसाद मुखर्जी, पं. दीनदयाल उपाध्याय, राजमाता विजया राजे सिन्धिया, कुशाभाऊ ठाकरे, सुन्दर सिंह भण्डारी, नानाजी देशमुख, जगन्नाथ राव जोशी, महावीर त्यागी तथा अटल जी और आडवाणी जी जैसे नेताओं ने पसीना बहाया, अपनी पूरी जिंदगी खपाई, जिसके चलते हम यहां तक आए। विगत चुनावों में केन्द्र में पुनः सत्ता में लौटने के पश्चात अब सत्ता और संगठन का सुचारू संचालन भी करना है और संगठन का स्वास्थ्य भी ठीक रखना है। किसी एक मोर्चे पर भी अगर हमारी सफलता में कुछ कमी आती है, तो दूसरे मोर्चे पर उसका असर होना तय है। सत्ता और संगठन की पारस्पारिकता का हम सभी ध्यान रखें और दोनों मोर्चों पर हम सफलता हेतु कार्य करते रहें, यही समय की पुकार है।

किसी भी विचारधारा के लिए केवल सत्ता में आना पर्याप्त नहीं है। हमारे देश में लगभग 6 दशकों तक कांग्रेसी विचारों से ही समाज

प्रभावित रहा। राजनीति के ऊपर कांग्रेस कल्चर की ही छाया रही। अब हमारा दायित्व है कि समाज के विचार और कृति पर हमारे विचारों का प्रभाव निर्माण हो।

यह कोई पहला अवसर नहीं है कि सत्ता में आने के बाद किसी नए व्यक्ति ने अध्यक्ष की कमान संभाली हो। दिसंबर, 1967 में कालीकट में पं. दीनदयाल जी ने जो कहा, वह आज भी प्रासंगिक है और इसलिए मैं उन्हें 'कोट' कर रहा हूँ। पंडित जी ने कहा था, 'विगत अर्द्ध-शताब्दी में देश के मन और मस्तिष्क पर कांग्रेस तथा उसकी विचारधारा का प्रभाव रहा। उनके नेता राष्ट्र की नीति के ही नहीं, उसके जीवन-मूल्यों के भी नियामक रहे। फलतः युग-परिवर्तन सहज न होकर संघर्षपूर्ण हो गया है। हमें सभी विद्यमान समस्याओं का विश्लेषण, इस पार्श्वभूमि में करते हुए, देश और काल के अनुसार अपनी नीति निर्धारित करनी होगी।'

इसी तरह, मई 1998 में अटल जी की सरकार की स्थापना के तुरंत पश्चात गांधी नगर में पार्टी की राष्ट्रीय परिषद की बैठक हुई थी, जिसमें स्वर्गीय कुशाभाऊ ठाकरे प्रथम बार पार्टी के अध्यक्ष बने थे। उस समय ठाकरे जी ने जो कहा, वह भी आज अत्यंत प्रासंगिक है। ठाकरे जी ने कहा था, 'हमारा मुख्य प्रयास दोतरफा होना चाहिएः प्रथम सरकार को दिशा-निर्देश और परिप्रेक्ष्य प्रदान करना और दूसरा, सरकार को आम जनता के साथ जोड़ने वाले सेतु का काम करना।' ठाकरे जी ने आगे और कहा था, 'सबसे अधिक महत्वपूर्ण बात यह है कि नई परिस्थितियों में पार्टी संगठन के सदस्यों को और अधिक समर्पित भाव से काम करना चाहिए और सर्वथा ईमानदार रहना चाहिए, जिससे कि उनकी ईमानदारी पर कोई उंगली न उठा सके। किसी भी हालत में संगठन को व्यवस्था का एक हिस्सा नहीं बन जाने देना चाहिए।'

मोदी सरकार : सफलता की ओर बढ़ते कदम

लोकसभा चुनाव में हमने जो जनादेश अर्जित किया है, उसका सही मतलब हम सभी को ठीक से ध्यान रखना चाहिए। यह जनादेश केवल एक दल की जगह दूसरे दल को सत्ता में लाने के लिए नहीं था। इस जनादेश का सही अर्थ है परिवर्तन। लोग परिवर्तन के भूखे हैं। सरकार

चलाने के तौर-तरीकों में जनता सभी मोर्चों पर परिवर्तन चाहती है। हमें गर्व होना चाहिए कि माननीय प्रधानमंत्री नरेन्द्र मोदी जी के नेतृत्व में सत्ता आई। हमारी सरकार ने इस परिवर्तन की आकांक्षा को समझकर कई कदम उठाए हैं।

शपथ ग्रहण के तुरंत पश्चात मंत्रियों ने अपने मंत्रालयों में नई कार्य-संस्कृति विकसित करने के लिए कदम उठाए हैं। प्रधानमंत्री, मंत्री, उनके सहयोगी, सभी ने परिश्रम और कार्यनिष्पादन का एक नया वायुमंडल निर्माण किया है।

हम मानते हैं कि 'विकास', यह कोई सरकारी कार्यक्रम नहीं रह सकता। वह जनता की आकांक्षाओं का एक आंदोलन होना चाहिए। साथ ही, देश के संघ-राज्यीय ढांचे का सम्मान हमारी निर्णय प्रक्रिया का केन्द्र रहा है। इसी का एहसास रखते हुए नीति-निर्णय बनाने के हम पक्षधर हैं। सभी राज्य सरकारों के साथ हमारी सरकार न्याय करेगी, यह सार्वजनिक विश्वास है।

मात्र 75 दिनों में हमने परिवर्तन की जनाकांक्षा को समझते हुए हमारी वित्त और विदेश नीति में संतुलन का सूत्र स्थापित किया है। वैश्विक वित्तीय प्रबंधन में हम अंतर्राष्ट्रीय व्यवस्था के साथ समन्वय चाहते हैं। मगर भारत के अपने हितों की बलि चढ़ाना हमें कतई स्वीकार नहीं है। यही सूत्र विदेश नीति में भी है। आतंकवाद अब देशों की भौगोलिक सीमाओं में बंधा हुआ नहीं है। ईरान या इराक में कुछ होता है और उसकी प्रतिक्रिया भारत में आती है। वित्त नीति और विदेश नीति, दोनों के संदर्भ में वैश्विक, प्रादेशिक स्थिति का सही आकलन और राष्ट्रीय हितों की रक्षा, यह विवेकदृष्टि ही हमारा मूलाधार है।

हमारी एनडीए सरकार ने लगभग 75 दिन पूरे किए हैं। मगर इतने कम समय में भी प्रधानमंत्री नरेन्द्र मोदी जी के नेतृत्व में इस सरकार ने बहुत सारी सफलताएं अर्जित की हैं। मैं उनमें से कुछ चुनिंदा सफलताओं का यहां केवल जिक्र कर रहा हूं।

- कृषि से लेकर वित्त-व्यवस्था तक और विदेश-व्यवहार से लेकर संरचना विकास तक, बहुत सारे मोर्चों पर नई कार्यप्रणाली और नीतियों का सृजन।

- सुशासन का प्रारंभ मंत्रिमंडलीय बैठकों से। 'माय गव' नाम के पोर्टल के सहारे जनता की संपूर्ण और सार्थक सहभागिता भी सुनिश्चित।
- विभिन्न मंत्रालयों के बीच समन्वय और गतिशील निर्णय प्रक्रिया के लिए विशेष प्रयास।
- मोदी सरकार के बजट में उद्यमिता और रोजगार सृजन हेतु नई पहलों का शिलान्यास।
- देश की अर्थव्यवस्था के प्रबंधन में निवेशकों का विश्वास पुनः स्थापित करने के कारगर प्रयास।
- महंगाई पर काबू पाने हेतु सरकार के कई शॉर्ट टर्म और लांग टर्म उपाय प्रारंभ।
- आंतरिक सुरक्षा से लेकर आपदा-प्रबंधन तक, कई विषयों में सरकार की नीतियों को नई दिशा प्रदान।
- महामार्ग तथा जहाजरानी, पर्यावरण, संचार, वाणिज्य ऐसे कई मंत्रालयों में लालफीता शाही पर लगाम लगाने के लिए सार्थक प्रयास।
- सूचना प्रौद्योगिकी पर बल देते हुए प्रशासन में पारदर्शिता लाने पर विशेष बल।
- सार्क समेत सभी पड़ोसी देशों के साथ अच्छे संबंधों के लिए नए प्रयासों का प्रारम्भ।
- विश्व व्यापार संगठन में हमारी भूमिका के कारण किसान और गरीबों के हितों की रक्षा सुनिश्चित। देश के हित के साथ कोई समझौता न करने की प्रबल भूमिका।
- 'ब्रिक्स' बैंक की स्थापना में भी हमारी मुख्य और महत्वपूर्ण भूमिका।

वैश्विक परिदृश्य

वर्तमान वैश्विक परिदृश्य चुनौतीपूर्ण है। विगत दस वर्षों में वैश्विक धरातल पर भारत को एक अंतर्राष्ट्रीय ताकत के रूप में प्रस्तुत करने में यूपीए सरकार विफल रही थी। पड़ोसियों के साथ भी हमारे संबंधों में विगत् वर्षों में कुछ दरारें आई थीं। हम आज अपनी सीमाओं की सुरक्षा

के विषय में कोई समझौता किए बगैर पड़ोसियों के साथ अच्छे संबंधों के लिए प्रयास कर रहे हैं। प्रादेशिक सौहार्द और समन्वय के सहारे अंतर्राष्ट्रीय धरातल पर एक सही भूमिका का निर्वहन करने की स्थिति में आ पाएंगे, यह विश्वास बन रहा है।

उधर मध्य-पूर्व में संघर्ष थमता नहीं दिख रहा। यूक्रेन और रूस के बीच तनाव सभी के लिए चिंता का विषय है। मलेशियाई विमान की दुर्घटना हो या मध्य-पूर्व में हताहत होने वाले सैनिक हों, मनुष्य जीवन की हानि कहीं भी हो, किसी की भी हो, हम उसे मानवता-विरोधी मानते हैं। हम उम्मीद करते हैं कि संघर्ष पर उतारू ताकतें एक-दूसरे को समझने की कोशिश में परस्पर-संवाद में जुट जाएंगी और समस्या का सर्वसम्मत समाधान ढूंढ़ने में सफल होंगी।

घोषणा-पत्र पर ध्यान

हमें समझना होगा कि यूपीए सरकार ने हर किसी विषय को एक 'अधिकार' का जामा पहनाते हुए एंटाइटलमेंट बेस्ट पॉलिसीज अपनाईं। 'पहले एंटाइटलमेंट, बाद में एम्पावरमेंट' यह उनका सूत्र था। हमारी नीति पहले एम्पावरमेंट और उसी के आधार पर एंटाइटलमेंट की है। हम यह मानते हैं कि सुराज्य जनता का अधिकार है, मगर उससे भी अधिक वह शासन का दायित्व है। अधिकार की भाषा, 'मत' बटोरने के हथकण्डे जैसी नीति इस्तेमाल करना हमें नामंजूर है।

जनता को अपने अधिकार के लिए न संघर्ष की जरूरत है, न कानून की। हमारी धारणा है कि परिस्थितियां ही ऐसी निर्माण हों कि जनता को अपना अधिकार स्वाभाविक रूप में मिले।

हमारा गवर्नेन्स, हमारी नीतियां और हमारे निर्णय हमारी विचारधारा से प्रेरित होते हैं। सार्क देशों के प्रमुखों को शपथ ग्रहण के लिए दिया निमंत्रण, रोजगार सृजन के लिए विभिन्न कदम उठाने के विषय में सरकार द्वारा की गई घोषणाएं, देश में शहरीकरण की बढ़ती गति को देखते हुए किया गया सौ स्मार्ट शहरों को बनाने का ऐलान, इन सारे कदमों के पीछे एकात्मक विकास की एक समग्र दृष्टि है। सरकार में विभिन्न दायित्व निभाने वाले हमारे भाइयों-बहनों से मैं आग्रह करूंगा कि

पार्टी की घोषणा-पत्र में लिखी गई बातों पर वे निरंतर गौर करें। अपने-अपने विभाग द्वारा उस पर जो अमल करना है, उसकी एक समयबद्ध योजना बनाएं और सबसे महत्वपूर्ण, क्रियान्वयन के हर मुकाम पर पार्टी संगठन को उसकी जानकारी देते रहें।

हमें यह भी बताना पड़ेगा कि विगत 10 सालों में यूपीए ने देश की प्रगति के साथ जो खिलवाड़ किया है, उसके कारण राष्ट्रजीवन की अपरिमित हानि हुई है। इनके भ्रष्टाचार की नई-नई कहानियां हर रोज सामने आ रही हैं। कुछ ऐसे अनजान कारणों से जिनकी हम कल्पना कर सकते हैं, इन्होंने ढांचागत विकास के कई प्रकल्पों को रोक रखा था, जिनके रास्ते अब खुल गए हैं।

इस सारी पृष्ठभूमि पर यह उल्लेखनीय है कि मात्र 75 दिनों के कार्यकाल में प्रधानमंत्री जी ने शासन व्यवस्था में भरोसा निर्माण किया है। हमारी चिंता करने वाला दिल्ली में कोई बैठा है, यह भावना अब लोगों को प्रेरित और प्रोत्साहित कर रही है। अटल जी सरकार के समय 21वीं सदी में प्रवेश का एक उम्मीद भरा वातावरण निर्माण हुआ था। यूपीए ने उस वायुमण्डल को नष्ट किया। हमें उम्मीदों को जगाते हुए उसे पुनः वापस लाना है। हमें पूरा भरोसा है कि 21वीं सदी भारत की सदी है।

इतना सारा कार्य हो रहा है मगर फिर भी चुनौतियाँ समाप्त नहीं हुई हैं। इस वर्ष, वर्षा बहुत देरी से प्रारंभ हुई, जिसके चलते देश के कुछ क्षेत्रों में अपनी फसल के बारे में किसान अब भी चिंतित हैं। खेतिहर किसानों को उचित दाम मिलना, किसानों में प्राकृतिक आपदाओं का सामना करने लायक आर्थिक स्वावलंबिता निर्माण होना और ग्रामों में खेती के अलावा रोजगार के अवसरों का निर्माण होना, ये चुनौतियां हमारी ग्रामीण अर्थव्यवस्था के सम्मुख आज भी विद्यमान हैं।

हम जानते हैं कि हमारी सरकार ने गंगा को मैली होने से बचाने हेतु एक व्यापक अभियान की रूपरेखा बनाई है। हम सभी कार्यकर्ता इस अभियान के साथ जुड़ जाएं और देश के सभी नागरिकों को भी इस राष्ट्रीय मिशन में जुड़ने के लिए प्रोत्साहित करें।

लोकसभा में हमारी ऐतिहासिक जीत की नींव पर, अब हमें विधानसभाओं के चुनावों में विजय के कीर्ति स्तंभ स्थापित करने हैं।

जम्मू-कश्मीर, हरियाणा, झारखण्ड और महाराष्ट्र में विधानसभा चुनाव होने जा रहे हैं। इन सभी, जी हां इन सभी राज्यों में सरकार स्थापना करने का बीड़ा हमें उठाना है। एक ओर केन्द्र सरकार का संचालन करने वाले हमारे नेता; अच्छी सरकार देने के मोर्चे पर कोई भी कसर न छूटे, यह सुनिश्चित करेंगे, तो दूसरी ओर चुनावी जीत हासिल करने के लिए सभी प्रयास सुचारू रूप से हाथ में लेकर, हमें संगठन की ताकत का परिचय देना पड़ेगा। सुशासन, संगठन की क्षमता के सिवाय लोगों तक नहीं पहुंच पाएगा और सुशासन नहीं होगा, तो लोगों तक पहुंचने से ही हमें कतराना पड़ेगा। इसलिए दोनों के समन्वित प्रयासों से हमें विधानसभा चुनावों में विजय का संकल्प लेना पड़ेगा।

जहां अभी तुरंत विधानसभा चुनाव हैं, वहां सफल होना हमारा एकमात्र लक्ष्य नहीं है। हमें संपूर्ण भारत वर्ष को सु-राज्य देना है। यह वर्ष लोकमान्य तिलकजी की मंडाले के कारावास से रिहाई का शताब्दी वर्ष है। लोकमान्य तिलक ने सौ-साल से भी अधिक साल पहले नारा दिया था कि 'स्वराज्य मेरा जन्मसिद्ध अधिकार है।' आज तिलक जी की पावन स्मृति में हमें संकल्प करना होगा कि भाजपा कार्यकर्ता के नाते, सभी देशवासियों को सु-राज्य देना हमारा परम कर्त्तव्य है। मगर इस कर्त्तव्य का पालन तभी हो पाएगा, जब जम्मू-कश्मीर से कन्याकुमारी और कच्छ से कोहिमा तक हर प्रदेश में भाजपा की या भाजपा नेतृत्व वाली सरकारें होंगी। इसलिए हमारा प्रथम लक्ष्य है महाराष्ट्र, हरियाणा, झारखण्ड और जम्मू-कश्मीर में हमारी सरकारें लाना। इसके अलावा आठ राज्य ऐसे हैं, जहां कभी-न-कभी हम सत्ता में थे और हमें पुनः वहां सत्ता प्राप्त करनी होगी। दिल्ली, हिमाचल प्रदेश, उत्तराखण्ड, उत्तर प्रदेश, बिहार, ओडिशा, अरुणाचल प्रदेश और मेघालय में जब कभी चुनाव होंगे, हमें सत्ता पाने की पूरी कोशिश करनी होगी। इसके अलावा असम, पं. बंगाल, आंध्र प्रदेश, तेलंगाना, केरल और तमिलनाडु में हमने सीट या वोट तो पाए, मगर सत्ता-सूत्र हथियाने के लिए भरपूर परिश्रम करना होगा। यह सब तभी संभव हो पाएगा, जब हम प्रत्येक ग्राम-पंचायत, प्रत्येक नगर पालिका और प्रत्येक जिला पंचायत को भाजपामय करेंगे। यह मात्र नारे देने से और होर्डिंग लगाने से नहीं होगा। इसके लिए आपसी

सौहार्द और उद्देश्यों की शुद्धता बरकरार रखते हुए हमें संगठन के प्रति स्वयं को समर्पित करना पड़ेगा।

हमने लोकसभा चुनावों के समय उत्तर प्रदेश में यही किया था। सामाजिक समीकरण ठीक करना, संगठनात्मक प्रबंधन में जवाबदेही और पारदर्शिता लाना, जनसंपर्क का दायरा व्यापक करना और सांगठनिक एकता के आधार पर लोगों को विश्वास दिलाना ही हमारी सफलता के सूत्र थे। उत्तर प्रदेश में हमें जो अप्रत्याशित सफलता मिली, वह इसी वजह से मिल पाई। विजय का यह रथ अब हमें देश के कोने-कोने में ले जाना है।

आने वाले समय की चुनौतियां

लोकसभा चुनावों की सफलता से हम सभी का दायित्व कई गुना बढ़ा है। हमारी विजय के कारण हताश हुई भाजपा विरोधी ताकतें येन-केन प्रकारेण इकट्ठा आने लगी हैं। इनमें से कइयों ने अपनी हार अभी तक स्वीकार भी नहीं की है। पराजय हजम करने की कठिनाई ने इन्हें दिग्भ्रमित किया है। इनके सारे तिकड़मों के प्रति हमें सजग और सचेत रहना पड़ेगा।

हमें ध्यान में रखना होगा कि नरेन्द्र मोदी सरकार का उदय देश में व्याप्त निराशावाद के अंधकार के मिटने का प्रारंभ बिंदु है। लोगों का दिया हुआ जनादेश मात्र सु-शासन के लिए नहीं, बल्कि सु-राजनीति के लिए भी है। देश कांग्रेस-कल्चर से ऊब चुका है। हमें जनतांत्रिक राजनीति की नई, गुणवत्तापूर्ण और जनसहभागिता केंद्रित संस्कृति को विकसित करना पड़ेगा। इसी संदर्भ में प्रधानमंत्री नरेन्द्र मोदी 'टीम इण्डिया' की संकल्पना रखते आए हैं, जिसे हमें जनता तक ले जाना होगा।

हमें ध्यान में रखना होगा कि हमारी वैचारिक लड़ाई अब भी समाप्त नहीं हुई है। हमारी सांगठनिक कार्यपद्धति हमारी वैचारिक मान्यताओं की परछाई जैसी है। हमें इसे सुदृढ़ करते हुए समाज के हर वर्ग तक पहुंचने की पूरी कोशिश सदैव करनी पड़ेगी। हमारा दल संगठन आधारित, मगर फिर भी समाजव्यापी है। समाज की सृजनशक्ति की प्रथम पसंदगी हमारी पार्टी है और यह रिश्ता हमें और मजबूत करना है।

देश-भर के कार्यकर्ताओं से मेरी अपील है कि हम सभी-

- पूरे देश में पार्टी की बूथ रचना को मजबूत करने में जुट जाएं।
- पंचायत से पार्लियामेंट तक आने वाले सभी चुनावों पर ध्यान केंद्रित करते हुए पूरी ताकत से जीत के लिए प्रयास करें।
- बंगाल से लेकर सभी पूर्व तटीय राज्यों समेत केरल तक जनाधार को बढ़ाएं और वोटों को सीटों में परिवर्तित करें।
- सरकार और जनता के बीच सेतु बनकर काम करें।

यह सब तभी हो पाएगा, जब हर स्तर पर चुनावों में जीते जनप्रतिनिधि और उन्हें सफल करने वाले संगठनकर्मी; इनके दरम्यान सौहार्द, संवाद और समन्वय सदा के लिए बना रहेगा। यह तीन 'स' हमारी सोच की सकारात्मकता की आधारशीलता हैं। राजधानी से लौटते समय आपसी सौहार्द, संवाद और समन्वय को बढ़ाने का प्रण लेकर हम लौटें, यही मेरी अपील है।

एकात्म मानव दर्शन

आने वाला वर्ष एकात्म मानव दर्शन के स्वर्णजयंती का पर्व है। बाद में, 2015 से पंडित दीनदयाल उपाध्याय जी के जन्म शताब्दी का वर्ष हमें मनाना है। विचार के आधार पर चलने वाली पार्टी के नाते, हमें अपने सिद्धांत और अपनी नीतियां, लोगों तक ले जाने का यह सुअवसर है। मैं मानता हूं कि एकात्म मानववाद के सिद्धांत कभी कालबाह्य नहीं होंगे। वह शाश्वत विचार-धन है। वर्तमान की सभी समस्याओं का समाधान इसी में ढूंढ़ा जा सकता है। सरकार तो इन विचारों के प्रकाश में काम करेगी ही, मगर केवल उससे काम नहीं चलेगा। अध्ययन करते हुए, अपने सैद्धांतिक आकलन बढ़ाते हुए, जनता में जाकर पं. दीनदयाल जी के विचार हम उन तक पहुंचाएं, यह हम सभी से अपेक्षित है। विचार-प्रेरित नेता ही अच्छी सरकार देने की क्षमता रखते हैं। हमारे प्रधानमंत्री और कितने सारे मुख्यमंत्री आज अगर सुशासन के प्रतीक बने हैं, तो उसका कारण है, उन्हें मिला हुआ विचारों का पाथेय। आइए, विचारों के इस प्रकाश में हम सब कंधे से कंधा मिलाकर आगे बढ़ने का प्रयास करें।

लोकसभा चुनाव के प्रचार में, प्रधानमंत्री नरेन्द्र मोदी जी ने सभी से आह्वान किया था कि भारत को कांग्रेस मुक्त करने का। कांग्रेस मुक्ति का व्यावहारिक अर्थ है कु-शासन और भ्रष्टाचार से मुक्ति। मगर भारत कांग्रेस मुक्त तभी होगा, जब हम उसे भाजपायुक्त करेंगे। देश को सुराज्य देने के लिए कांग्रेस मुक्त करने का काम देश का कोना-कोना भाजपायुक्त किए बगैर संभव नहीं होगा। मेरा आग्रह है कि हम सभी इसी कार्य में पुनः एक बार पूरी ताकत से जुट जाएं। मेरे इस भाषण के अंत में परम पूजनीय श्री गुरुजी के शब्दों में मैं आप सभी को विश्वास दिलाना चाहता हूं कि हम सब परिश्रम करते हैं, एकजुट होकर काम करते हैं, तो बस 'विजय ही विजय है'।

अध्याय सात

भाषण और विवाद

अमित शाह के लिए अप्रैल और मई के महीने बेहद महत्वपूर्ण थे, क्योंकि उन्हें अपनी चुनावी रणनीति को उत्तर प्रदेश की राजनीतिक भूमि पर अमल में लाना था। इसके लिए वह न केवल बड़े नेताओं की राजनीतिक सभाओं का आयोजन कर रहे थे, बल्कि स्वयं भी रैलियों और सभाओं में जा रहे थे। वह ग्राम पंचायत के स्तर पर जाकर लोगों से मिल-जुल रहे थे। 03 अप्रैल को वह मुज़फ्फनगर से कुछ दूर स्थित राजझर गांव में पहुंचे, जहां उनकी मुलाकात जाट नेताओं से हुई। अमित शाह पर यह आरोप लगा कि उन्होंने यहां अपने भाषण में कहा कि इस चुनाव में उस पार्टी को हराना है, जो जाट को मारने वालों को मुआवज़ा और सुरक्षा देती है। यह सम्मान और बदले का चुनाव है। इसके ठीक अगले दिन उनकी मुलाकात तीन गुर्जर, राजपूत और दलित समुदायों के नेताओं से मुज़फ्फरनगर के गांधी कॉलोनी में एक फार्महाउस में हुई। यहां पर भी अमित शाह पर यह आरोप लगा कि उन्होंने कहा कि एक आदमी नींद और भोजन के बिना रह सकता है। वह भूखा और प्यासा भी रह सकता है लेकिन वह अपमान बर्दाशत कर नहीं रह सकता, अपमान का बदला तो लेना ही पड़ेगा। समाजवादी पार्टी और कांग्रेस ने इन कथित बयानों को बड़ा मुद्दा बनाया। मामला चुनाव आयोग के पास पहुंचा। 11 अप्रैल को चुनाव आयोग ने उत्तर प्रदेश में अमित शाह के सार्वजनिक सभाओं और रैलियों में शामिल होने पर पाबंदी लगा दी।

चुनाव आयोग ने यूपी महासचिव को एक पत्र में लिखा कि दो नेताओं- अमित शाह और आज़म खान (समाजवादी पार्टी के नेता) के खिलाफ 'अत्यंत भड़काऊ भाषण' देने के मामले में प्राथमिक सूचना रिपोर्ट दर्ज की जाए और उन्हें किसी भी सार्वजनिक सभाओं, जन-प्रदर्शनों, पब्लिक रैलियों, रोड शो की अनुमति जिला प्रशासन नहीं दे। भाजपा ने चुनाव आयोग से इस फैसले की पुनर्समीक्षा की मांग की। अमित शाह ने विपक्ष द्वारा लगाए गए आरोपों को निराधार बताया। उन्होंने कहा कि भाषण में आचार संहिता के उल्लंघन की कोई मंशा नहीं थी। जब कोई गेंदबाज गेंदबाजी करता है, तो उससे नो-बॉल भी चला जाता है। ठीक इसके अगले दिन चुनाव आयोग ने अमित शाह को एक बड़ी राहत देते हुए उन्हें चुनाव अभियानों में शामिल होने की इजाजत दे दी। हालांकि, यह तब संभव हुआ, जब अमित शाह ने यह आश्वासन दिया कि वह कानून-व्यवस्था व शांति के माहौल पर असर नहीं डालेंगे। लेकिन इस पूरे प्रकरण से उत्तर प्रदेश का बहुसंख्यक समुदाय आंदोलित हो उठा। उसे लगा कि उसकी बात सुनने और कहने वाले को प्रदेश और केंद्र सरकार निशाना बनाती है तथा झूठे मामलों में फंसाती है। इस तरह, यह विवाद राजनीतिक रूप से भारतीय जनता पार्टी के हक में गया और अमित शाह के चुनाव प्रचार अभियान को इससे काफी बल भी मिला।

नाक की लड़ाई: वाराणसी

वाराणसी से नरेन्द्र मोदी की उम्मीदवारी तय होने के ठीक अगले दिन, 'आम आदमी पार्टी' के नेता वी. बालाकृष्णन ने यह कहकर राष्ट्रीय राजनीति में गरमी बढ़ा दी कि बगलुरू रैली में 'आम आदमी पार्टी' के राष्ट्रीय संयोजक अरविंद केजरीवाल नरेन्द्र मोदी के खिलाफ वाराणसी से लड़ने का ऐलान करेंगे। 19 मार्च को अरविंद केजरीवाल ने कहा कि नरेन्द्र मोदी वाराणसी से चुनाव लड़ेंगे, तो मैं भी वाराणसी जा रहा हूं। वहां के लोगों से पूछूंगा कि क्या मैं यहां से चुनाव लड़ सकता हूं। अगर उन्होंने हामी भर दी, तो मैं वाराणसी से चुनाव लड़ने को तैयार हो जाऊंगा। इसी के साथ आम आदमी पार्टी के कार्यकर्ताओं ने यह नारा छेड़ दिया कि 'अभी तो शीला हारी है, मोदी तेरी बारी है' दरअसल,

'आम आदमी पार्टी' को दिल्ली विधानसभा चुनाव में अप्रत्याशित सफलता मिल चुकी थी। अरविंद केजरीवाल दिल्ली की तत्कालीन मुख्यमंत्री और कांग्रेस की बड़ी नेता शीला दीक्षित को दिल्ली विधानसभा क्षेत्र से हरा चुके थे। वहीं, राजनीतिक जानकार यह कयास लगाने लगे कि अगर अरविंद केजरीवाल वाराणसी से लड़ते हैं, तो कांग्रेस उनके समर्थन में अपना उम्मीदवार नहीं भी खड़ा कर सकती है। 25 मार्च को अरविंद केजरीवाल ने वाराणसी में एक रोड-शो के जरिये यह ऐलान किया कि वह वाराणसी से चुनाव लड़ेंगे। हालांकि, उनके रोड-शो में नरेन्द्र मोदी के मुकाबले कम ही भीड़ जुटी थी, फिर भी यह भीड़ इतनी जरूर थी कि उससे विरोधी खेमा सकते में आ जाए। अब कांग्रेस को फैसला करना था कि वाराणसी से वह किसे उतारना चाहती है। कांग्रेस को लगा कि यदि वह अरविंद केजरीवाल के पक्ष में अपना उम्मीदवार नहीं उतारती है, तो इससे यह संदेश जाएगा कि इस लोकसभा चुनाव में कांग्रेस और आम आदमी पार्टी के बीच दोस्ताना संघर्ष है, जबकि कांग्रेस, आम आदमी पार्टी पर यह लगातार हमला करती आ रही थी कि यह भाजपा की 'बी टीम' है। इसलिए अप्रैल के पहले हफ्ते में कांग्रेस ने वाराणसी से निवर्तमान विधायक अजय राय को उतारने का फैसला किया।

अमित शाह पूरे घटनाक्रम पर नज़र बनाए हुए थे। वह यह जान चुके थे कि नरेन्द्र मोदी की जीत वाराणसी से पक्की है लेकिन इस जीत के अंतर को बड़ा करने का उन्होंने फैसला किया। ऐसे में, उन्होंने अपने लिए चुनौतियों को ढूंढ़ने का काम किया। उनकी नज़र में वाराणसी में भाजपा की सबसे पहली चुनौती थी, उन मतदाताओं को मनाना, जो निवर्तमान सांसद मुरली मनोहर जोशी से नाराज चल रहे थे। यहां मुरली मनोहर जोशी के कामकाज से लोग अधिक खुश नहीं थे और यह आशंका जताई जा रही थी कि अगर वह वाराणसी से फिर से चुनाव लड़ते, तो हार भी सकते थे। इसलिए उन्होंने नाराज मतदाताओं को मनाने की मुहिम चलाई। अमित शाह एक कुशल रणनीतिकार की तरह यह भी जानते थे कि युवा तबका भले ही तमाम बदलावों की बातें करे, फिर भी वह मतदान करने घर से नहीं निकलता, क्योंकि इस लोकतांत्रिक परंपरा के प्रति उसका रवैया उदासीन है। इसलिए उन्होंने युवाओं में जोश पैदा

करने के लिए 'अबकी बार मोदी सरकार' का नारा छेड़ा। और इसमें कोई दोराय नहीं थी कि देश की युवा आबादी नेतृत्व में बदलाव चाहती थी और उसके सामने नरेन्द्र मोदी अच्छे विकल्प थे। अमित शाह ने संघ और पार्टी कार्यकर्ताओं की युवा टीम बनाई, जो घर-घर जाकर नरेन्द्र मोदी के विकास के गुजरात मॉडल के बारे में बताती और युवाओं से वोट देने की अपील करती। अमित शाह को यह भी चिंता थी कि अगर पार्टी के समर्थक बड़ी तादाद में घर से बाहर ही नहीं निकले, तो इस जीत के अंतर को बड़ा करना नामुमकिन होगा। इसलिए उन्होंने राष्ट्रीय स्वयंसेवक संघ के नगर कार्यकर्ताओं की मदद ली। चूंकि राष्ट्रीय स्वयंसेवक संघ एक गैर राजनीतिक, सांस्कृतिक संगठन है, इसलिए उसकी गतिविधियां प्रचार अभियान की नहीं हो सकती थीं और उसके कार्यकर्ताओं को अमित शाह ने वाराणसी में मतदान प्रतिशत बढ़ाने का काम सौंपा। फिर यह कोशिश शुरू हुई कि 18 साल के हर व्यक्ति का नाम मतदाता सूची में शामिल हो। अमित शाह के सामने यह तथ्य भी था कि 2009 लोकसभा चुनाव में वाराणसी में सिर्फ 42.6% मतदान हुआ और मुरली मनोहर जोशी मामूली अंतर से जीत पाए थे।

अप्रैल के पहले हफ्ते में अमित शाह ने सिगरा में बीजेपी कैंपेन ऑफिस का उद्घाटन किया। यहां से वाराणसी में प्रचार अभियान में तेजी आई। इसके समानांतर उन्होंने सिगरा में राष्ट्रीय स्वयंसेवक संघ के कार्यालय को भी रणनीति बनाने और उसे अमल में लाने की छूट दी। दोनों के बीच संतुलन बना रहे, इसलिए कार्यालयों के बीच की दूरी बेहद कम रखी गई। यह कोई एक किलोमीटर की दूरी थी। वहां के स्थानीय लोगों के मुताबिक, अमित शाह दिन में अक्सर बीजेपी कार्यालय से संघ कार्यालय जाते और वहां से लौटकर बीजेपी कार्यालय आते थे। संघ के एक कार्यकर्ता ने बताया कि संघ कार्यकर्ताओं को यह साफ तौर पर बताया गया था कि यह चुनाव 'करो या मरो' का प्रश्न है। लेकिन इसी समय में उनसे यह भी कहा गया कि वे अपनी हदें पार न करें और सक्रिय प्रचार अभियान का हिस्सा न बनें। इस तरह, अमित शाह वाराणसी में राष्ट्रीय स्वयंसेवक संघ के कार्यकर्ताओं की मदद से एक सांस्कृतिक संग्राम छेड़ चुके थे और भाजपा के स्थानीय नेताओं और

कार्यकर्ताओं की मदद से एक राजनीतिक लड़ाई भी छिड़ चुकी थी।

पूरे देश में नरेन्द्र मोदी के पक्ष में जो सकारात्मक माहौल बन रहा था, उसमें उनका विकास का गुजरात मॉडल सबसे महत्वपूर्ण भूमिका निभा रहा था। इस मॉडल को नरेन्द्र मोदी के बाद सबसे बेहतरीन तरीके से कोई समझ पा रहा था, तो वह अमित शाह ही थे, क्योंकि एक तो वह गुजरात में गृह राज्य मंत्री रह चुके थे और दूसरा, वह मोदी के बेहद करीबी थे। इसलिए जब परिवर्तन के नाम पर अरविंद केजरीवाल की 'आम आदमी पार्टी' ने माहौल बनाना शुरू किया, तब अमित शाह ने पूरे उत्तर प्रदेश में गुजरात के विकास मॉडल पर चर्चा शुरू की। वाराणसी की सार्वजनिक सभाओं में भाजपा महासचिव और उत्तर प्रदेश प्रभारी अमित शाह ने बताना शुरू किया कि गुजरात में मोदी सरकार ने जो तरक्की की है, उसके मुकाबले अखिलेश यादव की सरकार बहुत पिछड़ी हुई है। वह जनता से सीधे और सहज सवाल करते थे– 'क्या आपको चौबीसों घंटे बिजली मिलती है? नहीं, लेकिन गुजरात में लोगों को दिन में चौबीसों घंटे बिजली मिलती है। क्या उत्तर प्रदेश में हर चालीस किलोमीटर पर मेडिकल ट्रामा सेंटर है? नहीं, लेकिन गुजरात में हर तहसील में है। क्या बीमारों, बुजुर्गों, गर्भवती महिलाओं को जल्द–से–जल्द एंबुलेंस सेवा मिल जाती है? नहीं, लेकिन गुजरात में फोन करने के 60 मिनट के अंदर एंबुलेंस आपके घर पहुंचती जाती है।' वह जनता को संबोधित करते हुए कहते थे कि 'उत्तर प्रदेश में ज्यादातर लोग खेती–किसानी से जुड़े हुए हैं, लेकिन क्या आपको मालूम है कि कृषिगत विकास 19 फीसदी की दर से भी बढ़ता है? जी हां, गुजरात में ऐसा हो रहा है।' अमित शाह अपने भाषण में यह भी जोड़ते थे कि मोदी शासन में गुजरात में पिछले दस साल से कोई दंगा नहीं हुआ, जबकि उत्तर प्रदेश का मुज़फ्फरनगर अभी दंगों का शिकार हुआ है। वह कहते थे कि 'उत्तर प्रदेश दंगों की लपटों में है। लेकिन इसका आरोप झूठे तरीके से भाजपा पर लगा दिया जाता है। गुजरात ने पिछले दस वर्षों में कोई दंगा नहीं देखा है। लेकिन यह यहां बदतर शासन और प्रदेश सरकार की तुष्टिकरण की नीति की वजह से हो रहा है। इसलिए राज्य सरकार को हम पर आरोप

लगाना बंद करना चाहिए।' अमित शाह वाराणसी के मतदाताओं को यह भरोसा दिलाते थे कि धर्म की इस नगरी को मोदी नेतृत्व में विकास की नगरी में तब्दील कर दिया जाएगा, बिना इसकी आध्यात्मिक और सांस्कृतिक पृष्ठभूमि को नुकसान पहुंचाए। अमित शाह के इस तरह के बयानों और भाषणों से जनता को यह एहसास होने लगा था कि केंद्र और राज्य के कुशासन से कोई सरकार मुक्ति दिला सकती है, तो वह सिर्फ और सिर्फ मोदी सरकार होगी और यह इस क्षेत्र का सौभाग्य है कि नरेन्द्र मोदी यहां से चुनाव लड़ने जा रहे हैं।

अमित शाह की देख-रेख में वाराणसी में नरेन्द्र मोदी की विजय शंखनाद रैली 20 दिसंबर, 2013 को शुरू हुई, तब वाराणसी से नरेन्द्र मोदी के चुनाव लड़ने का ऐलान नहीं हुआ था, लेकिन इस रैली में उन्होंने मंच पर नरेन्द्र मोदी के साथ उत्तर प्रदेश से पार्टी के सभी धुरंधरों को इकट्ठा कर यह जता दिया था कि नरेन्द्र मोदी के किसी भी फैसले में वे सब उनके साथ हैं। 24 अप्रैल को नरेन्द्र मोदी ने वाराणसी संसदीय क्षेत्र से अपना पर्चा भरा। डिस्ट्रिक्ट मजिस्ट्रेट ऑफिस में पर्चा भरने से पहले नरेन्द्र मोदी की दो किलोमीटर लंबी रोड शो का आयोजन अमित शाह ने किया था। इस सड़क-यात्रा के बारे में वाराणसी के अखबारों ने लिखा कि मोदी को देखने के लिए मानो पूरा वाराणसी ही सड़क पर उतर आया था। 08 मई, 2014 को नरेन्द्र मोदी का हेलिकॉप्टर बनारस हिंदू विश्वविद्यालय में उतरा, तो उनकी अगवानी करने वाले दल में अमित शाह ही सबसे आगे थे। उनके इस आगमन की तैयारी अमित शाह ने भव्यता से की थी। नरेन्द्र मोदी को देखने के लिए विश्वविद्यालय गेट तक लोगों का हुज़ूम उमड़ पड़ा था। वाराणसी के मध्य में स्थित बेनिया बाग में नरेन्द्र मोदी की रैली के लिए चुनाव आयोग से इजाज़त मांगी गई थी, लेकिन वाराणसी के रिटर्निंग अफसर ने रैली की इजाजत नहीं दी। इससे नाराज होकर अमित शाह और अरुण जेटली ने चुनाव आयोग के विरुद्ध बनारस हिंदू विश्वविद्यालय के गेट पर तीन घंटे तक धरना-प्रदर्शन किया। बहरहाल, जहां तक इस जन-लहर का सवाल था, तो अमित शाह ने कहा कि यह कोई रोड-शो नहीं है, बल्कि वह अपने उम्मीदवार को

पार्टी के कार्यालय तक ले जाने आए हैं, इसलिए इसके लिए किसी की इजाज़त की जरूरत नहीं है। बेनिया बाग में मोदी का भाषण नहीं हो सका, लेकिन वाराणसी के बाहरी इलाके रोहनिया में मोदी का भाषण हुआ, जिसमें अपार भीड़ जुटी थी।

16 मई को जब चुनाव नतीजे आए, तो नरेन्द्र मोदी 3.37 लाख वोटों से अरविंद केजरीवाल को हरा चुके थे। मोदी को कुल 5,16, 593 वोट मिले थे। यह जीत मोदी-लहर के सबूत थे, जिसे उत्तर प्रदेश में बनाने में सबसे अधिक योगदान अमित शाह का था।

अमित शाह का वार रूम

प्रभारी बनने के बाद अमित शाह लखनऊ अकेले नहीं आए थे, बल्कि एक दृष्टि के साथ आए थे और उनके साथ उनकी पुरानी टीम भी थी। वह गुजरात से काफी लोगों को लेकर उत्तर प्रदेश आए और यहां भी कई सारी टीमें बनाई और उनमें यहां के लोगों को भर्ती किया। ये सभी लोग अमित शाह के दिशा-निर्देश में भाजपा के लिए रणनीति बनाते थे। अमित शाह की कई स्तर की टीमों में आईआईटी और आईआईएम के लड़कों की भी एक टीम थी, इस टीम के माध्यम से वह उत्तर प्रदेश की व्यूहरचना में जुट गए।

दरअसल, उत्तर प्रदेश के राजनीतिक संग्राम को अमित शाह ने न केवल जमीन, बल्कि तकनीक के स्तर पर भी लड़ा। लखनऊ के लालबाग में जहां पार्टी की राज्य इकाई का मुख्यालय है, उसके प्रथम तल को उन्होंने सोशल मीडिया वार रूम का चेहरा दिया। इस जगह से, ट्विटर, फेसबुक जैसी सोशल मीडिया साइट पर राजनीतिक गतिविधियों को देखने के अलावा, वह जगह-जगह की खबरों से रूबरू भी होते थे। उनकी एक छोटी-सी टीम उत्तर प्रदेश के हर परिवार पर नजर रख रही थी, उनकी आर्थिक स्थिति, उनकी सुविधाओं और असुविधाओं के बारे में उन्हें पूरी-पूरी जानकारी होती थी। पूरे दो महीने तक यह टीम हर मतदाता के प्रोफाइल और उसके झुकाव का अध्ययन करती रही। इस टीम ने बूथ या संसदीय क्षेत्र के स्तर पर पार्टी उम्मीदवारों को जीतने के लिए क्या संसाधन चाहिए, इसका खयाल रखा। अमित शाह की इस टीम

में युवा चेहरे थे, जो तकनीक में माहिर थे और भाजपा के महत्वपूर्ण राजनीतिक संग्राम-क्षेत्रों, उत्तर प्रदेश के इलाकों और साइबर स्पेस पर नज़र-नियंत्रण बनाए हुए थे। इस टीम को अमित शाह का स्पष्ट निर्देश था कि पार्टी उत्तर-प्रदेश में पंचायत से पार्लियामेंट तक से चुनाव लड़ेगी, इसलिए लंबे समय के राजनीतिक हित को देखते हुए पार्टी का पुनरुत्थान करना है। यहां तक कि देर रात भी इस सोशल मीडिया वार रूम में हलचल बनी रहती थी और कई बार अमित शाह खुद मौजूद होते थे। 45 साल के सुनील बंसल को छोड़कर इस टीम में 50 वॉलंटियर शामिल थे, जिन सबकी उम्र 35 साल से कम थी। सुनील बंसल पूर्णकालिक रूप से संघ के प्रचारक थे और अमित शाह ने उनके ऊपर प्रदेश में चुनाव के प्रबंधन की जिम्मेदारी छोड़ रखी थी। अमित शाह की मौजूदगी और सुनील बंसल की देख-रेख में 30 कंप्यूटरों पर नौजवान बैठते और सूचनाओं को साझा और एकत्रित करने का काम करते थे। सोशल मीडिया वार रूम से जीपीएस के जरिये 350 मोदी रथ या छोटा हाथी की आवाजाही पर निगरानी रखी जाती थी। भारतीय राजनीति में पहली बार किसी पार्टी ने विज्ञान-तकनीक के इस्तेमाल से चुनावी गतिविधियों पर अपना नियंत्रण बनाया। यह पूरा सेटअप 15 फरवरी से ही काम करने लगा था और इसे तैयार करने में करीब 35 लाख रुपये लगे। 80 से भी अधिक वॉलेंटियर उत्तर प्रदेश में कई अन्य जगहों पर स्थित वॉर रूम से जुड़े हुए थे और चुनावी आंकड़े जुटाकर ये लखनऊ स्थित वार रूम को भेजते थे। अमित शाह के इशारे पर शुरू के तीन महीने वार रूम ने कार्यकर्ताओं से वोटरों के बारे में जानकारी और उनकी प्रतिक्रियाएं जुटाईं। एक फीडबैक कॉल सेंटर बनाया गया था, 12 वालेंटियर इसमें दिन-रात कार्यरत रहते थे। इसके अलावा, हर संसदीय क्षेत्र में तीन पार्टी कार्यकर्ता फीड बैंक सेंटर से लगातार तालमेल बनाए रखते थे और चुनावी रणनीति में किसी भी तरह के बदलाव की सूचना उसे देते थे, ताकि लोकल एक्शन ग्रुप को जानकारी रहे। कॉल सेंटर से वालेंटियर वोटर से संपर्क करते थे और उन लोगों से भी, जो वालेंटियर बनने की इच्छा रखते थे। पार्टी की वेबसाइट पर अपनी बात रखने वालों और नरेन्द्र मोदी के टोल-फ्री नंबर पर कॉल करने वालों से भी संपर्क साधा जाता था। फीडबैक सेंटर यह भी देखता रहता था कि

भाजपा के बूथ प्रभारियों के नियंत्रण में स्थित है या नहीं; अगर नहीं हैं, तो क्या अतिरिक्त प्रयास करने होंगे। फीडबैक सेंटर की सूचनाओं के आधार पर ही अमित शाह ने उन बूथों की पहचान की, जहां पार्टी की स्थिति नाजुक थी।

अगर अमित शाह की दूरदर्शिता न होती, तो इस स्तर का शिक्षित और तकनीक-फ्रेंडली वार रूम भारतीय राजनीति में असंभव था। खास तौर पर उत्तर प्रदेश में हो रहे चुनाव के बारे में तो इसकी कल्पना भी नामुमकिन थी। लेकिन यह सब हुआ और उत्तर प्रदेश से पहले अमित शाह ने गुजरात के चुनावों में भी वार-रूम की स्थापना की थी। इसलिए यह मॉडल उनके लिए नया नहीं था और जाहिर है कि वह इसमें सिद्धहस्त थे। फर्क सिर्फ इतना था कि जातिगत समीकरणों के बीच गुजरात के प्रयोग को वह उत्तर प्रदेश में दोहरा रहे थे।

पार्टी के कई नेताओं ने अमित शाह की व्यूह रचना की तुलना प्रमोद महाजन से की। प्रमोद महाजन भाजपा के कद्दावर टेक्नोक्रेट नेता माने जाते थे। वाजपेयी शासनकाल में उनकी रणनीतिक कौशल की चर्चाएं होती थीं। लेकिन जहां वे वाजपेयी शासनकाल की बड़ी उपलब्धियों के बावजूद 'इंडिया शाइनिंग' फैक्टर को जीत में नहीं बदल सके थे, वहीं अमित शाह ने गुजरात मॉडल को उत्तर प्रदेश में और देश स्तर पर दोहराया।

शाह का करिश्मा

अमित शाह और उनकी टीम को यह एहसास हो चुका था कि उत्तर प्रदेश में भाजपा पहले नंबर पर रहेगी। अमित शाह जनता की नब्ज़ और मोदी लहर को बखूबी समझ रहे थे। जब चुनाव उपरांत तमाम सर्वे की रिपोर्टों में भारतीय जनता पार्टी को पूरे देश और उत्तर प्रदेश में सबसे अधिक सीटें मिलती बताई जा रही थीं, तब अमित शाह ने 'आईबीएन-18 नेटवर्क' के तत्कालीन एडीटर-इन-चीफ, राजदीप सरदेसाई को एक इंटरव्यू में कहा कि 'प्लान बी की कोई जरूरत नहीं है। राजग गठबंधन सत्ता में आ रही है। उत्तर प्रदेश में राजग गठबंधन को 290-305 सीटें मिलने जा रही हैं।' इस इंटरव्यू में अमित शाह इसे लेकर भी आश्वस्त थे कि उत्तर प्रदेश में भाजपा अच्छा करने जा रही है। उन्होंने कहा, 'उत्तर

प्रदेश में पार्टी कम-से-कम 55-60 सीटें जीतेगी।' 13 मई को एग्जिट पोल बता रहे थे कि भाजपा को सबसे अधिक फायदा उत्तर प्रदेश, बिहार, गुजरात और मध्य प्रदेश में होने जा रहा है। इसमें शुरू के तीन राज्य (उत्तर प्रदेश, बिहार और गुजरात) अमित शाह की रणनीति से किसी-न-किसी रूप में जुड़े हुए थे। उनके ऊपर उत्तर प्रदेश में पार्टी के अच्छे प्रदर्शन की जिम्मेदारी थी। उनका दावा था कि नरेन्द्र मोदी के वाराणसी से खड़ा होने से पार्टी को बिहार में भी बड़ा लाभ होगा और यह गौरतलब है कि नरेन्द्र मोदी को भाजपा द्वारा प्रधानमंत्री पद के उम्मीदवार बनाए जाने से, बिहार के तत्कालीन मुख्यमंत्री नीतीश कुमार ने जनता दल (यू) का भाजपा से 17 साल पुराना गठबंधन तोड़ लिया था। गुजरात में अमित शाह की चुनावी रणनीति अब तक सफल रही थी। एबीपी न्यूज के मुताबिक, भाजपा गठबंधन को 281 सीटें मिलने जा रही थीं। वहीं 'सीएनएन-आईबीएन' '270-282 सीटें मिलने की संभावना जता रहा था। 'इंडिया टुडे' ने भाजपा और उसके गठबंधन को 261-283 के बीच में रखा। 'इंडिया टीवी' 289 सीटें और 'न्यूज 24' 340 सीटें दे रहा था। वहीं 'टाइम्स नाऊ' ने भाजपा गठबंधन को बहुमत से कुछ दूर रखते हुए 249 सीटें मिलने का अनुमान बताया। दूसरी ओर उत्तर प्रदेश के मामले में एग्जिट पोल का दावा था कि भाजपा नेतृत्व वाले राष्ट्रीय जनतांत्रिक गठबंधन को यहां 52 सीटें मिलने जा रही हैं। चुनाव के नतीजों से यह अंदाजा सहज हो जाता है कि अमित शाह पूरे देश और उत्तर प्रदेश में एग्जिट पोल से कहीं आगे रहे।

16 मई, 2014 की तारीख भारतीय राजनीति में एक ऐतिहासिक बदलाव लाने जा रही थी और इसमें उत्तर प्रदेश की भूमिका बेहद महत्वपूर्ण होने वाली थी। वैसे तमाम सर्वे, राजनीतिक जानकार यह मानकर चल रहे थे कि भारतीय जनता पार्टी सबसे बड़ी राजनीतिक पार्टी के तौर पर उभरेगी, लेकिन यह भरोसा किसी को नहीं था कि भाजपा अकेले ही बहुमत के जादुई आंकड़े को छूने जा रही है।

16 मई, 2014 का दिन भारतीय राजनीति में ऐतिहासिक साबित हुआ। सुबह के शुरुआती नतीजों से यह साफ हो गया कि इस बार जनता ने स्पष्ट जनादेश दिया है- भाजपा नेतृत्व वाले राजग के पक्ष में और

कांग्रेस नेतृत्व वाले संप्रग के विरोध में। दोपहर होते-होते स्थिति स्पष्ट हो गई। यह जीत थी 'मोदी लहर' की; यह जीत थी मजबूत नेतृत्व की; यह जीत थी भ्रष्टाचार के खिलाफ छेड़ी गई लड़ाई की; यह जीत थी विकास के गुजरात मॉडल की; यह जीत थी अमित शाह की चुनावी रणनीति की; लोकसभा में भारतीय जनता पार्टी को बहुमत हासिल हुआ। पार्टी को 282 सीटें मिलीं और भाजपा नेतृत्व वाले गठबंधन के हाथ 336 सीटें आईं। उत्तर प्रदेश में पार्टी को 80 में से 71 सीटें मिलीं और गठबंधन को दो सीटें। इस तरह, 'राजग' 73 सीटों पर विजयी रहा। यह संख्या 1998 में भाजपा की 57 सीटों से कहीं अधिक थी। पार्टी के तमाम दिग्गज चेहरे बड़े अंतर से विजयी रहने में सफल रहे। यहां तक कि पार्टी की तरफ से उतारे गए नए उम्मीदवार भी मोदी लहर में चुनावी वैतरणी पार कर गए। दूसरे दल छोड़कर पार्टी में शामिल हुए नेता-उम्मीदवारों को भी बड़ी जीत हासिल हुई। इसके अलावा, जिन लोगों के हार जाने की आशंका थी, वहां भी अमित शाह की कुशल रणनीति काम आई, वे अपनी सीटें बचा गए या दूसरी पार्टी से झटक ले गए। अमित शाह का यह अनुमान कि नरेन्द्र मोदी के वाराणसी आने से पार्टी को बिहार में बड़ा लाभ मिलेगा, एकदम सही साबित हुईं। बिहार में भाजपा गठबंधन को कुल 40 सीटों में से 31 हासिल हुआ। बिहार की जनता ने सत्तारूढ़ 'जनता दल (यू)' को गठबंधन तोड़ने की सजा दी और उसे महज दो सीटों से ही संतोष करना पड़ा। यहां भी विपक्ष के बड़े-बड़े सूरमा धराशायी हो गए। अमित शाह की रणनीति से बिहार के तत्कालीन मुख्यमंत्री नीतीश कुमार की महत्वाकांक्षा को करारा झटका लगा। इस नतीजे का दूरगामी असर यह हुआ कि नीतीश कुमार ने बिहार में पार्टी की हार की जिम्मेदारी लेते हुए मुख्यमंत्री पद से अपना इस्तीफा दे दिया।

अमित शाह इस विशाल जीत के रणनीतिकार थे और इससे भाजपा के तमाम वरिष्ठ नेता मानने से गुरेज नहीं कर रहे थे। शायद इसलिए चुनाव पश्चात, संवाददाता सम्मेलन में तत्कालीन भाजपा अध्यक्ष राजनाथ सिंह के बगल में अमित शाह को जगह दी गई और संवाददाताओं ने सबसे अधिक सवाल अमित शाह से ही पूछे। हर समय शांत, सौम्य और दृढ़ दिखने वाले अमित शाह जीत के बाद आयोजित संवाददाता सम्मेलन

में भी शांत दिख रहे थे। न ही वह कोई दिवास्वप्न दिखा रहे थे और न ही अपनी व्यक्तिगत इच्छाओं को प्रकट कर रहे थे। ऐसा लग रहा था कि वह सिर्फ संगठन के लिए ही बने हैं, वह सिर्फ चुनौतियों से निपटने के लिए बने हैं। सत्ता-सुख उनके शब्दकोश में है ही नहीं। अमित शाह ने कहा, 'मैं इस निर्णायक जनादेश के लिए उत्तर प्रदेश की जनता को धन्यवाद देना चाहता हूं। मोदी लहर पूरे प्रदेश में दिखी और भाजपा का वोट % 2012 के 15% की तुलना में अब 42% हो गया है अब वह दिन आने वाला है, जब भाजपा देश को एक ऐसी सरकार देगी, जो जनाकांक्षाओं की पूर्ति करेगी, जब संवाददाता सम्मेलन में अमित शाह यह बोल रहे थे, उस समय लखनऊ के प्रदेश भाजपा कार्यालय में जश्न का माहौल था। नेता और पार्टी-कार्यकर्ता आनंदोत्सव मना रहे थे। ढोल-नगाड़ों से पूरा लखनऊ ही नहीं, बल्कि उत्तर प्रदेश के तमाम संसदीय क्षेत्र गूंज रहे थे। उत्तर प्रदेश के हर कोने से नरेन्द्र मोदी और अमित शाह की जय-जयकार हो रही थी। दूसरी तरफ, खबरिया चैनल न केवल जश्न की तस्वीरें सीधे प्रसारित कर रहे थे, बल्कि कार्यकर्ताओं की प्रतिक्रियाएं भी ले रहे थे। लखनऊ भाजपा कार्यालय के बाहर, एक रिपोर्टर ने जीत में अमित शाह के योगदान के बारे में सवाल पूछा, तो उत्साहित कार्यकर्ता एक साथ जवाब देने के लिए टूट पड़े। कार्यकर्ता का जवाब आया कि अमित जी प्रैक्टिकल अप्रोच रखते हैं, प्रदेश के उन नेताओं की तरह नहीं हैं, जो भाषण पांच घंटे देते हैं, लेकिन उसमें काम की बातें सिर्फ तीन लाइन की होती हैं। दूसरे कार्यकर्ता का जवाब था- उन्होंने भाजपा को जीतना सिखाया है। तीसरे ने कहा- नरेन्द्र भाई मोदी जी को प्रधानमंत्री बनाने के लिए हम लोगों ने काफी मेहनत की है और यह सब अमित शाह जी के कारण संभव हो पाया। उधर पार्टी के प्रदेश अध्यक्ष लक्ष्मीकांत वाजपेयी ने यहां तक कहा कि अमित शाह को फ्री हैंड मिलने से ही प्रदेश में पार्टी को ऐतिहासिक जीत मिली। उन्होंने यह खुलासा किया कि शाह अपने साथ उत्तर प्रदेश की राजनीति में कई इनोवेशन लेकर आए। जैसे, इस बार के चुनाव में किसी भी उम्मीद को पार्टी ने नकद रकम नहीं दी। लोकसभा के स्तर पर पार्टी का बैंक अकाउंट खुलवाया गया।

किसी भी उम्मीदवार को जो भी सहयोग चाहिए, वह इसी अकाउंट से देने का प्रबंध किया गया। उम्मीदवार तीन अन्य लोगों की सहमति के बाद ही उस अकाउंट से पैसे निकाल सकता था। इस तरह, उम्मीदवारों द्वारा ब्लैक मनी खर्च करने का मामला कम हुआ और साथ ही यह पता चलने लगा कि पार्टी की रकम को उम्मीदवार कहां और किस तरह से खर्च कर रहे हैं।

अमेठी से राहुल गांधी और रायबरेली से सोनिया गांधी (दोनों कांग्रेस), आज़मगढ़ और मैनपुरी से मुलायम सिंह यादव, बदायूं से धर्मेंद्र यादव, फिरोज़ाबाद से अक्षय यादव, कन्नौज से डिंपल यादव (सभी समाजवादी पार्टी) और दो सीट 'अपना दल' (भाजपा की सहयोगी पार्टी) को मिलने के अलावा, बाकी सीटों से भारतीय जनता पार्टी जीत गई। नरेन्द्र मोदी, राजनाथ सिंह, मुरली मनोहर जोशी, मेनका गांधी, वरुण गांधी, योगी आदित्यनाथ, कलराज मिश्र, जनरल वी.के. सिंह, उमा भारती, हेमा मालिनी जैसे बड़े नेता बड़ी आसानी से और बड़े अंतर से जीते। यहां तक कि भाजपा उम्मीदवार और मुंबई के पूर्व पुलिस कमिश्नर सत्यपाल सिंह ने अजित सिंह को उनके गढ़ बागपत में हराकर सनसनी मचा दी।

अमित शाह के करिश्मे से नरेन्द्र मोदी इतने प्रभावित हुए कि सरकार के गठन के बाद 9 अगस्त, 2014 की भाजपा राष्ट्रीय परिषद की बैठक में उन्होंने कहा कि करोड़ों पार्टी कार्यकर्ताओं ने इस जीत के लिए काम किया। राजनाथ सिंह टीम के कप्तान थे, उनकी कप्तानी में पार्टी कार्यकर्ताओं ने इस जीत को हासिल किया और 'मैन आफ द मैच' रहे अमित भाई शाह। उन्होंने यह भी कहा कि मैं अमितभाई को लंबे समय से जानता हूं। पार्टी ने जो भी उन्हें जिम्मेदारी दी, उसे उन्होंने पूरी तरह निभाया। मुझे उम्मीद है कि वह पार्टी और देश के प्रति अपनी नई जिम्मेदारियों को पूरी तरह निभाएंगे। दरअसल, आम चुनाव 2014 में अमित शाह की सांगठनिक और चुनावी क्षमता से प्रभावित होकर 9 जुलाई, 2014 को पार्टी ने सर्वसम्मति से अमित शाह को अपना नया अध्यक्ष बनाया और नरेन्द्र मोदी इस पद की जिम्मेदारियों के बारे में ही बोल रहे थे।

अध्याय आठ

पहले देश, फिर एक-एक प्रदेश

9 अगस्त के अध्यक्षीय उद्‌बोधन में भाजपा अध्यक्ष अमित शाह यह जता चुके थे कि उनका प्रथम लक्ष्य है- महाराष्ट्र, हरियाणा, झारखंड और जम्मू-कश्मीर में भाजपा सरकार या भाजपा के सहयोग से सरकार बनाना। चारों राज्य अलग-अलग भौगोलिक क्षेत्रों में बसे हैं और इनके बीच मिट्‌टी और बोली-वाणी का बड़ा अंतर है। बावजूद इसके अमित शाह अपने प्रथम लक्ष्य की ओर बढ़ गए और जब-जब भारतीय जनता पार्टी का इतिहास लिखा जाएगा, वक्त इस बात की गवाही देगा कि अमित शाह अपने इस लक्ष्य में सौ फीसदी तक कामयाब रहे।

कैसे सौ फीसदी? कहीं वक्त कुछ विशेषाधिकार तो नहीं ले रहा? कहीं वह इसे झुठला तो नहीं रहा कि महाराष्ट्र में भाजपा को बहुमत नहीं मिला और जम्मू एवं कश्मीर में पार्टी दूसरे नंबर पर रही। अमित शाह के आलोचक ये तर्क दे सकते हैं, लेकिन वक्त जब अपनी बात रखेगा, तो यह बताएगा कि अध्यक्ष पद के शुरुआती समय में ही अमित शाह ने महाराष्ट्र में 'एकला चलो रे' की नीति अपनाई और उनकी वजह से शिवसेना की सहयोगी पार्टी भाजपा नहीं बनी, बल्कि भाजपा की सहयोगी पार्टी शिवसेना बनी और इस तरह, भाजपा ने महाराष्ट्र में सरकार बनाई। वक्त यह भी लिखेगा कि जम्मू एवं कश्मीर में एक राष्ट्रवादी विचारधारा वाली पार्टी के उभरने की कल्पना, 2014 विधानसभा चुनाव से पहले तक मुमकिन नहीं थी, लेकिन जम्मू क्षेत्र में भाजपा की जबर्दस्त बढ़त के कारण जम्मू एवं कश्मीर त्रिशंकु विधानसभा की ओर

बढ़ा। और जहां तक बात रही हरियाणा और झारखंड की, तो वहां भाजपा को स्पष्ट बहुमत मिला।

गुजरात के एक महारथी ने इन चार राज्यों की राजनीतिक तस्वीर कैसे बदली, इसके लिए हमें यह भी देखना होगा कि उसने अगस्त से लेकर दिसंबर तक क्या तैयारियां कीं- संगठन में अपनी नई टीम बनाने से लेकर सरकार गठन में सही नेतृत्व पर मुहर लगाने तक।

अमित शाह की नई टीम

अपनी अध्यक्षता पर राष्ट्रीय परिषद की मुहर लगने के एक सप्ताह के भीतर ही, 16 अगस्त को भाजपा अध्यक्ष अमित शाह ने अपनी नई टीम का ऐलान कर दिया। टीम में देश-भर से कई युवा नेताओं को मौका दिया गया। 53 साल के नड्डा अब सबसे वरिष्ठ महासचिव हैं। राष्ट्रीय स्वयंसेवक संघ से भाजपा में आए राम माधव भी महासचिव बनाए गए। हालांकि, वरुण गांधी को दोबारा जगह नहीं मिली। उत्तर प्रदेश से उनकी जगह, आगरा से दलित सांसद रामशंकर कठेरिया महासचिव बनाए गए। महिला मोर्चा अध्यक्ष सरोज पांडे भी महासचिव बनाई गईं। राजस्थान में शानदार जीत के लिए वसुंधरा राजे के साथ काम कर चुके भूपेंद्र यादव को भी अमित शाह ने महासचिव नियुक्त किया। मुरलीधर राव बतौर महासचिव अपनी जगह बनाए रखने में कामयाब रहे। पूर्व अध्यक्ष नितिन गडकरी के वक्त, हाशिये पर रहे झारखंड के नेता रघुबर दास को उपाध्यक्ष बनाया गया। मोदी के करीबी माने जाने वाले पुरुषोत्तम रूपाला ने उपाध्यक्ष के रूप में फिर वापसी की। पूर्व अध्यक्ष गडकरी के राजनीतिक सलाहकार के तौर पर काम कर चुके विनय सहस्त्रबुद्धे को भी उपाध्यक्ष बनाया गया। राम लाल 'संगठन महामंत्री' बने रहेंगे, उनके साथ राष्ट्रीय स्वयंसेवक संघ के दो और कार्यकर्ताओं को जोड़ा गया। संघ से हाल ही में भाजपा भेजे गए शिव प्रकाश 'सह संगठन मंत्री' होंगे, जबकि कर्नाटक भाजपा में संगठन महासचिव का काम कर रहे संतोष को भी 'सह संगठन मंत्री' बनाया गया। राम लाल के साथ वी. सतीश और सौदान सिंह 'सह संगठन मंत्री' के तौर पर काम करते रहेंगे।

अमित शाह ने सबसे ज्यादा नए चेहरे, सचिवों की सूची में डाले। 14 में से 10 सचिव नए नियुक्त किए गए। वैसे, पूनम महाजन फिर से

सचिव बनाई गई। एच. राजा, रोमेन डेका, रामविचार नेताम, अरुण सिंह, सिद्धार्थ नाथ सिंह, आर. पी. सिंह, श्रीकांत शर्मा, ज्योति ध्रुव, तरुण चुग और रजनीश कुमार नए सचिव नियुक्त किए गए। अमित शाह ने 10 प्रवक्ताओं की एक भारी-भरकम टीम बनाई, जिनमें पांच नए नियुक्त हुए। वाराणसी में मोदी का प्रचार संभाल चुके नलिन कोहली और अनिल बलूनी को प्रवक्ता बनाया गया। उनके साथ ललिता कुमारमंगलम, संबित पात्रा और जी. वी. एल. नरसिंहराव को भी जोड़ा गया।

अमित शाह ने अपनी इस नई टीम से कुछ खास संकेत दिए। पहला संकेत यह कि पार्टी अब बुजुर्ग नेताओं की जगह नई पीढ़ी के नेताओं को जिम्मेदारियां देने जा रही है। तमाम सदस्यों की उम्र को देखने के बाद यह निष्कर्ष निकाला जा सकता है कि 50 साल के अमित शाह की टीम में आधे से ज्यादा नेता 50 वर्ष से कम उम्र के हैं। बी. एस. येदियुरप्पा, सतपाल मलिक जैसे 70 के पार पहुंचे उपाध्यक्षों को छोड़, अधिकतर 60 साल से नीचे के हैं। दूसरा संकेत यह था कि अमित शाह ने अपनी नई टीम में राज्यवार संतुलन बिठाया। संगठन में उन प्रदेशों की इकाई को विशेष तरजीह दी गई, जहां आने वाले महीनों में विधानसभा चुनाव होने वाले हैं या जहां की इकाई की बदौलत लोकसभा चुनावों में अधिक सीटें मिलीं।

अमित शाह की नई टीम के ऐलान के बाद, मीडिया जगत में यह चर्चा तेज हुई कि क्या भाजपा संसदीय बोर्ड और चुनाव समिति में भी युवाओं को तरजीह मिलेगी? मीडिया सूत्रों से यह खबर भी आने लगी कि पार्टी के वरिष्ठ नेताओं लालकृष्ण आडवाणी और मुरली मनोहर जोशी को बोर्ड में रखा जाए या नहीं, इसको लेकर दुविधा की स्थिति है और इसलिए ऐलान में देरी हो रही थी।

बहरहाल, यह खुलासा भी 26 अगस्त, 2014 को हो गया, जब भाजपा अध्यक्ष ने संसदीय बोर्ड और नई चुनाव समिति का ऐलान किया। नए संसदीय बोर्ड में शामिल सदस्य हैं- अमित शाह, नरेन्द्र मोदी, राजनाथ सिंह, अरुण जेटली, सुषमा स्वराज, एम. वैंकेया नायडू, नितिन गडकरी, अनंत कुमार, थावरचंद गहलोत, शिवराज सिंह चौहान, जगत प्रकाश नड्डा और रामलाल। केन्द्रीय चुनाव समिति में संसदीय बोर्ड के तमाम सदस्यों को शामिल रखा गया और साथ ही इसमें जुएल ओराम, शाहनवाज़ हुसैन और विजया रहाटकर के नाम शामिल किए गए। अमित

शाह ने मार्गदर्शक मंडल का गठन किया, जिसमें वर्तमान प्रधानमंत्री नरेन्द्र मोदी के साथ अटल बिहारी वाजपेयी, लालकृष्ण आडवाणी और मुरली मनोहर जोशी को शामिल किया गया। भारतीय जनता पार्टी के इतिहास में यह अपने आप में एकदम नया प्रयोग है। मंशा साफ थी कि इन त्रिमूर्ति के मार्गदर्शन में भारतीय जनता पार्टी के युवा और दूसरी पीढ़ी के नेता काम करें। अमित शाह के इस फैसले से भारतीय जनता पार्टी के रंग-रूप और तेवर, तीनों बदले।

हालांकि, मीडिया ने इसे भाजपा में अटल-आडवाणी युग के समापन का संकेत बताया; क्योंकि उसके मुताबिक, दशकों से भाजपा के पर्याय कहे जाने वाले अटल बिहारी वाजपेयी, लालकृष्ण आडवाणी और डॉ. मुरली मनोहर जोशी की त्रिमूर्ति; भाजपा के नए संसदीय बोर्ड से नदारद थी। लेकिन इस तर्क में यह बहस अनदेखी रह गई कि पूर्व प्रधानमंत्री अटल बिहारी वाजपेयी खराब स्वास्थ्य के कारण अरसे से सक्रिय राजनीति में नहीं हैं, दूसरी तरफ, लालकृष्ण आडवाणी और मुरली मनोहर जोशी अपनी तमाम सक्रियताओं के बावजूद वयोवृद्ध हो चुके हैं।

एक बात और। भाजपा की तरफ से प्रेस-कांफ्रेंस में यही कहा गया कि मार्गदर्शक मंडल ही सर्वोच्च रहेगा। भाजपा प्रवक्ता शाहनवाज़ हुसैन ने प्रेस-कांफ्रेंस में बताया कि सभी समितियों का अपना महत्व है और मार्गदर्शक मंडल सबसे बड़ी समिति है, जिसके पास अपार अधिकार है और इसका कार्य मार्गदर्शन करना है। शाहनवाज़ हुसैन ने यह भी कहा कि इसमें प्रधानमंत्री के साथ अटल जी, आडवाणी जी और जोशी जी हैं। शाहनवाज हुसैन का यह वक्तव्य साफ कर देता है कि अमित शाह की अध्यक्षता में भारतीय जनता पार्टी ने सांगठनिक विकास किया, न कि किसी शख्सियत की अवमानना हुई।

मिशन हरियाणा

हरियाणा विधानसभा चुनाव में भारतीय जनता पार्टी की जीत की राह एकदम आसान नहीं थी। लोकसभा चुनावों से पहले तो इस बारे में सोचा भी नहीं जा सकता था। लेकिन दशकों तक दो राजनीतिक पार्टियों वाले राज्य में भारतीय जनता पार्टी का उदय कैसे हो गया? वह भी तब, जब इस पार्टी की राज्य इकाई का कार्यालय रोहतक में था, न कि राजधानी चंडीगढ़ में। वह भी तब, जब मई, 2014 के आम चुनावों से पहले तक

भारतीय जनता पार्टी प्रदेश की राजनीति में एकदम हाशिये पर थी। वह भी तब, जब हरियाणा के जाट वोटर, जो कि राज्य की कुल आबादी के 25% हैं, परंपरागत रूप से चौटाला नेतृत्व वाले 'इंडियन नेशनल लोकदल' के साथ होते हैं और गैर जाट जातियां, जैसे ब्राह्मण, बनिया, दलित और पंजाबी कांग्रेस के साथ।

दरअसल, एकबारगी ऐसा लगता है कि नरेन्द्र मोदी लहर ने राज्य में सत्तारुढ़ कांग्रेस पार्टी को उखाड़ फेंका और मुख्य विपक्षी इंडियन नेशनल लोकदल भी तिनके की तरह बिखरकर बह गई। लेकिन इसका सही उत्तर इसमें निहित है कि बीते दो वर्षों में, और खासकर अमित शाह की अध्यक्षता के बाद राज्य के अंदर जातिगत समीकरणों में तेजी से बदलाव हुए। हालांकि, भाजपा के कुछ आलोचक यह तर्क देते हैं कि यह पार्टी अपने सबसे सही समय में, सबसे सही जगह पर है और उसने राज्य की राजनीति में बड़ी भूमिका निभाए बगैर, कांग्रेस और इंडियन नेशनल लोकदल का सफाया कर दिया, जबकि ये दोनों पार्टियां तीन दशकों तक राज्य में काबिज़ रहीं। आलोचक यह भी कहते हैं कि 2014 से पहले तक हरियाणा में भारतीय जनता पार्टी की ज़मीनी स्थिति का अंदाजा इसी बात से हो जाता है कि उसकी वरिष्ठ नेता सुषमा स्वराज हरियाणा से होते हुए भी हमेशा अपने गृह-राज्य के बाहर से संसदीय सीट जीत पाईं। 2009 विधानसभा चुनाव में भारतीय जनता पार्टी ने अकेले चुनाव लड़ने का फैसला लिया, तब उसका वोट प्रतिशत 2005 में 10.4 की तुलना में गिरकर नौ पर जा टिका। सन् 2000 में भाजपा के मात्र छह विधायक थे, तो 2005 में घटकर दो हो गए और 2009 में मामूली बढ़त के साथ चार हुए।

यही नहीं, कुछ जानकार यह भी मानते हैं कि भूपेंद्र सिंह हुड्डा ने अपने मुख्यमंत्रित्व के दौरान जो कदम उठाए, उससे भी भाजपा को बल मिला। चूंकि कांग्रेसी नेता हुड्डा स्वयं जाट जाति से आते थे और इसलिए उन्होंने 'इंडियन नेशनल लोकदल' से जाट वोटों को छीनने की कोशिश में, कांग्रेस के परंपरागत वोटरों की अनदेखी कर दी। नतीजतन, गैर-जाट वोटों का ध्रुवीकरण भाजपा के पक्ष में हुआ।

लेकिन क्या मिशन हरियाणा की कामयाबी के पीछे यही कहानी है? कतई नहीं, क्योंकि तमाम राजनीतिक विश्लेषक हरियाणा में पार्टी की

जीत में अमित शाह की भूमिका को खारिज नहीं करते। वे मानते हैं कि प्रदेश की राजनीति में यदि चीजें भारतीय जनता पार्टी के पक्ष में जा रही थीं, तो उनको भुनाने का काम अमित शाह ने ही किया।

अगस्त, 2014 में ही (विधानसभा चुनावों की तिथि के ऐलान से एक महीने पहले से) अमित शाह ने मिशन हरियाणा का मास्टर प्लान तैयार कर लिया था। इसी के तहत पहले अनौपचारिक और फिर औपचारिक प्रचार अभियान की शुरुआत हुई। प्रधानमंत्री नरेन्द्र मोदी की रैलियों का आयोजन हुआ। उस समय पार्टी के क्षेत्रीय नेताओं ने यह मांग रखी कि लोकसभा चुनावों में भी नरेन्द्र मोदी ने हरियाणा से रैलियों की शुरुआत की थी, इसलिए विधानसभा चुनाव में भी वही सबसे पहले रैलियां करें और पार्टी अध्यक्ष अमित शाह ने उन्हें निराश नहीं किया। प्रधानमंत्री नरेन्द्र मोदी समेत पार्टी के तमाम वरिष्ठ नेताओं ने हरियाणा विधानसभा चुनावों के दौरान जन-सभाएं कीं। मीडिया में ऐसी रिपोर्ट भी आई कि अमित शाह के साथ बैठक करने से पहले और बाद में हरियाणा के पार्टी प्रभारी जगदीश मुखी, राज्य के नेताओं और कार्यकर्ताओं से मिलते थे और कभी-कभी तो यह मुलाकात छह-छह घंटे लंबी चलती जाती थी। इससे जाहिर होता है कि मिशन हरियाणा को किस व्यापक स्तर पर शुरू किया गया था, जहां भाजपा के राष्ट्रीय अध्यक्ष से लेकर राज्य प्रभारी और नेता-कार्यकर्ता तक प्रचार अभियान में जुट गए थे। अमित शाह ने एक रणनीति बेहद साफ कर दी थी कि विधानसभा की सभी 90 सीटों पर चुनाव की तैयारी की जाए।

अमित शाह के दिशा-निर्देश में सभी 90 विधानसभा क्षेत्रों में कार्यकर्ताओं के सम्मेलन आयोजित किए गए, ताकि रणनीति क्षेत्र और जिला स्तर तक पहुंच सके। इसका एक जबर्दस्त फायदा यह हुआ कि लोकसभा चुनाव के दौरान राज्य में भाजपा कार्यकर्ताओं की जो संख्या बढ़ी थी, वह न केवल और बढ़ी, बल्कि इससे कई नए क्षेत्रों में पार्टी का जनाधार मजबूत हुआ।

बीजेपी आलाकमान ने हरियाणा के लिए 37 केन्द्रीय मंत्रियों की टीम का चयन किया। इन केन्द्रीय मंत्रियों से कहा गया कि वे एक से दो दिन हर विधानसभा क्षेत्र को दें, ताकि उनके प्रभाव का वहां इस्तेमाल किया जा सके। केन्द्रीय मंत्रियों के आने के बाद वहां पार्टी की ओर से

नए मुद्दे उठाए जाएं और कांग्रेस की हुड्डा सरकार को घेरा जाए। यही नहीं, राज्य में कार्यकर्ता सम्मेलनों से अलग हर विधानसभा क्षेत्र में उस इलाके के वरिष्ठ नेताओं ने की बैठकें भी की गईं। इन बैठकों में दिल्ली से गए नेताओं भी शिरकत की। इनमें केन्द्रीय मंत्री भी शामिल हुए। इन मंत्रियों को यह भी सलाह दी गई कि वे स्थानीय नेताओं के साथ, रात में उनमें से किसी के घर पर डिनर भी करें, ताकि स्थानीय नेताओं का उत्साह बढ़ाया जा सके।

मिशन हरियाणा के रोडमैप में इस बात का भी खयाल रखा गया कि दूसरे दलों के नेता क्या कर रहे हैं। जैसे, उस समय 'कांग्रेस', 'इंडियन नेशनल लोकदल' और 'हरियाणा जनहित कांग्रेस' के कई नेता अपनी-अपनी पार्टियों से रूठे हुए थे। ऐसे में, भाजपा को लगा कि अगर इन नेताओं को अपने साथ लाया जाता है, तो इसका फायदा मिलेगा। लेकिन इसके लिए पार्टी ने पहले अपना होमवर्क पूरा किया। इसके तहत यह पता लगाया गया कि किन सीटों पर बीजेपी के पास अच्छा उम्मीदवार नहीं है और विकल्प के तौर पर किस दल के पास अच्छे नेता हैं। इस तरह के नेताओं की पहचान की गई और अगर वे भाजपा में आना चाहें, तो उन्हें उम्मीदवार बनाने में भाजपा ने कोई हिचक नहीं दिखाई।

औपचारिक तौर पर, भाजपा के राष्ट्रीय अध्यक्ष अमित शाह का मिशन हरियाणा 14 अगस्त से शुरू हुआ। 14 अगस्त को शाह ने महेंद्रगढ़ से भाजपा की चार रथ यात्राओं का शुभारंभ किया। हालांकि, पहले यह रथ यात्रा अलग-अलग तिथियों को होनी थीं, लेकिन शाह के कार्यक्रम के चलते इन रैलियों में फेरबदल किया गया। अमित शाह 'विजय संकल्प यात्रा' के साथ प्रचार अभियान की शुरुआत चाहते थे। 11 दिनों तक चलने वाली यह 'विजय संकल्प यात्रा' महेंद्रगढ़ से रेवाड़ी, गुड़गांव, मेवात और पलवल तक पहुंची। मेवात में अपार भीड़ को संबोधित करते हुए, प्रधानमंत्री का हरियाणा से एक रिश्ता जोड़ते हुए अमित शाह ने कहा- 'हरियाणा और नरेन्द्र मोदी का पुराना संबंध है। मोदीजी हरियाणा के प्रभारी रहे हैं। भाजपा ने हरियाणा में आठ लोकसभा सीटों पर चुनाव लड़ने का फैसला किया था, जिसमें से आप लोगों ने सात लोकसभा सीटों पर अपना जनादेश दिया। इसके आधार पर मोदी जी के नेतृत्व में केन्द्र में भाजपा की पूर्ण बहुमत से सरकार बनी।'

अमित शाह ने इस ठोस बुनियाद को रखते हुए कहा– 'मित्रो, आपको उसी तर्ज पर दिल्ली के साथ कदम से कदम मिलाकर चलने के लिए, आगामी हरियाणा विधानसभा चुनाव में भी भाजपा को पूर्ण बहुमत देने की अपील करता हूं।' हरियाणा का जनादेश इस बात का गवाह है कि उनकी यह भावनात्मक अपील पूर्णतया सफल रही।

देश-भर में हरियाणा खेती-किसानी के लिए मशहूर है। ऐसे में, अगर हरियाणा को जीतना था, तो किसानों का दिल जीतना सबसे जरूरी था। इसे ध्यान रखते हुए अमित शाह ने कहा, 'किसानों के नाम पर वोट लेने वाली कांग्रेस सरकार ने डब्ल्यूटीओ में जो फैसला किया, अगर उस पर वर्तमान मोदी सरकार अपनी सहमति व्यक्त करती, तो भारत का किसान बेहाल और बदहाल हो जाता। मोदी जी ने अपने भारत के किसानों के हित को सर्वोपरि मानते हुए दुनिया के ताकतवर देशों के सामने झुकना मंजूर नहीं किया, क्योंकि हम मानते हैं कि हमारे लिए दुनिया के देशों की प्रशंसा नहीं, बल्कि भारतीय किसानों का हित सर्वोपरि है।'

अमित शाह इस बात को समझते थे कि हरियाणा में भाजपा की लड़ाई कांग्रेस से बाद में है, पहले यहां के क्षत्रपों से पार्टी को निपटना होगा। इसलिए विजय संकल्प यात्रा की रैली में उन्होंने कहा कि हरियाणा की जनता हुड्डा जी और ओम प्रकाश चौटाला जी के कुशासन से मुक्ति चाहती है, क्योंकि जब हुड्डा जी सत्ता में आते हैं, तो घोटाले बढ़ जाते हैं और जब ओम प्रकाश चौटाला जी सत्ता में आते हैं, तो प्रदेश में गुंडागर्दी और अवैध वसूली बढ़ जाती है। विपक्ष पर आरोपों की झड़ी लगाने के दौरान अमित शाह ने यह भी ध्यान रखा कि बुनियादी जरूरतों की अनदेखी की तरफ जनता का ध्यान खींचना सबसे महत्वपूर्ण है। उन्होंने कहा कि हरियाणा में दलित और अनुसूचित जाति के साथ सबसे अधिक अन्याय हो रहा है। नौजवान बेरोजगार हैं। किसान के खेतों को पानी, बिजली और प्रदेश में पेयजल की सबसे बड़ी समस्या है लेकिन वर्तमान सरकार इन सब समस्याओं से बेखबर है।

हरियाणा के गौरवपूर्ण इतिहास पर अमित शाह के विचार थे कि 'हरियाणा वीरों की भूमि है। यहां प्रत्येक तीसरे घर से एक नौजवान भारत की सीमाओं की रक्षा की जिम्मेदारी निभा रहा है। यहां का इतिहास

गौरवशाली इतिहास है। वर्तमान हुड्डा सरकार ने भ्रष्टाचार और जमीन घोटालों से हरियाणा को बदनाम किया है। प्रदेश में जमीनों के दाम बढ़े, लेकिन उसका फायदा प्रदेश के किसान को नहीं, सत्ता में बैठे बिचौलियों को मिला। यह प्रदेश पहले देश की शान होता था, लेकिन अब जमीन घोटालों की खान बन गया है, क्योंकि वर्तमान मुख्यमंत्री हरियाणा की जनता और किसानों के हितों की अनदेखी करते रहे और दिल्ली में कांग्रेस दरबार को खुश करने में लगे रहे।' अमित शाह ने जनता से हरियाणा को कांग्रेस मुक्त और भाजपायुक्त बनाने की अपील की। उन्होंने कहा, 'जो अपार जन-समूह मेरे सामने है और रास्ते में जो सम्मान मुझे मिला है, उससे हरियाणा की जनता का मिजाज़ स्पष्ट रूप से पता चलता है कि अब हुड्डा सरकार की विदाई तय है। प्रदेश के लोग बदलाव का मन बना चुके हैं, क्योंकि हुड्डा ने कृषि प्रधान हरियाणा की अवहेलना की है, जो राज्य अपने पड़ोसी राज्य पंजाब से कृषि के उत्पादन में बराबरी पर रहता था, आज उस राज्य का किसान बदहाल और बेहाल है। हम हरियाणा की तरक्की चाहते हैं। हम हरियाणा में कानून का राज चलाना चाहते हैं। इसीलिए मैं आपसे अपील करता हूं कि आने वाले चुनाव में आप पूर्ण बहुमत से भाजपा की सरकार बनाएं, जिससे हम हरियाणा के खोए हुए सम्मान को पुनः वापस ला सकें।'

हरियाणा में अमित शाह के भाषण का असर दिखना शुरू हो गया। राज्य के विकास का वादा उन नेताओं को लुभा गया, जो कल तक सत्तारूढ़ कांग्रेस में विकास के लिए प्रतिबद्ध खड़े थे। 16 अगस्त को जींद में आयोजित एक रैली में, भाजपा अध्यक्ष अमित शाह की मौजूदगी में, कांग्रेस से निलंबित किए गए हरियाणा के कद्दावर जाट नेता, चौधरी बीरेंद्र सिंह भाजपा में शामिल हो गए। बीरेंद्र सिंह के करीबी और पूर्व मंत्री जगबीर मलिक के साथ कुछ अन्य पूर्व विधायक भी बीजेपी में शामिल हुए। बीरेंद्र सिंह ने कहा, 'मैंने अपने लिए जो रास्ता चुना है, उससे अगले 15 सालों में हरियाणा में भाजपा को मजबूती मिलेगी। हरियाणा के मुख्यमंत्री भूपेंद्र सिंह हुड्डा के खिलाफ बगावत करने वाले बीरेंद्र सिंह ने कुछ वक्त पहले ही भाजपा राष्ट्रीय अध्यक्ष अमित शाह से मुलाकात की थी और तभी से उनके भाजपा में जाने की अटकलें थीं। बीरेंद्र सिंह कांग्रेस महासचिव रह चुके थे। इस राजनीतिक घटना के बाद

यह स्पष्ट होने लगा कि जाट बहुल क्षेत्रों, जैसे जिंद, कैथल और हिसार के वोट बैंक पर बीरेंद्र सिंह की मजबूत पकड़ का फायदा भाजपा को मिलने जा रहा था।

जिंद की इस रैली में अमित शाह ने हरियाणा को कांग्रेस मुक्त, भाजपा युक्त बनाने का आह्वान किया। उन्होंने कहा कि 'मोदी सरकार ने देश के विकास का यज्ञ चालू किया है। जिस तरह हरियाणा ने हरित क्रांति में अहम भूमिका निभाई, वैसे ही देश की विकास-यात्रा का नेतृत्व हरियाणा करे और नरेन्द्र मोदी के नेतृत्व में चल रही इस विकास-यात्रा में पूरा हरियाणा जुट जाए। आगामी चुनाव में हरियाणा में दो-तिहाई बहुमत से हमारी सरकार बन रही है। जिस तरह से कौन-कौन से लोग भाजपा में शामिल हो रहे हैं, उससे यह स्पष्ट है। हालात ऐसे हैं कि कांग्रेस पार्टी को उम्मीदवार तलाशने के लिए विज्ञापन देना पड़ेगा।'

26 अगस्त 2014 को अमित शाह ने हरियाणा विधानसभा चुनाव के मद्देनज़र मध्य प्रदेश के कैलाश विजयवर्गीय को चुनाव प्रभारी नियुक्त किया। मध्य प्रदेश सरकार में नगरीय प्रशासन मंत्री कैलाश विजयवर्गीय को एक तेज-तर्रार नेता और अच्छा वक्ता माना जाता है। उनके आलोचक भी कहते हैं कि वह अपने भाषण से मुद्दों को जन्म देने में माहिर हैं। हालांकि, बीते कुछ वर्षों में उनके खाते में कुछ विवाद आए, लेकिन अमित शाह ने उन पर भरोसा जताया। उनके भरोसे पर खरे उतरते हुए विजयवर्गीय लगातार दो महीने तक हरियाणा में डटे रहे और भाजपा कार्यकर्ताओं में जोश भरने का काम किया।

उम्मीदवारों के नाम :

अमित शाह ने उत्तर प्रदेश की तर्ज पर हरियाणा में भी सोशल इंजीनियरिंग का खयाल रखा और प्रचार अभियान में तकनीकी क्षमता का जबर्दस्त इस्तेमाल पार्टी कार्यकर्ताओं से कराया। उम्मीदवारों के चयन में भी कुछ खास गुणों को वरीयता दी गई, जैसे- कहां से कौन जीतने की क्षमता रखता है, कौन पार्टी का लंबे अरसे से वफादार रहा है और किसकी छवि जनता के बीच ईमानदार नेता की है। 9 सितंबर और 20 सितंबर, 2014 को अमित शाह की अध्यक्षता में भारतीय जनता पार्टी

की केन्द्रीय चुनाव समिति की बैठकें हुईं। इन बैठकों में नरेन्द्र मोदी, राजनाथ सिंह, सुषमा स्वराज और केन्द्रीय चुनाव समिति के सभी सदस्य थे और उम्मीदवारों की क्रमशः दो सूची जारी की गई। पहली सूची में 43 और दूसरी सूची में 47 नाम थे। पार्टी ने विदेश मंत्री सुषमा स्वराज की बहन वंदना शर्मा को 'सफीदो' से उम्मीदवार बनाया। कांग्रेस छोड़ने वाले पूर्व सांसद जितेंद्र मलिक को गन्नौर से और 'इंडियन नेशनल लोकदल' से भाजपा में आए सुरेंद्र बरवाला को जिंद से उम्मीदवार बनाया। अमित शाह ने नए प्रत्याशियों पर भी ज्यादा भरोसा जताया है। 43 विधानसभा क्षेत्रों की पहली सूची में 26 सीटों पर चेहरे बदले हुए थे। पिछले विधानसभा चुनाव में फिसड्डी रहने वाले अधिकांश नेताओं के टिकट काट दिए गए। पार्टी ने उन पुराने साथियों पर विश्वास जताया, जो पिछले चुनाव में टॉप थ्री में जगह बनाने में कामयाब रहे थे। जैसे, हांसी संसदीय क्षेत्र में 2009 के चुनाव में भाजपा प्रत्याशी मामन राम सिर्फ 6165 वोटों के साथ पांचवें नंबर पर रहे थे। प्रमुख मुकाबला कांग्रेस प्रत्याशी प्रो. छत्रपाल सिंह और 'हजकां' प्रत्याशी विनोद भ्याणा में था। 30246 वोट लेने वाले छत्रपाल को इस बार भाजपा प्रत्याशी बनाया गया। गुहला में पिछले चुनाव में 'इनेलो' और 'कांग्रेस' की सीधी टक्कर के बावजूद आजाद उम्मीदवार कुलवंत बाजीगर 20,926 वोट ले गए थे। भाजपा के घनश्याम 1,532 वोटों के साथ छठे नंबर पर रहे थे। पार्टी ने इस बार घनश्याम की जगह कुलवंत को चुनावी समर में उतारा। साढौरा में 'इनेलो' से भाजपा में आए बलवंत सिंह पिछले चुनाव में कांग्रेस के राजपाल सिंह को कड़ी टक्कर देते हुए हार गए थे। 38,650 वोट लेकर दूसरे नंबर पर रहे बलवंत अब भाजपा के खिलाड़ी बने। महम संसदीय क्षेत्र में 2009 के चुनावी दंगल में भाजपा के अजीत सिंह सिर्फ 674 वोट के साथ सातवें नंबर पर रहे थे। अब पार्टी ने शमशेर खरकड़ा को दंगल में उतारा, जो पिछले चुनाव में आजाद प्रत्याशी होने के बावजूद 36,998 वोट लेकर दूसरे स्थान पर रहे थे। इसराना संसदीय क्षेत्र में भाजपा ने इनेलो के विधायक कृष्णलाल पंवार को प्रत्याशी घोषित करके मजबूत दांव खेला है। पिछले चुनाव में भाजपा के सतपाल सिंह प्रत्याशी थे, जिन्हें सिर्फ 1,065 वोट नसीब हुए थे। पंवार पिछले दिनों इनेलो छोड़कर भाजपा में आए।

12 सितंबर को चुनाव आयोग ने हरियाणा विधानसभा चुनावों की तारीखों का ऐलान कर दिया। चुनाव आयोग के मुताबिक, 15 अक्तूबर को वोटिंग और वोटों की गिनती 19 अक्तूबर को होनी थी। हरियाणा के एक करोड़ 65 लाख वोटरों के लिए चुनावों की 20 सितंबर को अधिसूचना जारी होनी थी, 27 सितंबर को नामांकन की अंतिम तारीख थी। 29 सितंबर तक नामांकन वापस लिए जा सकते थे। चुनाव आयोग की इस घोषणा के साथ तत्काल प्रभाव से प्रदेश में आदर्श चुनाव आचार संहिता लागू हो गई।

इसके साथ ही प्रदेश में चुनावी सरगर्मियां तेज हो गईं। 5 अक्तूबर, 2014 को अमित शाह ने हरियाणा में तीन विशाल जनसभाएं कीं। गन्नौर में उन्होंने कहा कि पिछले 10 साल से केन्द्र में यूपीए की सरकार थी और हरियाणा में भी कांग्रेस की सरकार है। इससे निकम्मी सरकारें कभी नहीं रहीं। हरियाणा की मौजूदा सरकार अब तक सबसे निकम्मी सरकार है। केन्द्र में यूपीए सरकार ने एक के बाद एक कई घोटाले किए। 2जी, सीडब्ल्यूजी, आदर्श सोसाइटी, कोयला और हेलीकॉप्टर घोटाला- ये तो चंद उदाहरण हैं। यूपीए के घोटालों की सूची काफी लंबी है। असल में यूपीए सरकार ने घोटालों के अलावा कोई काम नहीं किया। इसलिए देश की जनता ने उसे उखाड़ फेंका। इसी तरह हरियाणा में हुड्डा सरकार ने भी सोनीपत, अंबाला, रोहतक, फरीदाबाद, मानेसर, कुरुक्षेत्र में जमीन घोटाले किए हैं। राजीव गांधी ट्रस्ट के नाम पर घोटाला किया है। हुड्डा सरकार ने हरियाणा के किसानों की जमीन छीनकर बिल्डर्स और कांग्रेस पार्टी के रिश्तेदारों को दी है। किसानों के हाथ कुछ नहीं आया। हरियाणा के मुख्यमंत्री भूपिंदर सिंह हुड्डा के झूठे दावों की पोल खोलते हुए शाह ने कहा कि हुड्डा कहते हैं हरियाणा नंबर वन है लेकिन हकीकत तो यह है कि विकास के पैमानों पर हरियाणा काफी पिछड़ गया है। साक्षरता के मामले में हरियाणा 20वें नंबर पर है, बेरोजगारी घटाने के मामले में 18वें नंबर पर है और गांव के विकास के मामले में 13वें नंबर पर है। प्रधानमंत्री नरेन्द्र मोदी की प्रशंसा में उन्होंने कहा कि केन्द्र में भाजपा की सरकार बनने पर सबसे पहला काम यह हुआ है कि देश को बोलने वाला प्रधानमंत्री मिला है। पूर्व प्रधानमंत्री बोलते तक नहीं थे। मोदी सरकार ने पाकिस्तान को भी करारा जवाब दिया है। मोदी सरकार ने एक

घंटे में निर्णय कर लिया कि पाकिस्तान अगर अलगाववादियों से बात करना चाहता है तो भारत से बात नहीं हो सकती।' 'इंडियन नेशनल लोक दल' को आड़े हाथ लेते हुए अमित शाह ने जनता से सवाल पूछा, 'आजकल ओमप्रकाश चौटाला कह रहे हैं कि वह तिहाड़ से शपथ लेंगे। क्या आप चाहते हैं कि आपका मुख्यमंत्री तिहाड़ से शपथ ले?' जनता ने इसका जवाब 'नहीं' कहकर दिया।

इसके बाद अमित शाह का दूसरा पड़ाव रहा सोनीपत में खरखौदा। यहां कांग्रेस पर पलटवार करते हुए अमित शाह ने कहा, 'जिन लोगों ने 60 साल तक शासन किया है, उन्हें 60 दिन पुरानी सरकार से हिसाब मांगने का कोई हक नहीं है। फिर भी हम अपना हिसाब दे रहे हैं। मोदी सरकार की पहली उपलब्धि यह है कि देश को बोलने वाला प्रधानमंत्री मिला है, क्योंकि इससे पहले प्रधानमंत्री बोलते तक नहीं थे। देश में आज ऐसा प्रधानमंत्री है, जो राष्ट्र की समस्याओं को हल करने की क्षमता रखता है। यूपीए सरकार जब बोलती भी थी तो उसकी कोई नहीं सुनता था, आज मोदी सरकार जब कुछ कहती है तो दुनिया के ताकतवर देश भी उसकी बात को मानते हैं और दोहराते हैं।' मोदी सरकार की विदेश नीति के बारे में बोलते हुए अमित शाह ने कहा, 'मोदी सरकार ने पाकिस्तान की ओर शांति और मित्रता का हाथ बढ़ाया। प्रधानमंत्री नरेंद्र मोदी की मंत्रिपरिषद के शपथ-ग्रहण समारोह में सभी सार्क देशों के नेताओं के साथ पाकिस्तान के प्रधानमंत्री को भी आमंत्रित किया गया, लेकिन पाकिस्तान ने अलगाववादियों से बात करके इस माहौल को बिगाड़ दिया। मोदी सरकार ने पाकिस्तान को साफ बता दिया कि अगर वह अलगाववादियों से बात करेगा तो भारत उससे बातचीत नहीं करेगा। मोदी सरकार बनने के बाद देश का स्वाभिमान बढ़ा है। भारत के प्रति पूरे विश्व की भावना बदली है। प्रधानमंत्री की जापान और अमेरिका यात्रा तथा चीनी राष्ट्रपति और आस्ट्रेलियाई प्रधानमंत्री की भारत यात्रा इसके उदाहरण हैं। इसके बाद अमित शाह सोनीपत के बरोदा में पहुंचे। यहां कांग्रेस प्रमुख सोनिया गांधी को करारा जवाब देते हुए भाजपा अध्यक्ष ने कहा कि कल यहां कांग्रेस पार्टी की राष्ट्रीय अध्यक्ष श्रीमती सोनिया गांधी आई थीं। वह यहां आई तो

थीं हरियाणा विधानसभा चुनाव का प्रचार करने, लेकिन लगता है कि लोकसभा चुनाव में कांग्रेस पार्टी की जो करारी हार हुई है, उसके लिए उनके मन में बड़ा रोष था। वह विधान-सभा चुनाव का प्रचार करने आईं, लेकिन उन्होंने निशाना मोदीजी को बनाया। सोनिया जी कल कह रही थीं कि जो जोर से चिल्लाता है और जोर से बोलता है, वह सत्य नहीं होता। मैडम गांधी! आपकी समझ क्या है मुझे पता नहीं, लेकिन हरियाणा की महिलाओं पर अत्याचार हो रहे हैं, वे चिल्ला रही हैं, क्या वह सच नहीं है? किसानों की जमीन छीनी जा रही है, वे चिल्ला रहे हैं। क्या वह सच नहीं है? युवाओं को रोजगार नहीं मिल रहा, दस साल से आपका राज है, युवा चिल्ला रहे हैं। क्या वह सच नहीं है? सोनिया जी! ऐसा लगता है कि आपकी आंखों पर पर्दा पड़ा है, जिसकी वजह से आपको सच्चाई सुनाई नहीं देती। आपको हरियाणा के दलित, किसान और युवाओं की आवाज़ सुनाई नहीं पड़ती, उनकी चीख सुनाई नहीं पड़ती। मुझे मालूम है कि आपकी आंखों पर पर्दा पड़ा है। सोनिया जी, जो जोर से चिल्लाता है, वह झूठ को स्थापित करने के लिए नहीं चिल्लाता, बल्कि उसके दिल में वेदना भरी होती है, जिसकी वजह से वह चिल्लाता है। आप इस वेदना को नहीं समझ सकतीं क्योंकि आप गांवों में नहीं जातीं, आपने गरीब घर में जन्म नहीं लिया है, आप दलितों के पास नहीं जातीं। हमारा पीएम गरीब का बेटा है। हमारा पीएम चाय बेचकर यहां तक पहुंचा है, उसे गरीब और गांव का दर्द मालूम है। सोनिया जी! अगर आपको यह झूठ दिखाई पड़ता है तो आपको और आपकी पार्टी को भगवान ही बचाए।' मोदी सरकार से कामकाज का हिसाब मांगे जाने के जवाब में अमित शाह ने कहा कि सोनिया जी! आपने कल कहा था कि 100 दिन में क्या हुआ। मैं बताता हूं कि सौ दिन में क्या-क्या हुआ। सबसे पहला काम तो यह हुआ है कि भाजपा ने देश को बोलने वाला प्रधानमंत्री दिया है। हमने ऐसा पीएम दिया है, जो 15 अगस्त को भाषण देते वक्त, लोगों से बात करने के लिए बुलेट-प्रूफ शीशे की आड़ नहीं लेता। वैसे भी आपकी सरकार ने जो कुकर्म किए हैं उन्हें भला 100 दिन में कोई कैसे बदल सकता है। शाह ने कहा-सोनिया जी! आपकी सरकार विकास दर को 4.7%

पर छोड़कर गई थी जिसे हमने तीन महीने में ही 5.7 % कर दिया है। आपकी सरकार के समय पेट्रोल का भाव प्रति लीटर 72 रुपये से अधिक था। उसे आज 68 रुपये प्रति लीटर पर लाने का काम भाजपा ने किया है। 'प्रधानमंत्री जन-धन योजना' के तहत दो महीने में ही 5 करोड़ से अधिक लोगों के बैंक खाते खोलने का काम मोदी सरकार ने किया है। सोनिया जी! जब आपकी सरकार थी तो बैंक अधिकारी उद्योगपति के घर जाते थे, उनका खाता खोलने के लिए, लेकिन आज वे गरीब के घर जाते हैं। यह बड़ा परिवर्तन हुआ है।' शाह ने कहा कि हमने वह ज़माना भी देखा है, जब हमारे प्रधानमंत्री अमेरिका की ओर देखते रहते थे। लेकिन मोदी सरकार के अल्पावधि के कार्यकाल में ही व्यापक बदलाव आया है। आज अमेरिका के विदेश मंत्री यहां आकर कहते हैं, 'सबका साथ सबका विकास', अच्छी बात है। यह मोदी सरकार या भाजपा का सम्मान नहीं, बल्कि देश के सवा सौ करोड़ नागरिकों का सम्मान है, हुड्डा सरकार की नीतियों पर उन्होंने कहा कि हुड्डा जी बता रहे थे कि केन्द्र ने बासमती चावल के निर्यात पर बैन लगा दिया है। मैं पूछता हूं, हुड्डा जी वह कागज जनता को दिखा दो, जिसके जरिये केन्द्र ने बैन लगा दिया है। हकीकत तो यह है कि सब राज्यों ने अपने बासमती चावल पर चार प्रतिशत मंडी टैक्स माफ किया है, लेकिन हरियाणा ने यह माफ नहीं किया है, जिसकी वजह से हरियाणा के बासमती चावल को बाहर के लोग नहीं खरीद रहे हैं। शाह ने हरियाणा की जनता से कहा कि आपने कभी भजन लाल, कभी बंसी लाल, कभी ओम प्रकाश चौटाला और कभी हुड्डा को मौका दिया। इन सबने हरियाणा में जात-पात फैलाने के अलावा कुछ नहीं किया। आप एक बार भाजपा को मौका दे दीजिए और फिर देखिए कि हरियाणा के विकास की गाड़ी कितनी तेजी से दौड़ेगी।

सात अक्तूबर को अमित शाह हरियाणा के सिरसा पहुंचे। यहां अमित शाह ने हरियाणा में बुनियादी सुविधाओं के अभाव को उजागर करते हुए, राज्य के मुख्यमंत्री भूपिंदर सिंह हुड्डा के झूठे दावों की पोल खोली। श्री शाह ने उपस्थित लोगों से पूछा कि क्या उनके गांव में 24 घंटे बिजली आती है, क्या उनके यहां बीमार व्यक्ति की मदद के लिए

10 मिनट में एंबुलेंस पहुंचती है। उपस्थित लोगों ने उच्च स्वर में 'नहीं' के साथ इसका जवाब दिया। शाह ने कहा कि पिछले 10 साल से राज्य में कांग्रेस की हुड्डा सरकार है। अगर 10 साल में भी यह सरकार आम लोगों को ये बुनियादी सुविधाएं नहीं दे सकती तो फिर इसके लिए कौन जिम्मेदार है? संयुक्त राष्ट्र महासभा तथा अमेरिका के मेडिसन स्क्वायर गार्डन में प्रधानमंत्री के हिन्दी में भाषण की चर्चा करते हुए शाह ने कहा कि प्रधानमंत्री श्री नरेंद्र मोदी ने राष्ट्रभाषा का मान बढ़ाया है। शाह ने सीमा पर गोलीबारी का ज़िक्र करते हुए कहा कि पहले जो गोलीबारी होती थी और आजकल जो गोलीबारी हो रही है, उसमें बड़ा फर्क है। पहले जब गोलीबारी होती थी तो शुरुआत पाकिस्तान करता था और उसका अंत भी पाकिस्तान ही करता था। आज जो गोलीबारी हो रही है पाकिस्तान उसे शुरू तो करता है, लेकिन उसका अंत भारत की फौज करती है। ईंट का जवाब पत्थर से दिया जाता है।

अमित शाह अपने चुनाव-प्रचार कार्यक्रमों में एक विशेष बात का खयाल रख रहे थे कि जब उनकी जन-सभाएं हरियाणा में हो रही होतीं, तो प्रधानमंत्री के चुनाव-प्रचार कार्यक्रम महाराष्ट्र में निर्धारित होते थे। इसी तरह, जब वह महाराष्ट्र दौरे पर होते, तो नरेन्द्र मोदी हरियाणा दौरे पर होते थे। ऐसा इसलिए कि हरियाणा के साथ-साथ महाराष्ट्र में भी चुनाव होने जा रहे थे।

अमित शाह के मिशन हरियाणा का असर प्रदेश की जनता पर इस कदर छाया कि मतदाता से लेकर पार्टी कार्यकर्ता, सभी मतदान के दिन, यानी 15 अक्तूबर को जोशो-खरोश में दिखे। हरियाणा में नई सरकार चुनने के लिए हुए विधानसभा चुनाव में रिकॉर्ड 76 फीसदी मतदान हुआ। हरियाणा के प्रभारी उप निर्वाचन आयुक्त उमेश सिन्हा ने कहा कि राज्य में हुए चुनाव में रिकॉर्ड 76 फीसदी मतदान हुआ। साल 2009 के चुनावों में 72.37 फीसदी प्रतिशत वोट डाले गए थे। मुख्य निर्वाचन अधिकारी श्रीकांत वलगद ने कहा, 'हरियाणा में 1967 के बाद यह अब तक का सर्वाधिक मतदान का रिकॉर्ड है।' 1967 में हरियाणा में 72.65 फीसदी मतदान हुआ था।

हरियाणा के 21 जिलों में से लगभग 14 में 75 फीसदी या उससे ज्यादा मतदान दर्ज किया गया। इनमें से पांच जिलों में 80 फीसदी

मतदान दर्ज किया गया। राष्ट्रीय राजधानी क्षेत्र (एनसीआर) के फरीदाबाद और गुड़गांव में क्रमश: 62 और 68 फीसदी मतदान दर्ज किया गया। राज्य में 116 महिला उम्मीदवार सहित 1,351 उम्मीदवार अपनी किस्मत आजमा रहे थे।

हरियाणा में पहली बार अकेले चुनाव लड़ रही भारतीय जनता पार्टी (भाजपा) मतदान से खुश है और उसका कहना है कि मतदाता बदलाव चाहते हैं। भाजपा नेता कैप्टन अभिमन्यु ने कहा, 'भाजपा हरियाणा में अपने दम पर नई सरकार बनाने के लिए तैयार है। हम स्पष्ट बहुमत पाएंगे और घोटाले तथा भ्रष्टाचार के शासन का अंत करेंगे।'

लोकतंत्र में भारी मतदान का मतलब होता है– शासन में बदलाव। जनता घर से बाहर निकलकर पोलिंग बूथ तक जाती है, सरकार के विरुद्ध अपना फैसला सुनाने। फैसले की तारीख, यानी 19 अक्तबूर को हुआ ऐसा ही। हरियाणा में भाजपा ने कमाल का प्रदर्शन करते हुए 47 सीटें जीतकर सरकार बनाने के लिए स्पष्ट बहुमत प्राप्त कर लिया। हरियाणा में 90 सीटों के लिए विधानसभा चुनाव हुए। कुछ नतीजे गौर करने लायक है: करनाल में भाजपा के मनोहर लाल खट्टर चुनाव जीते, जो बाद में प्रदेश के मुख्यमंत्री बने। हरियाणा की मुलाना सीट से भाजपा के संतोष चौहान सारवान 5649 सीटों से जीते। पानीपत (ग्रामीण) सीट से भाजपा के महिपाल धंधा विजयी हुए। हरियाणा की हिसार सीट भाजपा के डॉ. कमल गुप्ता 13646 वोटों से विजयी रहे। उन्होंने नवीन जिंदल की माताजी सावित्री जिंदल को हराया। जिंदल तीसरे स्थान पर रहीं। रेवाड़ी सीट से भाजपा के रणधीर कपड़ीवास ने कांग्रेस के अजय यादव को हराया।

मिशन हरियाणा की कामयाबी के बाद संवाददाता सम्मेलन में भाजपा अध्यक्ष अमित शाह ने कहा कि इस विधानसभा चुनाव से पूर्व भाजपा ने हरियाणा में अधिकतम 26 सीटों पर चुनाव लड़ा था और कभी भी उसे 16 से अधिक सीटों पर जीत हासिल नहीं हुई थी। पार्टी प्रमुख ने कहा कि निवर्तमान हरियाणा विधानसभा में उसके केवल चार विधायक थे। उन्होंने कहा, 'इस बार हमने सभी 90 सीटों पर चुनाव लड़ा, जिनमें से 74 पर पहली बार किस्मत आजमाई और बड़ी अच्छी तरह से जीत गए।' उन्होंने कहा कि पिछले विधानसभा चुनाव में भाजपा को हरियाणा

में नौ प्रतिशत वोट मिले थे और इस बार 33 फीसदी लोगों ने पार्टी के पक्ष में मतदान किया है।

30-31 अक्तूबर को मध्य प्रदेश में भाजपा कार्यकर्ताओं का सम्मेलन बुलाया गया था। इस सम्मेलन का उद्घाटन करने के लिए अमित शाह आने वाले थे लेकिन वह चुनावी व्यस्तताओं के कारण नहीं आ पाए। अगले दिन, यानी 31 अक्तूबर को जब वह भोपाल पधारे, तो उन्होंने यह दावा किया कि देश में इस समय भाजपा ही एकमात्र ऐसा राजनैतिक दल है, जिसमें आंतरिक लोकतंत्र है। शाह के मुताबिक देश के ज्यादातर राजनैतिक दल 'घरानेशाही' पर चल रहे हैं। जनता इन दलों को नकार रही है। देश ने अब नरेन्द्र मोदी के नेतृत्व को खुलेमन से स्वीकार किया है। नरेन्द्र मोदी का नेतृत्व देश में आत्मविश्वास पैदा करने का काम कर रहा है। अपने भाषण में शिवराज मंत्रिमंडल के वरिष्ठ सदस्य कैलाश विजयवर्गीय का नाम लेकर उन्होंने न केवल उनके महत्त्व को रेखांकित किया, बल्कि प्रदेश के कृषि विकास के लिए मुख्यमंत्री शिवराज सिंह की पीठ भी थपथपाई। उन्होंने हरियाणा को भाजपा की झोली में डालने के लिए कैलाश विजयवर्गीय को बधाई दी।

मिशन महाराष्ट्र

गौरतलब है कि हरियाणा और महाराष्ट्र के चुनाव एक साथ हुए और नतीजे भी एक साथ ही आए। जहां हरियाणा में भाजपा बहुमत में आई, वहीं महाराष्ट्र में वह सबसे बड़ी राजनीतिक पार्टी बनकर उभरी। अमित शाह का मिशन महाराष्ट्र चार सितंबर को शुरू हुआ, जब उन्होंने महाराष्ट्र चुनाव के लिए एक नया नारा बनाया- 'छत्रपति का आशीर्वाद, चलो चलें मोदी के साथ।' महाराष्ट्र में उन्होंने कार्यकर्ताओं को संबोधित करते हुए कहा कि महाराष्ट्र ने कई चरित्रवान नेता और प्रशासक बनाए हैं, लेकिन पिछले 15 सालों से जिस तरह से सरकार चल रही है, उससे महाराष्ट्र का नाम धूमिल हो रहा है। अमित शाह ने कहा, 'मैं गणपति बप्पा का आशीर्वाद मांगकर आया हूं, राज्य में एक बार फिर भाजपा की सरकार बनेगी।' दरअसल, इस तरह अमित शाह ने महाराष्ट्रवासियों की आस्था से भाजपा को जोड़ने का काम किया। इससे पहले देवेंद्र फडणविस ने महाराष्ट्र चुनाव का श्रीगणेश किया है। भाजपा अध्यक्ष ने राज्य सरकार

पर आरोपों की झड़ी लगाते हुए कहा कि कांग्रेस की सरकार 11 लाख 88 हजार करोड़ रुपये खा गई। उन्होंने कहा, 'इतने पैसे में तो महाराष्ट्र की सड़कें और बिजली का पूरा काम हो सकता था।' उन्होंने महाराष्ट्र सरकार पर आरोप लगाया कि शहीदों की विधवाओं को जो आशियाना देने के लिए जमीन दी गई थी, उस पर भी इन लोगों ने कब्जा कर लिया। उनका इशारा 'आदर्श' घोटाले की तरफ था। अमित शाह ने कहा कि मोदी ने कांग्रेस मुक्त भारत का नारा दिया है और जब तक महाराष्ट्र में कांग्रेस की सरकार है, तब तक कांग्रेस मुक्त भारत का सपना पूरा नहीं हो सकता। भाजपा अध्यक्ष ने यह भी कहा कि आजादी के बाद जिस विकास का हमने सपना देखा था, अब उसका वक्त आ गया है। उन्होंने कहा, 'बहुत सालों के बाद एक ऐसा प्रधानमंत्री मिला है, जो जनता से सीधा संवाद करता है, सचिवों के लिखे भाषण नहीं पढ़ता है।' उन्होंने कहा कि भाजपा कार्यकर्ताओं में कांग्रेस के घोटालों के प्रति गुस्सा दिखना चाहिए। यहां अमित शाह ने एनसीपी के गढ़ में सेंध लगाने का भी काम किया। दरअसल, उनकी मौजूदगी में एनसीपी नेता और पूर्व ग्रामीण विकास राज्य मंत्री सूर्यकांत पाटिल, पूर्व महाराष्ट्र एनसीपी अध्यक्ष बाबाराव पाचपुटे, पूर्व सांसद भास्कर राव पाटिल, भाजपा में शामिल हो गए।

गौरतलब है कि पार्टी अध्यक्ष बनने के बाद अमित शाह की यह पहली मुंबई यात्रा थी। इसलिए सहयोगी पार्टी शिवसेना से मुलाकात स्वाभाविक थी। लेकिन इस मौके को राजनीतिक रंग देकर देखा गया और मीडिया में कहा गया कि अमित शाह सीटों के बंटवारे और भाजपा-शिवसेना गठबंधन की संभावनाओं को तलाशने के मुद्दे के साथ शिवसेना अध्यक्ष उद्धव ठाकरे से मिले थे। बहरहाल, हकीकत जो भी हो, चार सितंबर की रात ही अमित शाह 'मातोश्री' जाकर शिवसेना प्रमुख उद्धव ठाकरे से मिले। इस मौके पर उनके साथ महाराष्ट्र भाजपा के अध्यक्ष देवेंद्र फडणविस भी मौजूद थे। वहीं दूसरी तरफ शिवसेना के नेता आदित्य ठाकरे भी इस मुलाकात में मौजूद रहे। ऐसी भी अटकलें लगाई जा रही थीं कि अमित शाह भाजपा के कार्यक्रम में तो जाएंगे, लेकिन वह शिवसेना अध्यक्ष उद्धव ठाकरे से मुलाकात नहीं करेंगे। लेकिन अमित शाह ने 'मातोश्री' जाकर इन सभी अटकलों को नकार दिया। इस मुलाकात से पहले ही यह मीडिया में यह खबर आ चुकी थी

कि विधानसभा चुनावों को लेकर भाजपा-शिवसेना गठबंधन में सीटों को लेकर काफी खींचतान चल रही है।

18 सितंबर को यह खबर आई कि भाजपा आलाकमान ने महाराष्ट्र विधानसभा चुनाव में सीट बंटवारे के लिए सहयोगी शिवसेना को 12 घंटे का अल्टीमेटम दिया है। पार्टी ने स्पष्ट किया है कि अगर वह 12 घंटे के अंदर सीट बंटवारे पर फैसला नहीं लेती है, तो भाजपा उससे अलग होकर अकेले राज्य में चुनाव लड़ेगी। भाजपा ने शिवसेना को 288 सदस्यीय राज्य विधानसभा में 135-135 सीटों पर लड़ने का प्रस्ताव दिया है। यानी दोनों दल बराबर सीटों पर चुनाव लड़ें व अपने छोटे सहयोगियों को शेष 18 सीटें चुनाव लड़ने के लिए दें। महाराष्ट्र में भाजपा-शिवसेना के महागठबंधन में चार और छोटी पार्टियां शामिल थीं। लेकिन शिवसेना राज्य में 150 सीटों पर लड़ने की जिद पर अड़ी हुई थी। इसके पीछे उसका लक्ष्य मुख्यमंत्री पद पर कब्जा करना था। पूर्व में विधानसभा चुनाव में शिवसेना अधिक सीटों पर लड़ती रही और भाजपा को वह राज्य में अपनी बी टीम की हैसियत देती रही। इस बार 2014 के विधानसभा चुनाव में भाजपा राज्य में गंठबंधन का नेतृत्व करना चाहती थी। भाजपा अध्यक्ष अमित शाह ने अपने सहयोगियों को जल्द से गठबंधन का पेंच सुलझाने को कहा था, हालांकि उन्होंने यह भी कहा कि पार्टी के आत्मसम्मान के बिना पर कोई समझौता नहीं होगा।

सितंबर के तीसरे हफ्ते में जाकर यह साफ होने लगा कि महाराष्ट्र में भारतीय जनता पार्टी (भाजपा) और शिवसेना के बीच सीटों के बंटवारे और मुख्यमंत्री की उम्मीदवारी को लेकर जारी गतिरोध के मद्देनजर 25 साल पुराना गठबंधन टूटने के कगार पर पहुंच चुका है। दरअसल, 22 सितंबर को राज्य विधानसभा चुनाव में भाजपा ने मैदान में अकेले ही उतरने का संकेत दिया। हालांकि, भाजपा अध्यक्ष अमित शाह ने जहां पार्टी कार्यकर्ताओं को गठबंधन जारी रखने के संकेत दिए हैं, वहीं पार्टी के प्रवक्ता राजीव प्रताप रूड़ी ने कहा है कि वर्षों पुराने गठबंधन को वह तोड़ना नहीं चाहते, लेकिन अगर शिवसेना मामले को नहीं सुलझाती है, तो पार्टी राज्य में अकेले ही चुनाव लड़ेगी। इससे यह स्थिति जाहिर हो जाती है कि भाजपा ने 'एकला चलो रे' के सिद्धांत पर

जाने से पहले शिवसेना को मनाने की हरसंभव कोशिश की थी और खुद अमित शाह की तरफ से भी यह पहल हुई।

अमित शाह ने ट्वीट किया, 'मैं पार्टी के सभी कार्यकर्ताओं से अपील करता हूं कि वे महाराष्ट्र चुनाव में खुद को समर्पित करें।' शाह का यह ट्वीट ऐसे समय में आया, जब भाजपा और शिवसेना दोनों ही पार्टियां सीटों के बंटवारे और मुख्यमंत्री की उम्मीदवारी के अपने-अपने रुख पर कायम थे। वहीं, राज्य के वरिष्ठ नेताओं ने केन्द्रीय नेतृत्व से गठबंधन को टूटने से बचाने के लिए एक आखिरी प्रयास करने का आग्रह किया। इस बीच नई दिल्ली के भाजपा सूत्रों से मीडिया को यह खबर मिली कि गठबंधन बचाने के लिए अमित शाह ने उद्धव ठाकरे को नया प्रस्ताव पेश किया है लेकिन उधर शिवसेना के प्रवक्ता संजय राउत इस बात को लगातार दोहरा रहे थे कि राज्य में अगला मुख्यमंत्री उनकी पार्टी से ही होगा। 288 सीटों वाले राज्य विधानसभा में शिवसेना ने खुद के लिए 151 सीटें, जबकि भाजपा को 119 और गठबंधन के बाकी दलों के लिए 18 सीटों का फार्मूला रखा था।

अंततः 25 सितंबर को महाराष्ट्र विधानसभा चुनाव के लिए सीटों के बंटवारे को लेकर पिछले कई दिनों से बने गतिरोध के बाद भाजपा और शिवसेना का 25 साल पुराना गठबंधन टूट गया। महाराष्ट्र भाजपा के अध्यक्ष देवेंद्र फडणवीस ने मुंबई में इस बात की घोषणा करते हुए कहा, 'हमने शिवसेना को अपने निर्णय की जानकारी दे दी है।' फडणवीस ने इस निर्णय के लिए सीटों के बंटवारे के मामले में शिवसेना के अड़ियल रवैये को जिम्मेदार ठहराया। उन्होंने कहा, 'महायुति (महाराष्ट्र में गठबंधन) शिवसेना के बिना चुनाव लड़ेगी और हम चुनाव प्रचार के दौरान शिवसेना की आलोचना नहीं करेंगे। हम मित्र बने रहेंगे।' फडणवीस के, जो आगे चलकर महाराष्ट्र के मुख्यमंत्री बने, बयान से यह जाहिर हो जाता है कि अमित शाह की अध्यक्षता में भाजपा गठबंधन तोड़ना नहीं चाहती थी। यहां तक कि उनकी कोशिशों के कारण ही गठबंधन को टूट से बचाने के अंतिम प्रयास के तौर पर दोनों दलों के नेताओं की एक बैठक भी हुई, लेकिन शिवसेना के अड़ियल रुख के चलते भाजपा के वार्त्ताकार फडणवीस और विधान परिषद में विपक्ष के नेता विनोद तावडे बैठक के बीच से उठकर बाहर आ गए। हालांकि, शिवसेना के नेताओं

ने भाजपा पर आरोप लगाया कि वह 'संबंध तोड़ने की जल्दी में हैं।' वैसे, समय कितना कम रह गया था, इसका अंदाजा इससे लगता है कि गठबंधन तब टूटा, जब नामांकन पत्र भरने की अंतिम तारीख में दो दिन ही बचे थे। फडणवीस और तावडे ने कहा कि शिवसेना ने जो प्रस्ताव रखा है, वह गठबंधन के अनुरूप नहीं था। फडनवीस ने बैठक से बाहर आकर संवाददाताओं से कहा, 'शिवसेना की ओर से हमें कई प्रस्ताव मिले, लेकिन उनमें से कोई भी भाजपा या अन्य सहयोगी दलों को समाहित करने वाला नहीं था।' भाजपा के महासचिव और महाराष्ट्र के प्रभारी राजीव प्रताप रूड़ी ने गठबंधन टूटने को दुर्भाग्यपूर्ण करार देते हुए कहा कि समय की बाधाओं और शिवसेना के अड़ियल रवैये के कारण पार्टी को चुनाव में अकेले जाने का फैसला करने को विवश होना पड़ा। उन्होंने कहा, 'यह बहुत दुर्भाग्यपूर्ण है कि हमें 25 वर्षों के सफर के बाद अलग होना पड़ा। हमने पिछले 25 वर्षों में शिवसेना के साथ बहुत उतार-चढ़ाव देखे तथा हमने इनका बहादुरी के साथ सामना किया।' रूड़ी ने कहा कि अगर नामांकन के लिए और अधिक समय बचा रहता तो मित्रतापूर्ण समाधान के लिए बातचीत आगे चलती, लेकिन समय संबंधी बाधाओं और शिवसेना के अड़ियल रवैये से, अलग होने के लिए विवश होना पड़ा। उन्होंने कहा, 'न चाहते हुए भी हमें अलग होना पड़ा, क्योंकि समय संबंधी बाधा थी। सभी 288 सीटों के लिए नामांकन 27 सितंबर की समय सीमा तक करना है, जिसे चुनाव आयोग ने तय किया है।' रूड़ी ने कहा, 'हम इसको लेकर प्रतिबद्ध हैं कि अगर हम अलग हो रहे हैं तो अपने पुराने साथी के साथ हमारी कोई कड़वाहट नहीं होगी तथा इस चुनाव का मुख्य आधार यही होगा कि प्रदेश को उस राकांपा-कांग्रेस शासन से मुक्ति दिलाई जाए, जिसने वर्षों तक कुशासन और भ्रष्टाचार किया है।' राजीव प्रताप रूड़ी का यह वक्तव्य बताता है कि भाजपा का शीर्ष नेतृत्व शिवसेना से गठबंधन तोड़ने को इच्छुक नहीं था और इसी कारण भाजपा ने चुनाव के दौरान और उसके बाद शिवसेना के प्रति नरम रुख बनाए रखा, जिसके कारण नतीजे आने के बाद शिवसेना से फिर गठबंधन हो पाया।

गठबंधन टूटने के अगले ही दिन 26 सितंबर को भाजपा ने उम्मीदवारों की पहली सूची जारी कर दी और आखिरी दिन, यानी 27

सितंबर को अपने उम्मीदवारों की दूसरी और तीसरी सूची भी जारी की। पार्टी ने सभी सीटों पर अपने उम्मीदवार उतारे।

अब अमित शाह के सामने सबसे बड़ी चुनौती थी–महाराष्ट्र विधानसभा चुनाव में मोदी लहर को बनाए रखना। यह काम इतना आसान नहीं था, क्योंकि भाजपा वहां अरसे से महागठबंधन में बी टीम रही और गठबंधन चुनाव से ऐन पहले टूट गया। ऐसे में, अमित शाह ने इस चुनौती को संजीदगी से स्वीकारते हुए पार्टी के स्टार प्रचारक, यानी स्वयं प्रधानमंत्री नरेन्द्र मोदी को प्रचार–अभियान क्षेत्र में उतार दिया। निःसंदेह, यह काम अमित शाह ने नरेन्द्र मोदी के परामर्श से ही किया होगा, लेकिन अगर हालात कठिन हों, तो नरेन्द्र मोदी और अमित शाह की जुगलबंदी क्या रंग ला सकती है, महाराष्ट्र विधानसभा चुनाव इसकी नजीर बना। गौरतलब है कि उस समय हरियाणा में भी चुनाव होने वाले थे और नरेन्द्र मोदी और अमित शाह के भाषणों के स्थलों को गौर करें, तो ऐसा लगता है कि जहां अमित शाह हरियाणा में एक के बाद एक रैलियां कर रहे थे, वहीं नरेन्द्र मोदी महाराष्ट्र में धुआंधार प्रचार कर रहे थे।

चार अक्तूबर को नरेन्द्र मोदी ने मुंबई में एक विशाल रैली की, जहां उन्होंने लोगों को याद दिलाया कि भाजपा का जन्म मुंबई में हुआ था। उन्होंने सरकार के कामकाज की उपलब्धियों को जनता के सामने रखा, जिसकी काफी सराहना हुई। इसके बाद, 5 अक्तूबर को सांगली, कोल्हापुर, 7 अक्तूबर को जलगांव, नासिक, नागपुर, सिंधखेड़ा, 9 अक्तूबर को राहुरी, 12 अक्तूबर को तुल्जापुर, पंधारपुर, ठाणे, बोरीवली और 13 अक्तूबर को पालगड़, रत्नागिरी और कनकावली में नरेन्द्र मोदी ने विशाल जनसभाओं को संबोधित किया। इस दरम्यान भाजपा अध्यक्ष अमित शाह 6 अक्तूबर को पुणे के लोनावाला इलाके में पहुंचे। उन्होंने वहां एक जनसभा को संबोधित करते हुए कहा, 'यह श्री छत्रपति की धरती है। इस धरती पर अनेक बार शिवाजी महाराज ने विचरण किया है। यही धरती है, जिसने शिवाजी महाराज को ताकत दी। यही धरती है, जिसने शिवाजी महाराज को स्वराज के लिए प्रेरित किया और बड़े–बड़े युद्ध में विजय दिलाने के लिए यहां के ही रणबांकुरे शहीद हुए, सबसे पहले मैं इस धरती को मैं नमन करता हूं, प्रणाम करता हूं। यह महाराष्ट्र बाबा साहेब अंबेडकर की भूमि है, तीरथ महाराज की भूमि है, समर्थ

रामदास की भूमि है, ज्योतिबा फुले की भूमि है। इस महाराष्ट्र से अनेक-अनेक संत देशभर में भक्तिमार्ग को प्रशस्त करने में जीवन खपाए। यही महाराष्ट्र है, जब देश में घनघोर अंधेरा छाया था, तब यहां से लेकर अफगानिस्तान तक स्वराज का विचार गया। यही पावन धरती है, इसे बार-बार नमन करता हूं।'

भाजपा अध्यक्ष ने यहां यह भी कहा, 'अक्टूबर में महाराष्ट्र की जनता को तय करना है कि आने वाले पांच साल तक महाराष्ट्र में किसकी सरकार रहेगी। किस पार्टी की सरकार रहेगी। किस व्यक्ति की रहेगी। किस गठबंधन की सरकार रहेगी। मगर मैं महाराष्ट्र के चुनाव की बात करने से पहले सबसे पहले मैं महाराष्ट्र की जनता का हृदय से धन्यवाद करने आया हूं, क्योंकि गत लोकसभा चुनाव में महाराष्ट्र की 48 में से 42 सीटें भाजपा की युति को देकर महाराष्ट्र ने भाजपा पर और प्रधानमंत्री नरेंद्र मोदी पर भरोसा किया। महाराष्ट्र की जनता के आशीर्वाद के कारण ही आज देश में भारतीय जनता पार्टी की पूर्ण बहुमत की सरकार बनी है और नरेंद्र भाई पूर्ण बहुमत की सरकार लेकर और साथ में एनडीए के साथियों को लेकर देश के विकास के कामों में लगे हैं।' अमित शाह ने कांग्रेस और एनसीपी पर निशाना साधा- 'करीब-करीब चार महीने हुए हैं, चार महीने में हमारे विपक्ष के साथी पूछने लगे हैं- भाई चार महीने में क्या हुआ, काम क्या हुआ? मित्रो! वो लोग हिसाब मांग रहे हैं, जो साठ साल से सत्ता कब्जाए हुए थे, हमारे तीन महीने का हिसाब मांग रहे हैं। मगर हमें हिसाब देने में संकोच नहीं है। कांग्रेस के साथी, राष्ट्रवादी (एनसीपी) के साथ अगर पूछना चाहते हैं तो मैं भी बताना चाहता हूं कि चार महीने में क्या-क्या हुआ। जब दुबारा आएंगे 2019 में, तब पूरा हिसाब जनता के सामने रखेंगे। मगर जब आप पूछ ही रहे हो और चुनाव के मैदान में पूछ रहे हो तो मेरा फर्ज बनता है, उसका जवाब देना। सबसे पहला काम इन चार महीने में यह हुआ है, कि देश को ऐसा प्रधानमंत्री मिला है, जो बोल सके। दस साल से तो प्रधानमंत्री की आवाज ही सुनाई नहीं दी। हमने एक बोलता हुआ प्रधानमंत्री देने का काम किया है। जो कांग्रेस नहीं कर पाई।'

कांग्रेस-एनसीपी गठजोड़, जो चुनाव से पहले टूट गया, को आड़े हाथ लेने के बाद अमित शाह ने इस तथ्य को भी महाराष्ट्रवासियों के सामने

रखा कि महाराष्ट्र एक जमाने में पूरे देश का नेतृत्व करता था। देश में सबसे अधिक निवेश महाराष्ट्र में आता था। सबसे ज्यादा सिंचाई महाराष्ट्र में थी, देश में सबसे ज्यादा किसानों की आय महाराष्ट्र में थी, देश में सबसे अच्छी कोऑपरेटिव मूवमेंट महाराष्ट्र में थी। देश में चीनी के कारखाने सबसे ज्यादा महाराष्ट्र में थे लेकिन इन 15 वर्षों में आपने महाराष्ट्र का क्या हाल कर दिया। शूगर कारखाने बंद पड़े हैं, कोऑपरेटिव बैंक बंद पड़े हैं, इरीगेशन के अंदर घोटाले कर रख दिए, किसान आत्महत्या करने को मजबूर हैं। महाराष्ट्र विकास में काफी पिछड़ गया। बेरोजगारी की कोई चिंता नहीं है।' अमित शाह ने कहा कि महाराष्ट्र राकांपा और कांग्रेस के लोगों से वह पूछना चाहते हैं कि हर साल 3,700 किसान आत्महत्या करते हैं। आप बताइये किसकी-किसकी जिम्मेदारी है, राकांपा और कांग्रेस की जिम्मेदारी है कि नहीं? एनसीपी और कांग्रेस ने 100 से अधिक घोटाले किए और पैसा कांग्रेसी तथा एनसीपी के नेता खा गए, उन्हें डकार भी नहीं आई। इन पार्टियों ने 11 लाख 88 हजार करोड़ रुपये का गबन किया। महाराष्ट्र का सालाना बजट दो लाख करोड़ का है। इस तरह 11 लाख 88 हजार करोड़ रुपये की धनराशि में से महाराष्ट्र में सड़कें, शिक्षा, स्वास्थ्य सब होता। उन्होंने लोगों से कहा कि इस बार जब आप से कांग्रेस और राकांपा के नेता मत मांगने आएं तो उनसे पूछिए कि पांच बार मुख्यमंत्री क्यों बदलने पड़े, उपमुख्यमंत्री क्यों बदलने पड़े। जवाब अपने आप मिल जाएगा। उन्होंने कहा कि राकांपा और कांग्रेस का घमंड इतना चढ़ गया है। यहां पर पानी की मांग को लेकर किसान आंदोलन कर रहे थे। राकांपा और कांग्रेस के इशारे पर पुलिस ने किसानों पर गोलीबारी की थी। हमारे किसान भाइयों की हत्या हुई थी। मुझे मालूम है जांच ठीक से नहीं हुई। आप लोग तैयार रहिये, इस बार भाजपा युति की सरकार आने वाली है। जैसे ही भाजपा की सरकार आएगी, इसकी जांच फिर से होगी। कोई भी दोषी होगा, उसको सजा दिलाने का काम हम करेंगे। भाजपा अध्यक्ष ने यह भी कहा कि शरद पवार अब कह रहे हैं कि शिवाजी महाराज का सम्मान करना है। मैं आपसे पूछना चाहता हूं कि 15 साल से आपकी सरकार है। 2008 से शिवाजी स्मारक बनाने की बात कही थी। याद है या भूल गए हैं। याद है 2008 में इन्होंने यह बात कही थी। आज तक एक पत्थर तक नहीं रखा शिवाजी महाराज का स्मारक बनाने के लिए। आपको शिवाजी महाराज का नाम लेने

का कोई अधिकार नहीं है। 2008 से आज तक राकांपा और कांग्रेस ने न बजट में एक पैसा दिया और न एक पैसा खर्च किया और न पत्थर रखा। उन्होंने कहा कि महाराष्ट्र की जनता एक बार राष्ट्रवादी कांग्रेस पार्टी और कांग्रेस के सामने डिमांड करे कि आपके नेताओं की सिर्फ संपत्ति घोषित कर दीजिए और कुछ करने की जरूरत नहीं है। जनता अपने आप समझ जाएगी कि विकास का पैसा कहां गया है।

इसके अगले दिन अमित शाह ने महाराष्ट्र के पुणे जिले के हदपासार में एक विशाल चुनावी जनसभा संबोधित की। इस अवसर पर उन्होंने लोगों से आगामी चुनाव में ऐसी सरकार चुनने की अपील की, जो महाराष्ट्र के गौरव को पुनः स्थापित करे, राज्य का सर्वांगीण विकास करे और महाराष्ट्र को देश का नंबर वन राज्य बनाए। उन्होंने कहा कि प्रधानमंत्री नरेंद्र मोदी महाराष्ट्र के विकास के लिए कटिबद्ध हैं। देश का विकास तभी हो सकता है जब महाराष्ट्र का विकास हो। यहां पर ऐसी सरकार चाहिए, जो केन्द्र सरकार का साथ दे।

महाराष्ट्र का महासंग्राम 15 अक्तूबर को खत्म हुआ और 19 अक्तूबर को इस महासंग्राम के नतीजे भी आ गए। बेशक, इस चुनावी जंग में भी सबसे चमकदार चेहरा बनकर उभरे प्रधानमंत्री नरेन्द्र मोदी, लेकिन महाराष्ट्र और हरियाणा के विधानसभा चुनाव में मोदी की इस चमक के पीछे से एक परछाईं लगातार झांकती रही, जिसका नाम अमित शाह है। मिशन महाराष्ट्र पर निकले अमित शाह ने चुनावी बिसात पर ऐसी चालें चलीं कि विरोधी दल चारों खाने चित्त हो गए।

महाराष्ट्र के लोकसभा चुनाव में भाजपा-शिवसेना गठबंधन ने 48 में से 42 सीटें जीती थीं। लोकसभा चुनाव में शिवसेना-भाजपा गठबंधन के इस शानदार प्रदर्शन से यह बात साफ हो गई थी कि महाराष्ट्र विधानसभा के चुनाव में भी यह गठबंधन आराम से जीतकर राज्य की सत्ता में आ जाएगा, लेकिन सीटों के बंटवारे को लेकर जब भाजपा-शिवसेना का 25 साल पुराना यह गठबंधन टूट गया, ऐसे हालात में भाजपा के लिए महाराष्ट्र में जीती हुई बाजी एक मुश्किल मुकाबले में फंस गई थी। महाराष्ट्र में जब भाजपा के तमाम नेता इस फैसले से हैरान हो रहे थे कि महाराष्ट्र जैसे राज्य में शिवसेना से गठबंधन टूटने का नुकसान उठाना पड़ सकता है, तब अमित शाह अपने मजबूत होमवर्क और रणनीति के दम पर पूरे विश्वास में थे।

अमित शाह की टीम तैयार हो चुकी थी, लेकिन 288 विधानसभा सीटों वाले महाराष्ट्र में भाजपा ने 160 सीटों पर कभी चुनाव नहीं लड़ा था। हैरानी की बात यह थी कि इन 160 सीटों पर भाजपा का तालुका स्तर पर भी कोई नुमाइंदा नहीं था। लेकिन 'इकोनॉमिक टाइम्स' में छपी खबर के मुताबिक इस बात को लेकर जब महाराष्ट्र के भाजपा नेता परेशान हो रहे थे, तब अमित शाह के पास पूरी लिस्ट तैयार थी। वरिष्ठ पत्रकार अनुराग तिवारी के अनुसार, इस बार भाजपा में 54 उम्मीदवार हैं, जो बाहर से लिए गए। वो जीतने लायक थे, इसका आकलन करके पार्टी ने अचानक उनको टिकट दे दिया। यह बिलकुल साफ रहा कि यह एक बहुत बड़ी रणनीतिक जीत थी, जो उन्होंने हासिल की।

महाराष्ट्र की चुनावी चुनौती से निपटने के लिए अमित शाह ने अपनी चाल बेहद चतुराई से चली। दरअसल, भाजपा के सामने शिवसेना के गढ़ से सीटें जीतने की भी असल चुनौती खड़ी थी। एक तरफ एनसीपी और कांग्रेस तो दूसरी तरफ अमित शाह को शिवसेना से भी लोहा लेना था। ऐसे में, महाराष्ट्र में चुनाव की चुनौती से निपटने के लिए अमित शाह ने अपनी एक खास टीम भी बनाई। उनकी इस टीम में करीब नौ लोग शामिल थे। शाह की टीम महाराष्ट्र के अलग-अलग जिलों का दौरा करने से लेकर प्रधानमंत्री नरेन्द्र मोदी के प्रचार का जिम्मा संभालने तक और टीवी-अखबार में पार्टी का विज्ञापन देने से लेकर इलाकों की समस्याओं की लिस्ट तैयार करने तक, हर काम में रात-दिन जुटे रहे। अलग अलग लोगों को अलग-अलग तरह की जिम्मेदारियां दी गई थीं। उन्होंने अपनी रणनीति को अंजाम देने के लिए जो कुछ खास चेहरे चुने, उनमें सबसे पहला नाम उत्तर प्रदेश के संगठन मंत्री अनिल बंसल का था। चुनाव के दौरान कौन कहां क्या काम करेगा, अनिल बंसल को इसकी जिम्मेदारी सौंपी गई थी। इस बीच अमित शाह ने पार्टी के सह-संगठन मंत्री वी. सतीश से बात करके महाराष्ट्र के 55 संगठन जिलों का प्रभारी तय करने की योजना भी बना ली थी। संगठन की दृष्टि से महाराष्ट्र को सात विभागों में बांटा गया और हर विभाग अमित शाह ने खुद राष्ट्रीय स्तर के नेता के हवाले किया। इस तरह उन्होंने महाराष्ट्र विधानसभा चुनाव की रणनीति भी लोकसभा चुनाव की तर्ज पर ही रच दी।

अमित शाह ने महाराष्ट्र की 288 विधानसभा सीटों को एबीसीडी के रूप में चार कैटेगरी में बांटा और सी और डी कैटेगरी की सीटों पर ज्यादा ध्यान देने के लिए रोज रिपोर्ट लेना शुरू कर दिया। हर सीट की रिपोर्टिंग चार अलग-अलग जगहों से आती थी। जिला संगठन, विधानसभा चुनाव प्रभारी, प्राइवेट सर्वे एजेंसी और आरएसएस रिपोर्ट के आधार पर। अमित शाह और अनिल बंसल, रणनीति बदलने की जरूरत होने पर, रणनीति बदल दिया करते थे। यही नहीं, अनंत कुमार को मुंबई और ठाणे की सीटों पर नजर रखने को कहा गया, राधामोहन सिंह को नवी मुंबई में बिहार मूल के लोगों के बीच तैनात किया गया, जबकि स्मृति ईरानी को पूरे महाराष्ट्र में रैलियों का जिम्मा सौंपा गया। अंग्रेजी अखबार 'इकोनॉमिक टाइम्स' के मुताबिक जुलाई महीने में ही राज्य में भाजपा प्रवक्ता माधव भंडारी और वी. सतीश को पूरे महाराष्ट्र के दौरे पर भेज दिया गया था। उन्हें एक-एक इलाके के स्थानीय मुद्दों और संभावित उम्मीदवारों की सूची तैयार करने का भी निर्देश दिया गया था।

बहरहाल, भाजपा को 288 विधानसभा सीटों में से 122 सीटें हासिल हुई। बहुमत के लिए पार्टी को 145 सीटों की जरूरत थी। वह महाराष्ट्र विधानसभा की सबसे बड़ी पार्टी बन चुकी थी। वह पार्टी, जो पिछले चुनावों में 47 सीटें जीती थी, उसके लिए यह उपलब्धि यकीनन बड़ी थी। लेकिन अब अमित शाह के सामने चुनौती थी एक मजबूत गठबंधन के जरिये प्रदेश में पार्टी की सरकार बनाना, क्योंकि पार्टी बहुमत से कुछ सीटें पीछे रह गई थी। उसे सरकार बनाने के लिए 23 सीटों की जरूरत थी। वैसे, यह चुनौती अपेक्षाकृत बड़ी नहीं थी, क्योंकि जब भाजपा ने सरकार बनाने का दावा किया, तो राष्ट्रवादी कांग्रेस पार्टी (एनसीपी) ने कहा कि वह महाराष्ट्र में भाजपा को सरकार बनाने के लिए बाहर से समर्थन देने के लिए तैयार है। एनसीपी नेता प्रफुल्ल पटेल ने संवाददाताओं से कहा, 'केन्द्र में भी भाजपा की सरकार है, ऐसे में यहां भी एक स्थायी सरकार के लिए एनसीपी भाजपा को बाहर से समर्थन देने के लिए तैयार है।' लेकिन अमित शाह शायद यह तय कर चुके थे कि सत्ता के नाम पर किसी से भी गठबंधन कर लेने से अच्छा है कि अपने स्वाभाविक सहयोगी के साथ सरकार बनाई जाए। इसलिए भाजपा ने अल्पमत सरकार चलाने का फैसला किया और पांच दिसंबर

को महाराष्ट्र विधानसभा में मुख्य विपक्षी दल की हैसियत से बैठी शिवसेना पार्टी महाराष्ट्र सरकार में शामिल हो गई। मुख्यमंत्री देवेंद्र फडणवीस के अनुसार, दोनों दलों ने जनादेश का सम्मान करते हुए साथ मिलकर सरकार चलाने का निर्णय किया है।

अफवाह के खिलाफ

अमित शाह को करीब से जानने वाले यह जानते हैं कि वह अफवाहों पर यकीन नहीं करते, बल्कि उसके खिलाफ पुरजोर तरीके से खड़े होते हैं। बतौर भाजपा अध्यक्ष उन्हें ऐसी ही एक स्थिति से बहुत जल्द सामना करना पड़ा। हुआ यूं कि मीडिया को कहीं से यह खबर आई कि प्रधानमंत्री नरेन्द्र मोदी ने उत्तर प्रदेश भाजपा के महासचिव पंकज सिंह को, जो गृहमंत्री राजनाथ सिंह के बेटे भी हैं, रिश्वतखोरी के मामले में फटकार लगाई। जैसे ही राजनीतिक गलियारों में यह अफवाह गरम होने लगी, वैसे ही राजनाथ सिंह इस खबर के खंडन में खुलकर आए और उन्होंने कहा कि उन्हें और उनके बेटे को बदनाम करने की साजिश हो रही है। राजनाथ सिंह और उनके बेटे के पक्ष में भाजपा अध्यक्ष अमित शाह खुद आए और उन्होंने 27 अगस्त, 2014 को एक प्रेस वक्तव्य जारी किया, जो इस प्रकार है–

'विगत कुछ दिनों से सरकार के कुछ मंत्रियों की गतिविधियों को लेकर कई प्रकार की अनर्गल अफवाह काल्पनिक आधार पर प्रचारित की जा रही थीं। पार्टी के निवर्तमान राष्ट्रीय अध्यक्ष एवं केन्द्रीय गृह मंत्री श्री राजनाथ सिंह के पुत्र के संदर्भ में भी अनर्गल और आधारहीन चर्चाएं उतरोत्तर प्रचारित की जा रही थी।

पार्टी के राष्ट्रीय अध्यक्ष के रूप में मेरा यह मत है कि हमारे सभी मंत्रियों का आचरण उच्च कोटि का और उनकी सत्यनिष्ठा असंदिग्ध है। उनके बारे में ऐसे सभी प्रचार निराधार और भ्रामक हैं।

जहां तक श्री राजनाथ सिंह का प्रश्न है, वे हमारी पार्टी के वरिष्ठतम नेताओं में से एक हैं। वह तीन बार केन्द्रीय मंत्री और तीन बार पार्टी के राष्ट्रीय अध्यक्ष के साथ-साथ उत्तर प्रदेश के मुख्यमंत्री का दायित्व उच्चतम प्रामाणिकता के साथ वहन कर चुके हैं। हाल ही में सम्पन्न लोकसभा चुनावों में पार्टी के अध्यक्ष के रूप में मोदी जी के साथ

कंधे-से-कंधा मिलाकर उन्होंने पार्टी का कुशलतापूर्वक संचालन किया और इस ऐतिहासिक विजय में महत्त्वपूर्ण भूमिका निभाई। श्री राजनाथ सिंह के पुत्र पंकज सिंह, जो कि वर्तमान में उत्तर प्रदेश भाजपा के महासचिव हैं, विगत 10 वर्षों से उत्तर प्रदेश भाजपा में एक निष्ठावान कार्यकर्ता के रूप में भिन्न-भिन्न दायित्वों का निर्वहन कर चुके हैं। श्री राजनाथ सिंह का राजनैतिक जीवन शालीनता, सौम्यता और शुचिता का प्रतीक है। अतः उनके संदर्भ में प्रचारित किए गए आरोप आधारहीन, तथ्यहीन और पार्टी की छवि को धूमिल करने की दुर्भावना से प्रेरित हैं। मैं इसकी घोर निन्दा करता हूं और व्यक्तिगत रूप से भी इस घटना से आहत महसूस करता हूं, परन्तु इस प्रकार के प्रयास मोदी जी के नेतृत्व में भारतीय जनता पार्टी की सरकार के विकास के एजेंडे को जनता की नजरों से नजरअंदाज कराने में सफल नहीं हो सकेंगे।

इस संदर्भ में माननीय प्रधानमंत्री के कार्यालय एवं स्वयं माननीय गृह मंत्री के द्वारा स्थिति स्पष्ट की जा चुकी है। मीडिया के एक वर्ग में हमारी सरकार के कुछ मंत्रियों के बारे में इस तरह की अनर्गल और बेबुनियाद चर्चाएं विगत कुछ समय से प्रचारित की जा रही हैं। मैं मीडिया के मित्रों से भी यह अनुरोध करना चाहूंगा कि वे इस प्रकार के भ्रामक दुष्प्रचार से प्रभावित न हों और तथ्यात्मक विवेचना के उपरांत ही अपनी अभिव्यक्ति करें।'

अकसर सियासत में ऐसी अफवाहों और ऐसे व्यक्तिगत आरोपों को खत्म नहीं किया जाता, बल्कि बने रहने दिया जाता है या वक्त-बेवक्त हवा देने का काम किया जाता है लेकिन अमित शाह ने इस अफवाह को उड़ाने वालों का जिस पुरजोर तरीके से सामना किया और जिस तरह वह पंकज सिंह के बचाव में आए, वह मिसाल देने योग्य है।

मिशन झारखंड

अब अमित शाह भाजपा का परचम झारखंड और जम्मू-कश्मीर में फहराना चाहते थे। हालांकि, इसकी अनौपचारिक तैयारी उन्होंने निर्वाचन आयोग द्वारा इन राज्यों में मतदान की तिथि की घोषणा से काफी पहले कर दी थी। सात सितंबर को मिशन झारखंड के तहत भाजपा के राष्ट्रीय अध्यक्ष अमित शाह दो दिवसीय दौरे पर प्रदेश की राजधानी रांची स्थित

बिरसा मुंडा हवाई अड्डा पहुंचे, जहां पार्टी कार्यकर्ताओं और नेताओं ने परंपरागत तरीके से उनका जोरदार स्वागत किया। मीडिया रिपोर्ट के मुताबिक, अमित शाह शाम साढ़े सात बजे विमान सेवा से कोलकाता होते हुए राजधानी रांची पहुंचे थे और ऐसा बताया जाता है कि पार्टी के राष्ट्रीय अध्यक्ष के स्वागत को लेकर हजारों की संख्या में पार्टी कार्यकता राजधानी रांची पहुंच चुके थे, जिसमें महिला मोर्चा की कार्यकर्ताएं भी हवाई अड्डे के बाहर कतारबद्ध तरीके से हाथों में आरती के लिए थाली लेकर खड़ी थीं। एयरपोर्ट से बाहर निकलने पर भव्य स्वागत से भाव-विभोर हो अमित शाह ने हाथ जोड़कर और हाथ हिलाकर सभी का अभिवादन किया। अमित शाह के साथ झारखंड के चुनाव प्रभारी सह केन्द्रीय मंत्री धर्मेंद्र प्रधान भी रांची पहुंचे थे। स्वागत में झारखंड की सांस्कृतिक झलक दिखी और 100 ढोल, नगाड़े व मांदर की थाप पर नृत्य करते युवक-युवतियों के दल ने पारंपरिक तरीके से स्वागत किया, जबकि महिलाएं केसरिया रंग की साड़ी पहने थीं। वहां से अमित शाह सीधे बिरसा चौक पहुंचे, जहां बिरसा मुंडा की आदमकद प्रतिमा पर माल्यार्पण किया। इस मौके पर पार्टी के प्रदेश अध्यक्ष डॉ. रवींद्र राय और तत्कालीन नेता प्रतिपक्ष अर्जुन मुंडा समेत अन्य सांसद, विधायक और वरिष्ठ नेता मौजूद थे। इसके बाद वह मोरहाबादी स्थित स्टेट गेस्ट हाउस के लिए रवाना हो गए। स्टेट गेस्ट हाउस में भाजपा के कुछ गिने-चुने नेताओं को ही अंदर प्रवेश की अनुमति मिली थी, वहीं राज्यसभा सांसद परिमल नथवाणी भी मिले। इस मौके पर गुजराती समाज के प्रतिनिधिमंडल ने अमित शाह को शॉल ओढ़ाकर सम्मानित किया। हवाई अड्डे पर स्वागत के दौरान तत्कालीन राष्ट्रीय उपाध्यक्ष रघुवर दास (चुनाव पश्चात् प्रदेश के मुख्यमंत्री बने), चुनाव सह प्रभारी भूपेंद्र यादव, संगठन मंत्री सौदान सिंह, प्रदेश संगठन मंत्री राजेंद्र सिंह समेत अन्य विधायक-सांसद मौजूद थे। शाह ने राज्य के नेताओं को लोकसभा चुनाव के 272 प्लस की तर्ज पर राज्य में 47 प्लस का लक्ष्य दिया, यानी राज्य में भाजपा की स्पष्ट बहुमत की सरकार बनाने के लिए कम-से-कम विधानसभा की 47 सीटें हासिल करने का लक्ष्य। इसके लिए अमित शाह ने कुछ खास चुनावी रणनीति तैयार की, क्योंकि वह झारखंड की जमीनी स्थिति से वाकिफ थे। यह प्रदेश अपने गठन के बाद से ही लगातार सत्ताधारी पार्टियों द्वारा छला गया। वर्ष 2000 में केन्द्र सरकार ने 15 नवंबर (आदिवासी नायक बिरसा मुंडा के जन्मदिन) को भारत के

28वें राज्य के तौर पर झारखंड का गठन किया, इसके साथ ही उत्तराखंड और छत्तीसगढ़ भी बना। लेकिन जहां उत्तराखंड और छत्तीसगढ़ में विकास के काम हुए, वहीं झारखंड में प्राकृतिक संसाधनों की जमकर लूट हुई और वहां के स्थानीय समुदाय की जमकर अनदेखी की गई। झारखंड में हुए भ्रष्टाचार के छींटे भाजपा छोड़कर सभी दलों के दामन पर पड़े थे। इस हकीकत को अमित शाह समझ रहे थे और वह जानते थे कि दूध का जला छाछ भी फूंक-फूंककर पीता है। यानी प्रदेश की जनता, खासकर आदिवासी जनता वोट तभी देगी, जब उसे लगेगा कि हां, सचमुच में काम होगा। इसलिए जरूरी यह था कि कार्यकर्ताओं को मतदाताओं तक भेजा जाए और वहां मोदी सरकार की न केवल उपलब्धियों को रखा जाए, बल्कि उनके भरोसे को जीतने का भी काम हो।

इसलिए अमित शाह की कार्यशैली पार्टी के बड़े नेताओं से इनपुट लेने की जगह कार्यकर्ताओं से सीधे संवाद कर उनसे इनपुट लेने की रही। वह रांची दौरे के दौरान पार्टी के नेताओं से ज्यादा कार्यकर्ताओं को तरजीह दे रहे थे। हरियाणा व महाराष्ट्र की तरह वह झारखंड के भाजपा कार्यकर्ताओं में ऊर्जा भरने की पूरी कोशिश करने लगे। वह कार्यकर्ताओं को मोदी सरकार के महत्त्वपूर्ण फैसलों व कामकाज को जनता तक प्रचारित करने को कह रहे थे। अमित शाह ने रांची दौरे के दौरान यह भी देखा कि यहां कुरसी को लेकर भाजपा नेताओं में काफी खींचतान मची हुई है। क्षेत्र का हर बड़ा नेता अपने-अपने ढंग से उम्मीदवार बनने की लॉबिंग कर रहा था। इसके अलावा, कुछ ऐसे भी नेता थे, जो मुख्यमंत्री पद की छिपे तौर पर दावेदारी कर रहे थे। कुशल रणनीतिकार माने जाने वाले अमित शाह को यह एहसास था कि इन नेताओं की आपसी खींचतान पार्टी को महंगी भी पड़ सकती है। इसलिए अलग-अलग धड़ों को आपसी तालमेल बैठाने व मिलजुल कर काम करने की उन्होंने नसीहत दी। अमित शाह द्वारा उन्हें यह चेताया गया कि उनकी गलतियों का खामियाजा पार्टी को भुगतना पड़ सकता है।

अमित शाह की खास रणनीति में क्षेत्रीय दलों की ताकत का सही मूल्यांकन भी शामिल था। इसमें कोई दो राय नहीं कि झारखंड में कई बड़े-छोटे राजनीतिक दल सक्रिय हैं। इनमें छोटे-छोटे दल भले ही खुद बड़ी राजनीतिक ताकत न बन पाएं, लेकिन चुनावी समीकरण को वे

काफी प्रभावित करते हैं। ऐसे में, अमित शाह ने इन दलों की ताकत का भी जायजा लिया और उनकी कमियों को भाजपा की ताकत बनाई। इसलिए चुनाव नतीजों के विश्लेषण के बाद कई चुनाव विश्लेषक और पत्रकार इस नतीजे पर पहुंचे कि दस से अधिक सीटों पर भाजपा को जितना वोट प्रतिशत मिला, उससे कहीं अधिक वोट प्रतिशत झारखंड मुक्ति मोर्चा, राष्ट्रीय जनता दल, जनता दल (यूनाइटेड) और कांग्रेस के गठबंधन में जाता, अगर ये दल साथ होते।

25 अक्तूबर को चुनाव आयोग ने झारखंड और जम्मू-कश्मीर में विधानसभा चुनाव की तारीखों का ऐलान कर दिया। दोनों ही राज्यों में पांच चरणों में वोटिंग कराने के निर्देश दिए गए, जो 25 नवंबर से 20 दिसंबर तक तय हुई। वोटों की गिनती की तिथि 23 दिसंबर निर्धारित की गई। चुनाव आयोग की प्रेस-वार्त्ता में मुख्य चुनाव आयुक्त वी. एस. संपत ने कहा कि झारखंड और जम्मू-कश्मीर में पांच चरणों में विधानसभा चुनाव सम्पन्न होंगे। दोनों राज्यों में पहले चरण की वोटिंग 25 नवंबर को, दूसरे चरण की वोटिंग 2 दिसंबर को, तीसरे चरण की वोटिंग 9 दिसंबर को तथा चौथे चरण की वोटिंग 14 दिसंबर को तो पांचवें चरण की 20 दिसंबर को होगी। चुनाव परिणामों की घोषणा एक ही दिन 23 दिसंबर को की जाएगी। मुख्य निर्वाचन आयुक्त वी. एस. संपत ने कहा, 'दोनों राज्यों में विधानसभा का कार्यकाल समाप्त होने के पहले ही चुनाव कराने का शासनादेश मिला था। झारखंड विधानसभा का कार्यकाल तीन जनवरी को, जबकि जम्मू एवं कश्मीर का कार्यकाल 19 जनवरी को खत्म हो रहा है। इसलिए झारखंड की निर्वाचक नामावलियों को 31 जुलाई को ही तैयार कर लिया गया था, जबकि जम्मू-कश्मीर की निर्वाचक नामावलियों को 15 अक्तूबर को प्रकाशित कर दिया गया।' कानून व्यवस्था के लिहाज से दोनों ही राज्यों को संवेदनशील मानते हुए संपत ने कहा कि आयोग ने किसी भी अप्रिय घटना को टालने के लिए प्रभावी उपाय किए हैं। झारखंड में कुल मतदाताओं की संख्या 2.07 करोड़ है, जबकि जम्मू एवं कश्मीर में यह संख्या 72.25 लाख है।

संपत ने घोषणा में कहा कि झारखंड के 81 निर्वाचन क्षेत्रों में 24,648 मतदान केन्द्र होंगे, वहीं जम्मू-कश्मीर के 87 निर्वाचन क्षेत्रों में 10,015 मतदान केन्द्र होंगे।

इससे यह जाहिर हो जाता है कि अमित शाह के सामने झारखंड के अलावा जम्मू-कश्मीर में भी पार्टी के अच्छे प्रदर्शन का दायित्व था। लेकिन उनके इरादे और उनकी तैयारी, दोनों किस हद तक मजबूत थे, इसका अंदाजा 24 नवंबर, 2014 के उनके भाषण से लग जाता है, जो उन्होंने झारखंड के सरायकेला और बहरागोड़ा में दिए। उन्होंने कहा कि आम चुनाव के समय झारखंड की जनता ने भाजपा को आशीर्वाद दिया और लोकसभा की 14 सीट में से 12 सीटों पर हम विजेता बने। उसी समय यह पता चल गया था कि आने वाले चुनाव में क्या होने वाला है। लोकसभा चुनाव में भाजपा का प्रदर्शन शानदार रहा है, इससे पता चलता है कि इस बार विधानसभा चुनाव में भी भाजपा की पूर्ण बहुमत की सरकार बनने जा रही है।

भाजपा अध्यक्ष ने कांग्रेस पर निशाना साधते हुए कहा कि झारखंड में अब तक सभी गठबंधन सरकार को गिराने का काम कांग्रेस पार्टी ने किया है। कांग्रेस ने ही एक निर्दलीय को मुख्यमंत्री बनाया था। उस सरकार ने क्या किया? उस सरकार ने चार हजार करोड़ रुपये के घोटाले कर यह धनराशि विदेशी बैंकों में डाल दी। वह मुख्यमंत्री तो जेल गए। उन्हें जाना भी चाहिए। लेकिन क्या उनका समर्थन करने वाला एक भी कांग्रेसी नेता अब तक जेल गया है? कांग्रेस ऐसा घिनौना खेल खेलती है। झारखंड को प्राकृतिक संपदाओं का प्रदेश बताते हुए उन्होंने कहा कि झारखंड में कोयला, लौह अयस्क, बॉक्साइट और अन्य बेशकीमती प्राकृतिक संसाधन हैं। यह सबसे समृद्ध प्रदेश है, लेकिन इसके नागरिक गरीब हैं। इसी भेदभाव को मिटाने के लिए तत्कालीन राजग सरकार ने झारखंड को बिहार से अलग किया था। झारखंड के साथ छत्तीसगढ़ भी बना। आज छत्तीसगढ़ कहां-से-कहां निकल गया, लेकिन झारखंड वही पिछड़ा का पिछड़ा रहा। ऐसा इसलिए हुआ कि छत्तीसगढ़ में पूर्ण बहुमत की सरकार थी।

राज्य के हालात के बारे में बोलते हुए अमित शाह ने कहा कि झारखंड के लोग जगह-जगह रोजगार के लिए जाते हैं। यहां के निवासी दूसरे राज्यों को समृद्ध बनाते हैं। तो फिर झारखंड का विकास क्यों नहीं हो सकता? देश के कई राज्यों में जहां भाजपा की सरकारें हैं, वहां आज चौबीस घंटे बिजली पहुंचती है। क्या झारखंड के गांवों में चौबीस घंटे

बिजली आती है? क्या आपके गांव को सड़क से जोड़ा गया है? जब कोई बीमार पड़ता है, तो एम्बुलेंस आती है क्या? युवाओं को रोजगार मिला है क्या? अगर यह सब सुनिश्चित करना है तो गठबंधन सरकार का दौर खत्म कीजिए। अमित शाह ने वहां मौजूद भीड़ को बताया कि जहां भाजपा की सरकारें हैं, वहां ये सभी सुविधाएं मौजूद हैं। कांग्रेस और उसकी सहयोगी पार्टियों को आड़े हाथ लेते हुए अमित शाह ने कहा कि कांग्रेस, झारखंड मुक्ति मोर्चा, राष्ट्रीय जनता दल, जनता दल यूनाइटेड आज अलग लड़ते दिखते हैं। लेकिन ये सभी दल ऐसे ही हैं, जैसे किसी नाटक के कलाकार होते हैं। जैसे मंच पर कलाकार का अलग नाम होता है, नाटक समाप्त होते ही कलाकार अपने मूल नाम पर चला जाता है, वैसे ही चुनाव का नाटक खत्म होते ही ये सभी राजनीतिक पार्टियां इकट्ठी होकर झारखंड को लूटने के काम पर लग जाएंगी।

कांग्रेस उपाध्यक्ष राहुल गांधी के झूठों की पोल खोलते हुए अमित शाह ने कहा कि राहुल बाबा आजकल बहुत गुस्से में हैं, क्योंकि जनता ने उनकी पार्टी को संसद में विपक्ष का भी दल नहीं बनाया है। देश की जनता ने उनकी पार्टी को मात्र 44 सीटें दी हैं। राहुल बाबा पूछते हैं कि पांच महीने में हमने क्या किया है। लेकिन मैं उनसे पूछना चाहता हूं कि हमने तो पांच महीने पहले सत्ता संभाली है। आपके परिवार ने 60 साल शासन किया है, उस दौरान आपने क्या किया, इसका हिसाब जनता आपसे मांग रही है।

उम्मीदवारों के नाम तय करने में भी अमित शाह ने जातिगत समीकरणों के अलावा, हैवीवेट नामों और विकास के मुद्दे को तरजीह दी। तीन नवंबर को जब पार्टी ने उम्मीदवारों की पहली सूची जारी की, तो उसमें झारखंड के पूर्व मुख्यमंत्री अर्जुन मुंडा और पूर्व-उपमुख्यमंत्री रघुवर दास का नाम शामिल था। मुंडा को खरसावां (अनुसूचित जनजाति) सीट, जबकि जमशेदपुर पूर्वी विधानसभा सीट से उम्मीदवार बनाया गया था। पार्टी ने पोटका (अनुसूचित जनजाति) सीट से मौजूदा विधायक मेनका सरदार को ही टिकट देने का फैसला किया। वहीं सिमडेगा से विमला प्रधान को दोबारा मौका मिला। प्रधान राज्य सरकार में मंत्री रह चुकी थीं। उम्मीदवारी के बारे में भाजपा महासचिव जे. पी. नड्डा ने कहा, 'समाज के सभी तबकों पर विचार किया गया है और हमने हर किसी को प्रतिनिधित्व देने की कोशिश की है।' गौरतलब है कि

भाजपा अध्यक्ष अमित शाह की अध्यक्षता में हुई केन्द्रीय चुनाव समिति की बैठक लगभग तीन घंटे तक चली और इसमें प्रधानमंत्री नरेन्द्र मोदी भी मौजूद थे। उधर, भाजपा ने झारखंड में आजसू से अपना गठबंधन किया और दूसरी सूची जारी करने के दौरान तमाड़ और टुंडी विधानसभा सीट आजसू से लिए छोड़ दी। 81 विधानसभा सीटों में 72 पर भाजपा, 8 पर आजसू और 1 सीट शिकारीपाड़ा पर लोजपा के उम्मीदवार का नाम रखा गया। भाजपा ने अपने हिस्से की बाकी बची 9 सीटों पर उम्मीदवारों के नामों की भी घोषणा कर दी। पहले चरण में 63 उम्मीदवारों की घोषणा भाजपा ने की थी। तमाड़ और गोमिया विधानसभा सीट पर आजसू का दावा था। भाजपा ने तमाड़ छोड़ दी, लेकिन गोमिया अपने पास रखा। गोमिया की जगह टुंडी आजसू के खाते में दे दिया गया। भाजपा की तरफ से पूर्व आईपीएस लक्ष्मण सिंह को भी टिकट दिया गया।

मिशन झारखंड को सफल बनाने के लिए प्रधानमंत्री नरेन्द्र मोदी खुद आगे आए और उनके साथ अमित शाह की पूरी फौज थी। इसके अलावा गृहमंत्री राजनाथ सिंह और कलराज मिश्र ने भी झारखंड में सभाएं कीं। 17 नवंबर को पांकी में लोगों को संबोधित करते हुए अमित शाह ने कहा कि इस बार यदि राज्य की जनता चूक गई, तो पांच वर्ष तक इसका खामियाजा भुगतना पड़ेगा। दूसरी तरफ केन्द्रीय गृहमंत्री राजनाथ सिंह ने हैदरनगर की चुनावी सभा को संबोधित करते हुए नक्सलियों से हिंसा का रास्ता छोड़ मुख्य धारा में शामिल होने की अपील की। राजनाथ सिंह ने किसानों को लुभाते हुए कहा कि राज्य में भाजपा की सरकार बनी, तो किसानों के कर्ज का ब्याज माफ किए जाएंगे। सिंह ने सभा से हुसैनाबाद विधानसभा क्षेत्र से प्रत्याशी कामेश्वर कुशवाहा को विजयी बनाने का आह्वान किया। शाह और राजनाथ के अलावा भारत के लघु एवं सूक्ष्म उद्योग मंत्री कलराज मिश्र ने विश्रामपुर विधानसभा क्षेत्र के भाजपा प्रत्याशी रामचंद्र चंद्रवंशी के पक्ष में मझिआंव उवि में सभा की। इस दौरान उन्होंने कहा कि यदि झारखंड को गुजरात मॉडल की तरह 24 घंटे बिजली और चमचमाती सड़कें चाहिए, तो यहां भी पूर्ण बहुमत की भाजपा सरकार का गठन करना होगा। यह दीगर है कि 25 नवंबर को पहले चरण के मतदान से दो दिन पहले ही भाजपा अध्यक्ष अमित शाह ने खुद झारखंड में अपना डेरा डाल दिया।

झारखंड में 2005 और 2009 में हुए विधानसभा चुनावों में राज्य में त्रिशंकु विधानसभा का गठन हुआ था। यहां पिछले 14 साल में 9 सरकारें बनीं। इसलिए अमित शाह ने राजनीतिक स्थिरता के मुद्दे को सबसे अधिक उठाया। जब 23 दिसंबर को झारखंड विधानसभा चुनाव के नतीजे आने लगे, तो सबने यही माना कि भाजपा को आशा के अनुरूप जीत मिली। हालांकि, एग्जिट पोल के हिसाब से भाजपा कुछ सीटें पीछे रह गई थी। झारखंड में भाजपा को 42 सीटें मिलीं और कांग्रेस को सिर्फ 8। यहां तक कि वहां का सबसे बड़ा क्षेत्रीय दल झामुमो भी 17 सीटों पर सिमट गया। हालांकि, झारखंड के पूर्व मुख्यमंत्रियों के लिए यह नतीजा किसी कयामत से कम नहीं था। भ्रष्टाचार के आरोपी मधु कोड़ा, निवर्तमान मुख्यमंत्री हेमंत सोरेन, पूर्व मुख्यमंत्री अर्जुन मुंडा और बाबूलाल मरांडी अपनी-अपनी सीटों से चुनाव हार गए। भाजपा की सहयोगी आजसू से ताल्लुक रखने वाले पूर्व डिप्टी मुख्यमंत्री सुदेश महतो भी सिल्ली सीट से चुनाव हार गए। झामुमो के हेमंत सोरेन दो सीटों से चुनाव लड़े, दुमका में वह चुनाव हार गए, लेकिन बरहैट से इज्जत बचाने में कामयाब रहे। सबसे बड़ा झटका जेवीएम प्रमुख बाबूलाल मरांडी को लगा, जो अपनी दोनों सीटों से चुनाव हार गए।

मिशन जम्मू-कश्मीर

झारखंड के साथ जम्मू-कश्मीर विधानसभा के नतीजे भी आए, जहां भाजपा कोई बड़ा करिश्मा तो नहीं कर पाई, लेकिन वह जम्मू क्षेत्र में सबसे बड़ी पार्टी बनी और जम्मू एवं कश्मीर मिलाकर वह राज्य की दूसरी बड़ी पार्टी कहलाई। ऐसे में, जब यह साफ हो गया कि त्रिशंकु विधानसभा की स्थिति है और राज्य में गठबंधन सरकार ही बनेगी, भाजपा की भूमिका महत्त्वपूर्ण मानी जा रही है। जम्मू-कश्मीर में भाजपा को 25 सीटें मिलीं, जबकि 29 सीटों के साथ सबसे बड़ी पार्टी पीडीपी बनी। यहां भाजपा के दूसरे नंबर पर होने का कारण घाटी में मुसलमान वोटरों की अधिकता का होना है और इनको भाजपा का परंपरागत वोटर नहीं माना जाता है। फिर भी जम्मू-कश्मीर विधानसभा में भाजपा का प्रदर्शन असाधारण रहा। ऐसा क्यों और कैसे?

इसके लिए सबसे पहले उस राजनीतिक घटना की तरफ ध्यान देना होगा, जो 24 नवंबर को घटी थी। पूर्व अलगाववादी और पीपुल्स कांफ्रेंस के नेता सज्जाद लोन ने प्रधानमंत्री नरेन्द्र मोदी से मुलाकात की और तभी यह कयास लगना शुरू हुआ कि कि दोनों नेताओं के बीच जम्मू-कश्मीर के विधानसभा चुनावों के बाद उनके भाजपा के साथ मिलकर काम करने की संभावनाओं पर चर्चा हुई। लोन ने बैठक के दौरान प्रधानमंत्री को कश्मीरी लोगों की समस्याओं से अवगत कराया था। हालांकि लोन ने बाद में पत्रकारों को कहा, 'मैं एक कश्मीरी के तौर पर प्रधानमंत्री से मिलने आया था और उनके जमीन से जुड़े व्यक्तित्व और उनके राज्य में निवेश लाने के दृष्टिकोण ने मुझे अचरज में डाल दिया।' दूसरी तरफ केन्द्र सरकार की तरफ से वित्त एवं सूचना-प्रसारण मंत्री अरुण जेटली ने कहा, 'प्रधानमंत्री के साथ सज्जाद लोन की मुलाकात का कोई मायने नहीं निकाला जाए। कश्मीर के सभी राजनीतिक समूह के नेताओं ने केन्द्र सरकार के साथ मुलाकात की है।'

लेकिन 26 नवंबर को स्थिति साफ हो गई। भाजपा ने जम्मू-कश्मीर पीपुल्स रेवोल्युशनरी पार्टी (पीआरपी) के बाद सज्जाद गनी लोन की पार्टी पीपुल्स कांफ्रेंस को भी समर्थन का ऐलान कर दिया। भाजपा नेताओं ने उत्तरी कश्मीर में लोन के पक्ष में चुनावी बैठकों में हिस्सा भी लिया। गौरतलब है कि पीपुल्स कांफ्रेंस (पीसी) 27 साल बाद पहली बार राज्य विधानसभा के चुनाव में हिस्सा ले रही थी। हंदवाड़ा से चुनाव लड़ रहे लोन के मुकाबले में भाजपा ने अपना कोई प्रत्याशी नहीं उतारा। सोपोर और रफियाबाद में भी उसने पीसी को समर्थन दिया।

हालांकि, अमित शाह ने मिशन जम्मू-कश्मीर की तैयारी 24-25 अगस्त को ही शुरू कर दी थी। उन्होंने दो दिनों का दौरा किया। इस मिशन का मकसद 87 विधानसभा सीटों में से कम-से-कम 44 पर जीत हासिल करना था। इसे पूरा करने के लिए पार्टी से जुड़े तमाम संगठनों को अमित शाह ने अपने-अपने स्तर पर सक्रिय होने का आह्वान किया। भाजपा इस राज्य को कितनी अहमियत दे रही थी, इसका अंदाज इस तथ्य से लगाया जा सकता है कि राष्ट्रीय अध्यक्ष ने उत्तर प्रदेश में पार्टी के दो दिनों का सम्मेलन छोड़कर दो दिन की जम्मू-कश्मीर यात्रा की। जम्मू-कश्मीर के इतिहास में भाजपा का सबसे अच्छा प्रदर्शन 2008 में देखने को मिला था, जब उसे 87 में से 11 सीटों पर जीत मिली थी।

लेकिन 2014 के लोकसभा चुनाव में भाजपा को जम्मू की दोनों संसदीय सीटों के अलावा लद्दाख में भी जीत मिली थी। इस जीत से पार्टी विधानसभा चुनाव को लेकर उत्साहित थी।

मुस्लिम बहुल कश्मीर घाटी में लोकसभा चुनाव के दौरान किसी विधानसभा क्षेत्र में भाजपा को बढ़त नहीं मिली थी, लेकिन कांग्रेस और नेशनल कांफ्रेंस के अलग-अलग चुनाव लड़ने की घोषणा ने भाजपा की उम्मीदें बढ़ा दीं। जम्मू-कश्मीर में भाजपा अपने से जुड़े संगठनों के तीन प्रमुख चेहरों के बल पर चुनावी तैयारी को धार दी। ये थे आरएसएस के प्रांत प्रचारक रमेश गुप्ता, एबीवीपी के राज्य अध्यक्ष डॉ. वीरेंद्र कुंडल और राज्य वीएचपी के पैट्रन डॉ. रमाकांत दुबे।

जम्मू-कश्मीर राज्य में भौगोलिक रूप से तीन मुख्य इलाके- जम्मू, कश्मीर और लद्दाख हैं। पिछली बार भाजपा को जम्मू और लद्दाख के 41 विधानसभा क्षेत्रों में से 27 पर जीत मिली थी। जम्मू में 37 विधानसभा सीटें हैं। अमित शाह ने जम्मू इलाके के संपूर्ण विकास की बात पर जोर दिया। पार्टी ने संविधान के अनुच्छेद 370 को खत्म किए जाने की बात की, जो राज्य को विशेष दर्जा देता है। अमित शाह की अगुवाई में पार्टी ने यह भी कोशिश की है कि हिंदू मतों का बंटवारा न होने पाए और इसमें वह काफी हद तक सफल रही। भाजपा की ओर से हिंदुत्व के एजेंडे पर जोर दिए जाने का असर कांग्रेस पर भी पड़ता दिखा। कांग्रेस के नेता शामलाल शर्मा ने तो राज्य में पहले हिंदू मुख्यमंत्री तक की मांग कर डाली थी। जम्मू में रहने वाले गैर-कश्मीरी मुस्लिमों को भी अपने पाले में करना भाजपा की रणनीति का हिस्सा रहा और इस मामले में पार्टी की नजर गुर्जर मुसलमानों पर रही। अमित शाह ने कार्यकर्ताओं को यह स्पष्ट कर दिया था कि पार्टी चुनावों में 'सबका साथ, सबका विकास' नारे के साथ उतरेगी। प्रचार अभियान के दौरान भाजपा ने जम्मू इलाके में अपनी राजनीतिक और सामाजिक गतिविधियां तेज कर दीं। संघ और भाजपा से जुड़े अखिल भारतीय विद्यार्थी परिषद, भारतीय मजदूर संघ और वीएचपी जैसे संगठन अपनी रणनीति पर अमल करने लगे। एबीवीपी जम्मू यूनिवर्सिटी और उससे जुड़े कॉलेजों में ब्लड डोनेशन कैंप आयोजित कर रही थी, वहीं मजदूर संघ ने दावा किया कि उसने 4,000 महिला आंगनबाड़ी कर्मियों को संगठन से जोड़ा है।

उधर, वीएचपी जम्मू क्षेत्र के कई धार्मिक स्थलों के जीर्णोद्धार की मांग करने लगी। वीएचपी उन धार्मिक स्थलों पर विशेष जोर दे रही थी, जो मुस्लिम बहुल इलाके में हैं। वीएचपी ने 2005 में पुंछ जिले के मंडी इलाके में बुड्ढ अमरनाथ यात्रा को फिर से शुरू करवाया है। यह यात्रा 1990 के दशक में बंद हो गई थी। संघ से जुड़े अन्य संगठन कश्मीरी पंडितों की मदद से जम्मू-कश्मीर में पारंपरिक तौर पर की जाने वाली धार्मिक यात्राओं के बारे में जानकारी जुटाकर वहां यात्राएं आयोजित करने की योजना बनाने लगे। इन्हीं संगठनों ने रियासी से कौसरनाग तक की विवादित धार्मिक यात्रा का आयोजन करवाया था। भाजपा की कोशिश यह भी रही कि जम्मू में विलेज डिफेंस कमिटी (वीडीसी) के जरिए वह अपनी राजनीतिक जमीन को मजबूत करती रहे। पार्टी वीडीसी से हथियार वापस लिए जाने के खिलाफ रही है। कांग्रेस और नेशनल कांफ्रेंस जैसी पार्टियां वीडीसी से हथियार वापस लिए जाने के पक्ष में रही हैं। कश्मीर घाटी से जब आतंकवाद, चेनाब घाटी, राजौरी और पुंछ में पैर पसारने लगा तब पार्टी ने गांव वालों को हथियार मुहैया कराने की मांग की थी, ताकि हिंदू समुदाय के लोगों का जम्मू क्षेत्र से पलायन न हो। इस मुद्दे के जरिए भाजपा ने पूरे इलाके में पैठ बना ली। पार्टी की यह रणनीति इतनी कारगर रही है कि लोकसभा चुनाव में जितेंद्र सिंह जैसे कम अनुभवी नेता ने कांग्रेस के गुलाम नबी आजाद को हरा दिया था। यही नहीं, केन्द्र और भाजपा शासित राज्यों के तीन दर्जन मंत्रियों से कहा गया है कि वे इसी महीने जम्मू-कश्मीर की विधानसभाओं का दौरा करें। चार मंत्रियों ने जम्मू और सांबा में रैलियों को संबोधित किया। केन्द्रीय मंत्री स्मृति ईरानी ने जम्मू में कार्यकर्ता सम्मेलन को संबोधित किया था और स्वयं नरेन्द्र मोदी की कई सारी रैलियां प्रस्तावित थीं।

जम्मू-कश्मीर के तीन भौगोलिक हिस्सों-जम्मू, कश्मीर और लद्दाख में सबसे ज्यादा 46 सीटें कश्मीर घाटी में हैं। यही वजह है कि जिन पार्टियों को कश्मीर घाटी में बढ़त मिल जाती है, वे सूबे का चुनाव जीत लेती हैं। कश्मीर घाटी मुस्लिम बहुल है। लोकसभा चुनाव 2014 में भाजपा को कश्मीर घाटी की 46 में से किसी सीट पर बढ़त नहीं मिली थी। इसलिए भाजपा ने यहां अपनी रणनीति बदली, हालांकि इससे पार्टी को कोई बड़ा फायदा नहीं हुआ, लेकिन वोट प्रतिशत में इजाफा देखा

गया। पार्टी को मालूम था कि कांग्रेस और नेशनल कांफ्रेंस विधानसभा चुनाव अलग-अलग लड़ने जा रही है। इससे उसे लगा कि कांग्रेस और एनसी के अलग-अलग लड़ने से फायदा मिलेगा। भाजपा ने श्रीनगर की अमीरा कडाल, हब्बा कडाल, बारामूला में सोपोर और दक्षिण कश्मीर की अनंतनाग और त्राल जैसी पांच सीटों पर नजर गड़ाई। दरअसल, यहां कश्मीरी पंडित ज्यादा हैं। घाटी में खुद प्रधानमंत्री ने रैलियां कीं। अमित शाह ने अन्य पार्टियों के नेताओं को भी अपने साथ जोड़ने का काम किया। गुर्जर नेता चौधरी तालिब हुसैन और नेशनल कांफ्रेंस के टिकट पर तीन बार विधायक रहे पूर्व मंत्री ताज मोहम्मद को भाजपा में शामिल कराया गया। इसके अलावा, कश्मीर के हालात को देखते हुए विदेश राज्य मंत्री वी. के. सिंह कश्मीर घाटी के दौरे के लिए तैयार किया गया। संघ ने कश्मीर घाटी में सिंगल टीचर स्कूलों का संचालन किया। उसका कहना था कि पूरे प्रदेश में ऐसे 5 हजार स्कूल चलाए जा रहे हैं। ये स्कूल आवासीय भवनों में चल रहे हैं, जहां कोई फीस नहीं ली जाती है। संघ के कई कार्यकर्ता उन मुस्लिम परिवारों की मदद करते रहे थे, जो 1989 से शुरू हुए आतंकवाद से पीड़ित हैं। संघ के नेता इंद्रेश कुमार ने कश्मीर में इस काम की शुरुआत की थी। संघ के नेताओं का कहना है कि आतंकवाद के चलते जब कश्मीर घाटी में आर्थिक गतिविधियां ठप्प पड़ गई थीं, तब उन लोगों ने स्वयं सहायता समूह बनाकर सिलाई और कंप्यूटर केन्द्र चलवाए।

जम्मू-कश्मीर का तीसरा और अहम भौगोलिक हिस्सा लद्दाख है। यहां विधानसभा की चार सीटें हैं। संघ के नेताओं का कहना है कि 1979 में अटल बिहारी वाजपेयी ने लेह का दौरा किया था। तब वाजपेयी ने हिल काउंसिल का गठन किया था। आरएसएस के कार्यकर्ताओं ने लेह, लद्दाख के लिए भाजपा नेताओं के योगदान का प्रचार-प्रसार करने पर जोर दिया। लद्दाख क्षेत्र में बौद्ध धर्म को मानने वाले लोगों की अच्छी-खासी तादाद है। संघ की गतिविधियों का इन लोगों ने शुरू में विरोध किया था। लेकिन आरएसएस ने करीब 70 स्कूलों और एनजीओ की स्थापना कर स्थानीय लोगों का भरोसा जीता। 2010 में लेह में बादल फटने से हुई तबाही के बाद संघ ने बड़े पैमाने पर राहत और बचाव का काम किया था।

20 नवंबर को अमित शाह ने जम्मू-कश्मीर के रामबन और बनिहाल में दो विशाल जनसभाओं को संबोधित किया। इस अवसर पर उन्होंने जनता से राष्ट्रवादियों की सरकार बनाने, जम्मू-कश्मीर की जनता को दो परिवारों और भ्रष्टाचार से मुक्त कराने और संपूर्ण विकास के लिए राज्य का भविष्य प्रधानमंत्री नरेन्द्र मोदी के हाथों में सौंपने का आग्रह किया। उन्होंने कहा, 'देश में 30 साल बाद स्पष्ट बहुमत वाली सरकार बनी है। वर्ष 2014 में जम्मू-कश्मीर भी बड़े बदलाव का साक्षी बनेगा। मिशन 44 सिर्फ नारा नहीं है। मतदाताओं और जम्मू-कश्मीर की जनता के आशीर्वाद से जल्द ही यह हकीकत बनेगा।' नेशनल कांफ्रेंस और पीडीपी के कुशासन की याद जनता को दिलाते हुए उन्होंने कहा कि दो परिवारों ने यहां 60 साल से अधिक समय तक राज किया है। क्या यहां के लोगों को 24 घंटे बिजली मिलती है? क्या यहां के लोगों को पानी मिलता है? आज देश में कई ऐसे राज्य हैं, जहां चौबीसों घंटे बिजली और पानी की सुविधा उपलब्ध है, तो फिर जम्मू-कश्मीर में क्यों नहीं? इस राज्य के युवा आज रोजगार की तलाश में भटकने को मजबूर हैं। इसके लिए ये दोनों परिवार ही जिम्मेदार हैं।

अमित शाह ने केन्द्र सरकार की अब तक की कामयाबियों का जिक्र करते हुए कहा कि सरकार ने गरीबों के बैंक खाते खोलने के लिए प्रधानमंत्री जन धन योजना, मेक इन इंडिया कार्यक्रम और श्रमेव जयते जैसे कार्यक्रम शुरू किए हैं। इसके अलावा, अंतरराष्ट्रीय स्तर पर देश का परचम लहराते हुए पाकिस्तान को मुंहतोड़ जवाब देने का काम मोदी सरकार ने ही किया है।

हालांकि, अमित शाह के तमाम प्रयासों के बाद भी जम्मू-कश्मीर में खंडित जनादेश ही आया, लेकिन भाजपा 25 सीटें जीत गई, जिसे राजनीतिक विश्लेषकों ने एक बड़ी उपलब्धि मानी।

अमित शाह का सदस्यता अभियान

अमित शाह जानते थे कि अगर भाजपा को मजबूत करना है, तो उसके कार्यकर्ताओं की संख्या बढ़ानी होगी। इसके लिए उन्होंने पूरे देश में सदस्यता अभियान की शुरुआत की और बड़े पैमाने पर की। यहां पर प्रस्तुत है उनका 'भाषण सदस्यता अभियान से हम नया इतिहास बनाएं।'

यह प्रेरक भाषण उन्होंने 22 नवंबर, 2014 को पार्टी मुख्यालय की समीक्षा बैठक में दिया था और यहीं से राष्ट्रीय सदस्यता महाभियान की शुरुआत हुई।

'मित्रो, मैं इस नए और अभूतपूर्व महाभियान के विषय में आप सभी को कुछ कहूं, इसके पहले हमारे सभी वरिष्ठ नेताओं के महान कार्यों का स्मरण करता हूं। डॉ. श्यामा प्रसाद मुखर्जी, पंडित दीनदयाल उपाध्याय, स्वर्गीय सुंदर सिंह भंडारी, राजमाता विजया राजे सिंधिया, जगन्नाथ राव जोशी, नानाजी देशमुख जैसे कइयों ने अपने त्याग और परिश्रम से इस पार्टी को मजबूत बनाया है। हमारे नेता आदरणीय अटल बिहारी वाजपेयी और श्री लालकृष्ण आडवाणी जैसे कितने सारे वरिष्ठों ने इस पार्टी की सफलता के लिए निरंतर मेहनत की, जिसके परिणाम स्वरूप आज हम यहां तक पहुंचे हैं। इस सदस्यता अभियान के माध्यम से हमें हमारे वरिष्ठ नेताओं के किए काम को और आगे बढ़ाना है।

सदस्यता अभियान श्री नरेन्द्र मोदी जी के हाथों से शुरू होने के बाद आज सुबह तक करीब 79 लाख ऑनलाइन सदस्य बन चुके हैं और इस अभियान को आगे बढ़ाने के लिए, इसकी समीक्षा के लिए, कुछ तकनीकी व्यावहारिक दिक्कतें, जो लोगों के सामने आई है, उनके निवारण के लिए और अन्य फैसलों के लिए यहां बैठक रखी गई है। मित्रो, यह सदस्यता अभियान भारतीय जनता पार्टी के लिए कोई नई चीज नहीं है। हर बार हम संगठन पर्व के पहले सदस्यता अभियान करते हैं और हर 6 साल में प्रत्येक सदस्य फिर से सदस्य बनते हैं, चुनाव भी होता है, यह हमारी परंपरा है। करीब-करीब 1300 पार्टियों में कुछ एक-दो पार्टियां है, जिनमें से हमारी पार्टी प्रमुख है जिसमें आज भी आंतरिक लोकतंत्र बरकरार है, लोगों को जुड़ने की व्यवस्था है। जुड़ने के बाद संगठन में, चुनाव के माध्यम से विभिन्न पदों पर पहुंचने की व्यवस्था है और इस मंच का उपयोग कर देश का कोई भी नागरिक देश की सेवा करने के लिए आगे आ सकता है। और शायद यही एक पार्टी होगी, जिसका एक संविधान है, जिसका अनुसरण करते हुए हमारी संगठनात्मक चुनाव की प्रक्रिया चलती है। हर दो साल में हम संगठन का चुनाव करते हैं, हर 6 साल में हमारी सदस्यता का नवीनीकरण होता है। यह 2014-15 का साल हमारी सदस्यता का नवीनीकरण का साल

है। एक मायने में हमने इसे एक अलग तरीके से लेकर इस सदस्यता अभियान को रूटीन सदस्यता अभियान ना मानते हुए इसको पार्टी के जनाधार का विस्तार करने के लिए, संगठन की मजबूती के लिए और विचारधारा के प्रचार-प्रसार के लिए- इन तीनों के लिए हम इस सदस्यता अभियान का उपयोग कर पार्टी को एक नई ऊंचाई तक ले जाना चाहते हैं। 1951 से हमारी पार्टी, पहले जनसंघ, फिर भारतीय जनता पार्टी, हम निरंतर काम करते रहे। एक विचारधारा के आधार पर ही हमारी पार्टी का अस्तित्व आया, हम आगे बढ़े। शुरू-शुरू में विचारधारा का मजाक भी उड़ा, विचारधारा को संघर्ष भी करना पड़ा, इसकी स्वीकृति भी आई और अब 2014 के लोकसभा चुनाव के बाद इस विचारधारा को सम्मान मिलना शुरू हुआ है। देश और दुनिया में हमारी विचारधारा, हमारी पार्टी की सम्माननीय स्थिति प्राप्त होने की शुरुआत, मान लीजिए 2014 से हुई। 2014 तक हम कई बार सत्ता में आए, राज्यों में आए, केन्द्र में आए। मगर पूर्ण रूप से भारत की जनता ने पूर्ण बहुमत के साथ पहली बार नरेन्द्र भाई के नेतृत्व में 2014 में हमें सत्ता दी है और यह एक तरह से हमारी विचारधारा की स्वीकृति है। और जो स्वीकृति, जो सम्मान हमें मिला है, उसे बहुत आगे तक ले जाना चाहते हैं।

इस सदस्यता अभियान के माध्यम से, देश के कई हिस्से ऐसे हैं, जहां आज भारतीय जनता पार्टी पहुंची नहीं है, वहां पर भारतीय जनता पार्टी को पहुंचाना है। कई राज्य ऐसे होंगे, जहां भारतीय जनता पार्टी की सरकारें बनी हैं। मगर राज्यों में कई इलाके ऐसे होंगे, जहां भारतीय जनता पार्टी नहीं पहुंची है, वहां भारतीय जनता पार्टी को पहुंचाना है। कई जगह हम विधानसभा की सीट जीत गए, लोकसभा की सीट जीत गए, कुछ बूथ ऐसे होंगे, जहां भारतीय जनता पार्टी नहीं पहुंची है, उस बूथ तक भारतीय जनता पार्टी को पहुंचाने के लिए यह सदस्यता अभियान है। अभी तक आप लोगों के सामने जो बातें रखी गई हैं, उससे ऐसा मत सोचिए कि फोन नं. डायल कर देंगे, सदस्य बन जाएंगे और बाद में इसका रजिस्टर बन जाएगा, संगठनात्मक चुनाव हो जाएंगे और यह डाटा पार्टी के साथ खड़ा हो जाएगा। इसके बाद एक व्यवस्था पार्टी ने सोची है। जितने भी सदस्य बनेंगे, उनको सूचीबद्ध करने के बाद लगभग 2 महीने का नए सदस्यों का अभियान भारतीय जनता पार्टी चलाने वाली

है। हर नए सदस्य के पास हमारे कार्यकर्ता जाएंगे। पार्टी का एक परिचय पत्रक देंगे, पार्टी का परिचय देंगे, उनका पार्टी में स्वागत करेंगे और उनको पार्टी की गतिविधियों से जोड़ने का प्रयास करेंगे। इस तरह से बड़ी संख्या में मान लीजिए, 10 करोड़ सदस्य बनते हैं तो 10 करोड़ लोगों में से 7 करोड़ लोगों का एक संपर्क अभियान भारतीय जनता पार्टी इसके बाद 2 महीने तक चलाने वाली है। तो अप्रैल और मई में हम इस सम्पर्क अभियान को नीचे तक लेकर जाएंगे और प्रयास करेंगे 3 करोड़ पुराने सदस्य, 7 करोड़ नए सदस्यों को भारतीय जनता पार्टी के साथ जोड़े और भारतीय जनता पार्टी की विचारधारा को वो जाने और भारतीय जनता पार्टी का एक अभिन्न अंग बने। इसके लिए एक भगीरथ पुरुषार्थ भारतीय जनता पार्टी के कार्यकर्ताओं को आने वाले दिनों में करना है और उसके बाद में 6, 7 और 8 ये तीन महीने लगभग चुने हुए 15 लाख सदस्यों का अभ्यास वर्ग, उनका प्रशिक्षण कार्यक्रम और मैं मानता हूं कि दुनियाभर की राजनीतिक पार्टियों के इतिहास में सबसे बड़ा और सबसे लंबा प्रशिक्षण कार्यक्रम की एक योजना भारतीय जनता पार्टी इस साल बनाना चाहती है और इन तीन महीनों के अंदर अलग-अलग स्तर के अभ्यास वर्गों के माध्यम से ये 15 लाख चुने हुए कार्यकर्ता, जिसमें नए भी होंगे, पुराने भी होंगे, विशिष्ट लोग भी होंगे, इन सबका एक अभ्यास वर्ग करके भारतीय जनता पार्टी की आत्मा के साथ इनका जुड़ाव करने का कार्यक्रम भारतीय जनता पार्टी ने सोचा हुआ है।

हमारी विचारधारा, हमारे कार्य करने का कारण, अब तक का पार्टी का इतिहास, पार्टी के नेताओं का परिचय, पार्टी का देश की राजनीति में योगदान, पार्टी का देश के विकास में योगदान, और हमारी सरकारों का काम- इन सबको समायोजित करके एक प्रशिक्षण की 'कैप्सयूल' बनाई जाएगी और इन 15 लाख कार्यकर्ताओं को हम तीन महीने के अंदर प्रशिक्षित करने का एक विराट प्रशिक्षण कार्यक्रम भी बनाया है।

तो मित्रो, मेरा इतना ही कहना है कि ये जो सदस्यता अभियान है, उसको यदि गति देनी है तो यदि यहां इस सभा में बैठे हुए लोग एक बार ठान लें तो यह सदस्यता अभियान बूथ तक सफलतापूर्वक पहुंच सकता है। यह सदस्यता अभियान यदि बूथ तक नहीं पहुंचता है तो मैं मानता हूं कि जितना फायदा पार्टी को सदस्यों को जोड़ने का होना

चाहिए, उतना नहीं होगा। क्योंकि एकरूपी विकास होना चाहिए। हर बूथ तक नए सदस्य बनाने की एक वैज्ञानिक व्यवस्था अपने राज्यों में जाकर विकसित करनी होगी और उसकी कठोर निगरानी करते हुए नीचे तक पहुंचाना होगा। तब जाकर बूथ से नए सदस्य बनने का लक्ष्य हम सिद्ध कर पाएंगे। बूथ की जाति की रचना, बूथ की राजनीतिक व्यवस्था, परिस्थिति और बूथ में हम जो परिवर्तन लाना चाहते हैं, इसका भी विवरण, जहां अच्छा काम है, भारतीय जनता पार्टी को वहां पर करना चाहिए। हो सकता है हर जगह पर न हो, मगर कुछ तो जगह ऐसी है, जहां भारतीय जनता पार्टी आज मजबूत है। मान लीजिए, मध्य प्रदेश में हमारा सालों पुराना संगठन है और संगठन आज अपनी ऊंचाइयों पर है, गुजरात, राजस्थान ऐसे कई राज्य है, जहां संगठन बहुत अच्छा है। तो ढिलाई न करते हुए ज्यादा-से-ज्यादा विवरण प्राप्त करके हर बूथ को कैसे जीवंत बूथ बनाया जाए, हर बूथ के हर वर्ग का प्रतिनिधित्व कैसे इस सदस्यता अभियान में हो, इसकी योजना हो। आप देख लीजिए, कुछ जगह हमारी सदस्यता काफी कम है, वनवासी क्षेत्र में हमारी सदस्यता कम है, शहरों की झुग्गी-झोपड़ियों में हमारी सदस्यता कम है, दलित बस्तियों में हमारी सदस्यता कम है।

तो हम जहां आज तक नहीं पहुंच पाए, वहां 2014 का साल भारतीय जनता पार्टी का झंडा गाड़ने का साल है, वहां पर भारतीय जनता पार्टी को पहुंचाने का साल है। इसलिए जहां पर पार्टी मजबूत है, जहां पर हमारा संगठन ठीक है, वहां पर इसकी विस्तृत योजना संगठन के कार्यकर्ता करेंगे। एक प्रदेश की टोली बने, इस काम को मन लगाकर करनेवाली और प्रदेश की टोली जिलों में इस प्रकार की टोलियों की रचना करके अंत तक बूथ तक इस भावना को और इस उत्साह को पहुंचाए, यह बहुत जरूरी है। वरना इस सदस्यता अभियान में 10 करोड़ सदस्य तो बन जाएंगे, क्योंकि आज नरेन्द्र भाई की जिस तरह की लोकप्रियता है और भारतीय जनता पार्टी का जिस तरह का जनाधार है, उसमें सदस्य बनाना बहुत बड़ी बात नहीं है। परन्तु यदि हम नरेन्द्र भाई की लोकप्रियता, भारतीय जनता पार्टी की सरकार के अच्छे काम और बढ़े हुए जनाधार को स्थायित्व देना चाहते हैं तो बूथ से लेकर राज्य तक पूरी इकाई सर्वांगीण रूप से बढ़नी चाहिए और संपूर्ण तथा स्थाई विकास

होना चाहिए। यह तभी हो सकता है, जब कि आप राज्यों में जाकर इसकी विस्तृत योजना बनाएं। इसका विवरण आपको समझाने की कोई आवश्यकता नहीं है। यहां उपस्थित कार्यकर्ताओं के लिए यह कोई नई बात नहीं है। मगर इस बार 2014 के चुनाव ने जो परिणाम दिए हैं, उसके बाद राज्यों के चुनाव ने जो परिणाम दिए हैं, उस जनाधार का उपयोग करके हम भारतीय जनता पार्टी को आने वाले 50 साल तक एक मजबूत पार्टी बनाकर देश के सामने रखें और हमारे संगठन का आधार बढ़ा दें, इसलिए हमें इस संगठन के पर्व 'सदस्यता अभियान' का उपयोग करना चाहिए। आप मेरी बात मानकर चलिएगा कि जिस तरह से 1947 से 1966 तक कांग्रेस का एक समय आया था कि कांग्रेस जिसको भी चुनाव में खड़ा करती वह जीत जाता था और चुनाव में लोकसभा सदस्य तय नहीं करना होता था, चुनाव में बस यही देखना होता था कि कांग्रेस का प्रत्याशी कौन है और वह चुनाव जीतता था। आने वाले दिनों में भारतीय जनता पार्टी को भी इतना विराट जन-समर्थन मिलने वाला है।

हमें याद रखना चाहिए कि 1966 के बाद कांग्रेस की टूटने की शुरुआत हुई। क्योंकि उन्होंने संगठन के नवीनीकरण को महत्त्व नहीं दिया। वो सरकार की गतिविधियों में पड़ गए। नेता बनाने की गतिविधियों में पड़ गए। नेताओं के अंदर जातियों के जोड़-तोड़ में पड़ गए। संगठन के आधार को कांग्रेस ने, जो आजादी के समय नीचे तक 25 पैसे का सदस्य बनाकर पहुंचाया था, वो आधार धीरे-धीरे क्षीण होता गया और 1966 से कांग्रेस के पतन की शुरुआत हुई। 2014 आते-आते उनका नेता-विपक्ष का पद भी चला गया। अब जबकि हमारा अच्छा समय शुरू हो रहा है, हमें इतिहास से सीखना चाहिए और आने वाले दिनों में यह अच्छा समय लंबा चले और चिरंजीवी हो, उसके लिए संगठन को और हमारे विचार को नीचे तक पहुंचाने के लिए यह सदस्यता अभियान है। मेरी बात को आप अतिश्योक्ति मत मानिए, आपको भी इस बैठक में बुलाया गया है, आप आए हैं, आप पर एक निश्चित जिम्मेदारी है इसलिए आप आए है, मगर यह सदस्यता अभियान जो होने जा रहा है, आप मान लीजिए, देश के लोकतांत्रिक इतिहास का दांडी मार्च है। गांधी जी के साथ जब साबरमती आश्रम से 85 लोग निकले थे और दांडी

यात्रा शुरू हुई थी उस वक्त उनको मालूम नहीं था कि वो इतिहास का सृजन करने जा रहे हैं। आज आप लोग बिलकुल उसी तरह से यहां बैठे हैं, भारतीय जनता पार्टी के कार्यकर्ता के रूप में यहां बैठे हैं। मेरी बात मानकर चलिएगा, आप भी देश के लोकतांत्रिक इतिहास का एक बड़ा हिस्सा बनने जा रहे हैं। यह अभियान महत्त्वपूर्ण और परिणामदायक होने वाला है। इसलिए मैं कहना चाहता हूं कि इस अभियान को हर व्यक्ति हर स्थान पर नए-नए विचार से नए आयाम दें, हम नए-नए तरीकों से इस अभियान को गति दें, हम नई-नई चीजों को लाकर इस अभियान से जुड़े कार्यकर्ताओं का उत्साह बढ़ाएं और इस अभियान को पूर्ण रूप से भारतीय जनता पार्टी की ताकत बढ़ाने का अभियान बनाएं। मैं मानता हूं कि यह भारतीय जनता पार्टी के विस्तार का वर्ष है। भारतीय जनता पार्टी के विचार को आकार देने का वर्ष है और भारतीय जनता पार्टी की विचारधारा के प्रचार-प्रसार का वर्ष है और इसका उपयोग हमें इस सदस्यता अभियान के माध्यम से करना चाहिए। इस बार भारतीय जनता पार्टी ने फैसला किया है कि सक्रिय सदस्यों की संख्या, जो लगभग साढ़े पांच से छः लाख थी, क्योंकि दो राज्यों के आंकड़े यहां उपलब्ध नहीं हैं, करीब-करीब छः लाख थी। तो इस बार हम 50 प्रतिशत बढ़ोतरी करना चाहते हैं। मान लीजिए, हर राज्य में 100 सक्रिय सदस्य है तो उनको 150 बनाना है, 50 प्रतिशत की वृद्धि करना चाहते हैं। 6 लाख सक्रिय सदस्य देशभर में होंगे तो इस बार हम 9 लाख सक्रिय सदस्य देशभर में बनाना चाहेंगे। सक्रिय सदस्य की पात्रता में कुछ फेरबदल किया है। हर सक्रिय सदस्य को 100 सामान्य सदस्य बनाने हैं। पहले 50 सामान्य सदस्य बनाने का हमारे यहां प्रावधान था, इस बार 100 बनाने हैं। तो आप समझ लीजिए, 9 लाख सक्रिय सदस्य 100-100 सदस्य अब से बनाते हैं तो 9 करोड़ सदस्य वैसे ही बन जाएंगे। और जो बनाएगा वही सक्रिय सदस्य बन पाएगा, उसको 100 सदस्यों की सूची देनी होगी।

उसी संबंध में एक पत्रक बनाया, जो आपको दिया गया है, जिसमें सक्रिय सदस्य का नाम, मंडल, जिला प्रदेश, मो. नंबर, जो प्रस्तावित सदस्य है, उसे लिखना है। इसका मतलब जो सक्रिय सदस्य प्राथमिक सदस्य बनाने जा रहा है, उसके सामने बैठकर टोल फ्री नम्बर डायल

करवाना पड़ेगा। उसके बाद सामने से उसका सक्रिय सदस्य नम्बर आएगा। वो आपने यहां नोट करना है, उसके बाद उसका पता, टेलीफोन नम्बर, पिन कोड, एसएमएस कराकर वहां से बाहर निकलना है। एक परिवार में एक से ज्यादा भी बना सकते हैं। मगर ये 100 सदस्यों का जिसके पास दो पर्चे भरकर दिए होंगे, वो ही भारतीय जनता पार्टी का सक्रिय सदस्य बन पाएगा। प्रधानमंत्री नरेन्द्र मोदी से लेकर बूथ के कार्यकर्ता तक यह व्यवस्था कड़ाई से लागू करने का भारतीय जनता पार्टी ने मन बना लिया है। आप 100 सदस्य बनाइए, 9 लाख सदस्य भारतीय जनता पार्टी के नए 100 प्राथमिक सदस्य बनाएं और 100 सदस्यों की सूची भारतीय जनता पार्टी के कार्यालय में दें। भारतीय जनता पार्टी इसको सत्यापित करेगी, क्योंकि इलेक्ट्रॉनिक नंबर है, इसके साथ स्वतः प्रमाणित हो जाएगा और आप सक्रिय सदस्य बन जाएंगे।

सक्रिय सदस्य बनाने का मानदंड पहले था कि पार्टी की ओर से 10 दिन पार्टी के कार्य में कहीं-न-कहीं देने थे, उसमें हम थोड़ी कमी कर रहे हैं। 10 दिन की जगह हम 7 दिन ही रखते हैं। मगर थोड़ा बदलाव भी कर रहे हैं कि 7 दिन सदस्यता अभियान के लिए पूर्ण समय देना होगा और पार्टी की योजना से देना होगा, तभी जाकर आप सक्रिय सदस्य बन सकते हैं। जिसको सक्रिय सदस्य बनना है, उसको कोई मोहल्ला, कोई झुग्गी-झोपड़ी, कोई दलित बस्ती, कोई गांव जहां भारतीय जनता पार्टी का सदस्य नहीं है, कोई ब्लॉक जहां भारतीय जनता पार्टी का सदस्य नहीं है, भारतीय जनता पार्टी उसको आवंटित करेगी और वहां जाकर 7 दिन सदस्यता के लिए वो काम करके जब रिपोर्ट देंगे, उसका सत्यापन होगा और बाद में वो सक्रिय सदस्य के रूप में शामिल होंगे। जिसको भारतीय जनता पार्टी का सक्रिय सदस्य बनना है, उसको 7 दिन देना कोई बहुत बड़ी बात नहीं है और ये सात दिन दो साल में देने हैं। और कठोरता से नीचे तक हमें इस बात को ले जाना होगा और आप समझिएगा, कोई ढिलाई मत कीजिएगा। यह हम पर निर्भर करता है कि हम इस चीज को इसी भावना से नीचे तक ले जाएं। इसी भावना से उसका क्रियान्वयन करें और इसी भावना से परिणाम पाएं। जो प्रदेश, जिलास्तर के लोग है वो बैठक लेने जाएंगे, वो 7 दिन में गिन लिया जाएगा। मान लीजिए मुरलीधर राव जी हैं, 3 दिन तमिलनाडु गए

सदस्यता अभियान में लोगों का उत्साह बढ़ाने के लिए, तो वो 3 दिन गिन लिए जाएंगे। मगर जो नीचे के कार्यकर्ता हैं, मंडल स्तर के हैं, जिला स्तर के हैं, उनका आवंटित जगह पर प्रवास होगा, तभी वो सक्रिय सदस्य बन पाएंगे और 100 प्राथमिक सदस्य बनाने होंगे, तभी सक्रिय सदस्य बन पाएंगे। और ये दोनों मानदंड पूरा करने वाले 9 लाख सक्रिय सदस्य भारतीय जनता पार्टी को इस बार बनाने हैं। तो मैं मानता हूं कि बहुत बड़ा लक्ष्य नहीं है। पार्टी का आधार, आकार, बदलना हम लोगों पर निर्भर करता है। इससे अच्छी राजनीतिक स्थिति, राजनीतिक नेतृत्व, राजनीतिक स्वीकार्यता कभी नहीं आएगा। इस मौके का पार्टी को उपयोग कर लेना चाहिए। इस मौके को भुनाना चाहिए। इस जनाधार को स्थायित्व देना चाहिए। और स्थायित्व दिए गए जनाधार में से छांटकर विचारधारा को समर्पित और कुछ कार्यकर्ता निकालना है, जो लंबे अर्से तक, 15-20-25 साल तक भारतीय जनता पार्टी का काम बढ़ाएं। इस दिशा में सदस्यता अभियान का काम करना चाहिए।

मगर मित्रों, इस अभियान को जरा भी हल्के में ना लें। कई बार राजनीति में काम करते-करते हम लोगों के जीवन में स्थिरता आ जाती है। कुछ फैसले ऐसे होते हैं, जो हमारे अनुकूल नहीं होते। कई बार हमारी स्थिति भी हमें ठीक नहीं लगती। इन सब चीजों के कारण जो अवसाद, निष्क्रियता, स्थिरता पैदा होती है, उसको मेहरबानी करके ये तीन महीने मन से उखाड़कर फेंक दीजिए। क्योंकि ये तीन महीने ऐसे हैं कि अगर इन तीन महीनों में एक टोली काम करती है तो मैं मानता हूं कि नीचे तक ये 10 करोड़ सदस्यों का लक्ष्य पूर्ण हो सकेगा। ऐसा नहीं है कि यहां बैठे हुए लोगों को पार्टी ने आज तक जीवन में कुछ नहीं दिया। हो सकता है आज मेरी स्थिति है उससे मुझे संतोष न हो, मगर कभी तो कुछ दिया है। तो कभी कुछ दिया है तो इसके लिए जीवन के ये तीन महीने पार्टी के लिए लगा दीजिए और भारतीय जनता पार्टी को सफल बनाइए। मन में से हर विचार निकाल दीजिए, जो आपको सक्रिय बनने से रोकें और इस भावना को खोए बगैर बूथ तक पहुंचाने का काम यहां बैठी टोली का है।

मित्रों, भारतीय जनता पार्टी का जो भविष्य है, वो बड़ा उज्ज्वल है। मोदी जी का जो नेतृत्व है, उसकी विश्वभर, देशभर में स्वीकृति मिली

है। उनकी योजनाएं जो लोकाभिमुख हैं और योजनाओं के परिणाम जिस तरह से मिल रहे हैं, मैं मानता हूं कि आने वाला हमारा भविष्य बहुत सुनहरा है। मगर मैं चाहता हूं कि उस सुनहरे भविष्य को भुनाकर पार्टी का आधार इतना मजबूत कर दें, ऐसे कार्यकर्ताओं का निर्माण करें, जो हमारी विचारधारा को किसी भी निर्बल समय यदि पार्टी का आ जाए, हमारा कार्यकर्ता, हमारी विचारधारा अक्षुण्ण रहे। जनसंघ जब बना, उसके बाद कई ऐसे मौके आए। आपातकाल से लेकर दो सीट तक का समय आया। उसके बाद कई ऐसे मौके आए, जब कार्यकर्ताओं के मन में निराशा आई। मगर जनसंघ कार्यकर्ताओं का वैचारिक आधार स्पष्ट था, इसलिए पार्टी संकट से धीरे-धीरे बाहर निकल गई और हम इस मंजिल तक पहुंचे हैं। अगर नई बढ़ती हुई पार्टी का नए बनते हुए सदस्यों, बाहर से आते हुए लोगों की वैचारिक स्पष्टता हम ठीक नहीं करेंगे और इस सदस्यता अभियान को हम ठीक से नहीं चला पाएंगे तो संकट के समय में हमारी पार्टी ठीक नहीं रह पाएगी। इसको एक सामान्य रूटीन संगठन पर्व का महज एक अभियान मत समझिए। बहुत सोच-समझ, विचार कर बहुत विस्तृत योजना के साथ इसकी रूपरेखा तैयार की गई है। मैं आपको बता भी नहीं सकता, जो मैं देख सकता हूं उसको शब्दों में ढाल नहीं सकता। इसके इतने अच्छे परिणाम भारतीय जनता पार्टी को मिलने वाले हैं कि हम उसकी कल्पना भी नहीं कर सकते। अगर श्री नरेन्द्र मोदी जी के इस पुरुषार्थ को, उनकी लोकप्रियता को, हमारा इतना संगठनात्मक सहयोग मिल जाएगा तो मैं मानता हूं, कश्मीर से कन्याकुमारी और असम से गुजरात तक पूरा हिन्दुस्तान एक छत्र कमल के निशान पर अच्छा दिन हमको देखने को मिलेगा। और केवल सत्ता नहीं, हमारे जो सिद्धांत है, हमारी विचारधारा है उसको युवाओं तक पहुंचाना, आने वाली पीढ़ी तक पहुंचाना और नया भारत जो बनेगा आने वाले 15-20 सालों में, वो हमारे मूल विचारों के आधार पर बने, हमारे सिद्धांतों के आधार पर बने और देश का विकास भी हमारे सिद्धांतों को कमजोर किए बगैर हो। यह अगर हमें करना है तो इस अभियान में आप लोगों का सहयोग बहुत जरूरी है। यहां मंच पर बैठे हुए सभी लोग, सभी राष्ट्रीय पदाधिकारी, सभी भारत सरकार के मंत्री, सभी लोग पसीना बहाने वाले हैं। आप मेरा भरोसा कीजिएगा कोई नहीं छूटेगा। मगर हम नीचे तक

कार्यकर्ता को प्रेरित करें, भाषण से नहीं अपने काम से प्रेरित करें। अपनी योजना से उसके काम की व्यवस्था बनाइए और अपनी निगरानी से उसके आलस को निकाल दें तो मैं मानता हूं कि यह अभियान निश्चित सफल होगा। कल्पना कीजिएगा कि हिन्दुस्तान की एक पार्टी देश का, दुनिया का सबसे बड़ा राजनीतिक दल बनती है और इतने मजबूत आधार पर बनती है तो भारतीय जनता पार्टी का, मोदी जी का गौरव पूरी दुनिया में एक साथ इतना बढ़ेगा कि हम गौरव से कह पाएंगे कि हम भारतीय जनता पार्टी के कार्यकर्ता हैं। इसी दृष्टि से हमें पार्टी को आगे ले जाना चाहिए। मैं ज्यादा कुछ नहीं कहना चाहता मित्रों, मगर सक्रिय सदस्य बनाने के लिए जो मानदंड है इसको कृपया प्रांत में कमजोर मत कीजिएगा और वो अगर एक बार नीचे तक पहुंच जाएगा तो हमारा लक्ष्य निश्चित पूरा हो जाएगा। 100 सदस्य बनाना और 7 दिन देना, दोनों मानदंड को अगर आप नीचे तक ऐसे पहुंचाते हैं तो मुझे लगता है कि सब ठीक हो जाएगा। मैं आप लोगों से अपेक्षा करता हूं और बड़े विनम्र भाव से प्रार्थना करता हूं कि ये तीन महीने भारतीय जनता पार्टी के लिए लगा दीजिए। सालों तक भारतीय जनता पार्टी एक मजबूत आधार पर खड़ी रहेगी और लंबे अर्से तक अपने हजारों-हजार कार्यकर्ताओं को देश का और राज्यों की सेवा करने का मौका देती रहेगी।

मैं पार्टी के सभी कार्यकर्ताओं को बताना चाहूंगा कि यह सदस्यता महाभियान एक नई संगठन-आधारित राजनीति का शिलान्यास है। हमें इस ऐतिहासिक प्रयास को सफल बनाना है। यह हमारी अपनी खुद की सक्रियता के आधार पर ही सफल हो पाएगा। हम में से प्रत्येक को इस जिम्मेदारी को अपने ऊपर लेना पड़ेगा। यह कार्य हम सभी की संपूर्ण सहभागिता से ही आगे बढ़ेगा।'

मिशन दक्षिण एक्सप्रेस

दक्षिण भारत कभी भाजपा का जनाधार-क्षेत्र नहीं रहा, सिवाय कर्नाटक के, जहां लिंगायत समुदाय के बी. एस. येदियुरप्पा ने पार्टी को जीरो से हीरो बनाया। लेकिन कर्नाटक में पिछले विधानसभा चुनाव में, जब पार्टी ने भ्रष्टाचार के आरोपों के मामले में बी. एस. येदियुरप्पा से कन्नी काटी, तब उन्होंने अलग पार्टी बनाकर भाजपा के खिलाफ ही

मुहिम छेड़ दी और भाजपा यहां भी सत्ता से बाहर हो गई। हालांकि, अमित शाह की कोशिशों के बाद बी. एस. येदियुरप्पा की घर-वापसी हुई और अब कर्नाटक में पार्टी की स्थिति संभली है। लेकिन अमित शाह इतने से कहां संतुष्ट होने वाले रणनीतिकार हैं, उन्होंने तो मानो पूरे भारत की जनता का दिल जीतने का फैसला कर लिया है और सारे प्रदेशों को जीतकर प्रधानमंत्री नरेन्द्र मोदी की झोली में डाल देना चाहते है। इसलिए चार राज्यों में बड़ी कामयाबी के बाद भाजपा के अध्यक्ष अमित शाह अब मिशन दक्षिण पर लगे हुए हैं।

इसी के तहत 20 दिसंबर को अमित शाह दक्षिण भारत के केरल में पार्टी का आधार बनाने की मुहिम में जुटे। सबसे पहले उन्होंने एर्नाकुलम में एक संवाददाता सम्मेलन को संबोधित किया और इसमें कहा कि केरल की अर्थव्यवस्था संकट के दौर से गुजर रही है। कांग्रेस और वामदलों के कुशासन के चलते केरल आज कर्ज में डूबा हुआ है और यहां बेरोजगारी चरम पर है। उन्होंने कहा कि वर्ष 2000-01 में गुजरात की सालाना प्रति व्यक्ति आय 17,227 रुपये थी, जबकि केरल की 19,809 रुपये थी। उस समय केरल की प्रति व्यक्ति आय गुजरात से 2,582 रुपये अधिक थी। लेकिन विगत वर्षों में गुजरात ने जहां तेज प्रगति की, वहीं केरल लगातार पिछड़ता गया। यही वजह है कि वर्ष 2012-13 में गुजरात की प्रति व्यक्ति आय बढ़कर 61,220 रुपये हो गई, जबकि केरल की प्रति व्यक्ति आय मात्र 56,115 रुपये रह गई। इस तरह, आज गुजरात की प्रति व्यक्ति आय केरल के मुकाबले पांच रुपये अधिक है।

अमित शाह ने संवाददाताओं के माध्यम से जनता को बताया कि एनडीए सरकार ने अपने पहले ही बजट में केरल में आईआईटी की स्थापना की घोषणा की। उन्होंने कहा कि नरेन्द्र मोदी के नेतृत्व में एनडीए सरकार ने इराक में फंसी केरल की नर्सों को सकुशल वहां से निकालकर केरल में उनके घर पहुंचाया। इसी तरह, सरकार ने लीबिया में फंसी केरल की नर्सों को भी वहां से सुरक्षित निकालकर केरल पहुंचाने का काम किया। अमित शाह ने वाम मोर्चा और कांग्रेस पर यह भी आरोप लगाया कि उन्होंने केरल में अल्पसंख्यक तुष्टिकरण के नाम पर कट्टरपंथी तत्त्वों को बढ़ावा दिया है। अमित शाह ने कहा कि

भाजपा देश की सबसे बड़ी पार्टी है। लोकसभा चुनाव 2014 में केरल में भले ही भाजपा का खाता न खुला हो, लेकिन मतसंख्या के आधार पर भाजपा राज्य की तीसरी सबसे बड़ी पार्टी है। भारतीय कम्युनिस्ट पार्टी से भी अधिक वोट भाजपा को मिले हैं। लोकसभा चुनाव में भाजपा को जहां 10 प्रतिशत से अधिक मत मिले, वहीं सीपीआई को मात्र 7.6 प्रतिशत मत मिले। अमित शाह ने यहां केन्द्र सरकार की उपलब्धियों का जिक्र करते हुए कहा कि प्रधानमंत्री नरेन्द्र मोदी के नेतृत्व में भारतीय अर्थव्यवस्था सुस्ती के दौर से निकलकर उच्च विकास दर के पथ पर बढ़ रही है। एनडीए सरकार का ध्येय- सबका साथ, सबका विकास है।

इसके अगले दिन, 21 दिसंबर को केरल के पलक्कड में आयोजित एक सार्वजनिक रैली को संबोधित करते हुए अमित शाह ने कहा कि पलक्कड अपने देश में भगवान के प्रवेश द्वार के रूप में जाना जाता है और इसके साथ ही यह स्थान केरल के लिए प्रवेश द्वार के रूप में भी पहचाना जाता है। लोगों की अपार भीड़ को देखकर उन्होंने कहा कि इस तरह के समर्थन को देखने के बाद मुझे लगता है कि इस प्रवेश द्वार के माध्यम से भारतीय जनता पार्टी केरल के लाखों लोगों के दिल और आत्मा में प्रवेश करेगी। इस बात का मुझे पक्का यकीन है। उन्होंने यह भी कहा कि यहां आज जो भीड़ भाजपा के समर्थन में उमड़ी है, वह इस बात को दर्शाता है कि अतीत के साथ ही अब बदलाव की जरूरत है। मौजूदा केरल सरकार पर हमला बोलते हुए अमित शाह ने कहा कि यह जन-समर्थन वर्तमान सरकार से जनता के बीच पैदा हुई निराशा को दर्शाता है। अमित शाह ने इसके साथ ही यह भी कहा कि जो यहां विकास की जरूरत है, उसे केवल भाजपा सरकार ही प्रदान कर सकता है।

3 जनवरी, 2015 को अमित शाह ने कर्नाटक में एक संवाददाता सम्मेलन को संबोधित किया, जहां कांग्रेस मुक्त कर्नाटक बनाने के लिए अधिकाधिक संख्या में भाजपा से जुड़ने की अपील की। अमित शाह ने कांग्रेस पर सीधे-सीधे आरोप लगाते हुए कहा कि कांग्रेस के शासनकाल में कर्नाटक की अर्थव्यवस्था बुरी तरह चरमरा गई है। भाजपा के शासन में यह दस फीसदी थी, लेकिन अब पांच फीसदी पर जा सिमटी है। युवा रोजगार के लिए भटक रहे हैं और किसानों का बुरा हाल है। कर्नाटक के 77 प्रतिशत किसान कर्ज के बोझ तले दबे

हैं। अमित शाह ने कहा कि कर्नाटक की कांग्रेस सरकार भ्रष्ट, शिथिल और निष्क्रिय है। जनता ने विकास के वादे पर इसे वोट दिया था, लेकिन अब यह तुष्टीकरण की नीतियां अपना रही है। अमित शाह ने यह दावा किया कि कर्नाटक में प्रतिदिन 20 हजार लोग भाजपा के सदस्य बन रहे हैं और मार्च, 2015 तक एक करोड़ सदस्य बनाने का लक्ष्य हासिल किया जाएगा।

अमित शाह ने यहां बताया कि सरकार ने वर्ष 2015 की शुरुआत देश को एक नई संस्था देकर की है। सरकार ने योजना आयोग की जगह नीति आयोग की स्थापना की है। सहकारी संघवाद की संकल्पना पर आधारित नीति आयोग में प्रधानमंत्री के साथ-साथ सभी राज्यों के मुख्यमंत्री और केन्द्र शासित प्रदेशों के राज्यपाल भी होंगे।

अध्याय नौ

सरकार और संगठन

एक पार्टी अध्यक्ष का यह दायित्व होता है कि वह सरकार और संगठन के बीच न केवल सामंजस्य स्थापित करे, वरन वक्त-बेवक्त सरकार का मार्गदर्शन करे और उसकी उपलब्धियों को अपने कार्यकर्ताओं और नेताओं के माध्यम से जनता तक पहुंचाए। चूंकि सरकार पर प्रशासनिक बोझ अधिक होता है, इसलिए विशेषज्ञों के अनुसार, अगर पार्टी अध्यक्ष सरकारी उपलब्धियों को उल्लेखित करने की दृढ़ इच्छाशक्ति दिखाएं, तो जनता के बीच सरकार की साख मजबूत होती है। इस तरह अमित शाह का अब तक का योगदान क्या रहा है, इसे जानने के लिए हमें उनके उस वक्तव्य का अध्ययन करना होगा, जो उन्होंने बीते साल 27 नवंबर को जारी किया था।

'प्रधानमंत्री नरेन्द्र मोदी के नेतृत्व में राजग सरकार ने 26 नवंबर, 2014 को छह महीने पूरे किए हैं। भारतीय जनता पार्टी ने लोकसभा चुनाव से पहले जनता से जो वादे किए, उन्हें पूरा करने को सरकार ने कई कदम उठाए हैं। छह महीने की अल्पावधि में ही राजग सरकार ने कई ऐतिहासिक उपलब्धियां हासिल की हैं। सरकार के उपायों से न सिर्फ आम लोगों का जीवन आसान हुआ है, बल्कि एक मजबूत भारत की आधारशिला रखी है। बीते छह महीने में सरकार की प्रमुख उपलब्धियां निम्नलिखित हैं:-

महंगाई पर लगाम लगाई

सरकार ने महंगाई पर अंकुश लगाने के लिए राजकोषीय और

प्रशासनिक उपाय करते हुए 500 करोड़ रुपये का मूल्य स्थिरीकरण कोष स्थापित किया है। प्याज और आलू की आपूर्ति बढ़ाने को न्यूनतम निर्यात मूल्य बढ़ाया। राज्यों की जमाखोरी और कालाबाजारी के मामलों को शीघ्र निपटाने को विशेष अदालतें बनाने को कहा। परिणामस्वरूप छह महीने के भीतर ही महंगाई में रिकॉर्ड गिरावट दर्ज हुई है। थोक महंगाई दर पांच साल के न्यूनतम स्तर पर है। थोक मूल्य सूचकांक पर आधारित मुद्रास्फीति अक्तूबर 2014 से घटकर 1.77 प्रतिशत रह गई है, जबकि संप्रग शासन में अक्तूबर 2013 में यह 7.24 प्रतिशत और मई 2014 में 6.18 प्रतिशत थी। इसी तरह उपभोक्ता मूल्य सूचकांक पर आधारित मुद्रास्फीति अक्तूबर 2014 में घटकर मात्र 5.52 प्रतिशत रह गई है, जबकि कांग्रेस की संप्रग सरकार के शासन में अक्तूबर, 2013 में यह 10.17 प्रतिशत और मई, 2014 में 8.28 प्रतिशत थी। इसके साथ ही पेट्रोल और डीजल भी सस्ते हुए। एक जून, 2014 को नई दिल्ली में पेट्रोल की कीमत प्रति लीटर 71.45 रुपये थी, जो राजग सरकार की सत्ता में आने के बाद हुई कटौती के कारण एक नवंबर, 2014 को 64.27 रुपये प्रति लीटर रह गई है। पेट्रोल की कीमत में अलग-अलग राज्यों में अलग-अलग दर से कमी आई है। एक जून, 2014 को नई दिल्ली में डीजल की कीमत प्रति लीटर 57.28 रुपये थी, जो राजग सरकार बनने के बाद हुई कटौती से एक नवंबर, 2014 को 53.35 रुपये प्रति लीटर रह गई है। डीजल की कीमत में अलग-अलग राज्यों में अलग-अलग दर से कमी आई है।

रोजगार सृजन और उद्यमिता को उच्च प्राथमिकता

युवाओं के कौशल विकास के लिए अलग मंत्रालय बनेगा। विनिर्माण क्षेत्र को बढ़ावा देने के लिए 'मेक इन इंडिया कार्यक्रम' शुरू किया। परिणामस्वरूप मोदी सरकार के पहले छह महीने में उठाए गए कदमों से 2015 में करोड़ों युवाओं को रोजगार मिलेगा।

भ्रष्टाचार खत्म करने पर जोर

सूचना प्रौद्योगिकी आधारित पारदर्शी तंत्र बनाकर भ्रष्टाचार खत्म करने की दिशा में ई-क्रांति परियोजना की शुरुआत की गई,

जिस पर अगले कुछ वर्षों में एक लाख करोड़ रुपये से अधिक खर्च होंगे। ई-क्रांति को अमल में लाने के लिए डिजिटल इंडिया कार्यक्रम शुरू हुआ।

काला धन वापस लाने को विशेष कार्यदल गठित

प्रधानमंत्री नरेन्द्र मोदी की अध्यक्षता में 27 मई को कैबिनेट की पहली बैठक में ही विशेष जांच दल का गठन किया गया। इसके बाद वित्त मंत्रालय ने एक उच्च स्तरीय दल स्विट्जरलैंड भेजा। विदेशी बैंकों में खाताधारक 427 लोगों की पहचान, 250 लोगों ने खाता होने की बात स्वीकार की।

नीतिगत अपंगता को दूर किया

संप्रग सरकार में बने मंत्रिसमूहों को खत्म किया। सचिवों के साथ प्रधानमंत्री ने सीधे संवाद स्थापित कर नौकरशाही को निर्णय लेने के प्रोत्साहित किया। परिणामस्वरूप केन्द्र के विभिन्न विभागों और मंत्रालयों में बेहतर समन्वय और निर्णय प्रक्रिया में तेजी आई।

टीम इंडिया के रूप में कार्य किया

राज्यों को साथ लेकर चलने के विचार को व्यवहार में उतारा। जम्मू-कश्मीर में भीषण बाढ़ तथा उड़ीसा और आंध्र प्रदेश में चक्रवातीय तूफान जैसी प्राकृतिक आपदाओं में केन्द्र सरकार ने राज्यों के साथ बेहतर समन्वय स्थापित करते हुए कंधे-से-कंधा मिलाकर कार्य किया। विभिन्न कार्यक्रमों को शुरू करने से पहले राज्यों से संवाद की परंपरा शुरू की। परिणामस्वरूप प्राकृतिक आपदा से प्रभावितों को समय पर राहत और बचाव मुहैया कराना संभव हुआ।

स्मार्ट शहर बसाने की प्रक्रिया शुरू

100 नए स्मार्ट शहरों के लिए आम बजट में 7060 करोड़ रुपये का आवंटन किया। परिणामस्वरूप विकसित किए जाने वाले 100 शहरों की पहचान की गई। कई शहरों में काम शुरू हुआ।

2019 तक स्वच्छ भारत

सरकार ने 'स्वच्छ भारत अभियान' लांच किया, स्वच्छ भारत कोष की स्थापना की। परिणामस्वरूप स्वच्छता एक आंदोलन बन गया है, अलग-अलग क्षेत्र के लोग इससे जुड़े हैं।

राष्ट्रीय न्यायिक आयोग का गठन

सरकार ने राष्ट्रीय न्यायिक नियुक्ति आयोग विधेयक 2014 संसद से पारित कराया। उच्च अदालतों में न्यायाधीशों की नियुक्ति के लिए आयोग बनने का रास्ता प्रशस्त हुआ। इससे न्यायिक नियुक्ति प्रक्रिया में पारदर्शिता और तेजी से आएगी।

गांवों में शहरी सुविधाएं उपलब्ध कराने पर काम शुरू

सरकार ने 'प्रधानमंत्री सांसद आदर्श गांव योजना' शुरू की और योजना के तहत संसद सदस्यों ने गांवों का चयन किया, साथ ही अर्बन योजना पर भी काम चल रहा है।

वरिष्ठ नागरिकों के लिए कल्याणकारी उपाय

सरकार ने 'जीवन प्रमाण योजना' शुरू की, बचत योजनाओं में पड़ी दावारहित धनराशि का इस्तेमाल वरिष्ठ नागरिकों को वित्तीय मदद देने के लिए करने की घोषणा की और परिणामस्वरूप पेंशनभोगियों को अब हर साल नवंबर तक जीवित होने का सबूत देने के लिए सरकारी कार्यालय जाने की जरूरत नहीं होगी। वित्तीय मदद मिलने से उनका जीवन आसान होगा।

आर्थिक पुनरुत्थान, विकास दर बढ़ी

लंबित आर्थिक सुधारों को लागू करते हुए कई राजकोषीय कदम उठाए, जिससे निवेश चक्र को पुनः चालू किया जा सके। रेल, रक्षा और निर्माण क्षेत्र में एफडीआई नियम उदार बनाए गए। परिणामस्वरूप सरकार के प्रयासों से विकास दर बढ़ी। वित्त वर्ष 2014-15 की पहली तिमाही (अप्रैल-जून) में सकल घरेलू उत्पाद की वृद्धि दर बढ़कर 5.7 प्रतिशत

हो गई है, जबकि कांग्रेस के नेतृत्व वाली संप्रग सरकार के कार्यकाल में वित्त वर्ष 2013-14 की पहली तिमाही में यह 4.7 प्रतिशत और अंतिम तिमाही (जनवरी-मार्च) में 4.6 प्रतिशत थी। इसके साथ ही औद्योगिक उत्पादन सूचकांक ने भी रफ्तार पकड़ी है। लगातार नकारात्मक वृद्धि दर्ज करने वाले औद्योगिक उत्पादन सूचकांक में भी राज सरकार की कोशिशों से अब वृद्धि होने लगी है। सितंबर 2014 में औद्योगिक उत्पादन सूचकांक में 2.5 प्रतिशत वृद्धि हुई।

मध्यम वर्ग की आकांक्षाएं पूरी करने पर जोर

सरकार ने आयकर से छूट की सीमा दो लाख रुपये से बढ़ाकर ढाई लाख रुपये तथा वरिष्ठ नागरिकों के लिए ढाई लाख रुपये से बढ़ाकर तीन लाख रुपये की। परिणामस्वरूप महंगाई घटने तथा आयकर में राहत मिलने से मध्यम वर्ग और निम्न मध्यम वर्ग अब अपने भविष्य के लिए निवेश कर सकता है।

कृषि को फायदेमंद बनाने के उपाय

सरकार ने प्रधानमंत्री कृषि सिंचाई योजना, मोबाइल मृदा परीक्षण प्रयोगशालाएं, एमएसपी बढ़ाया, जिससे डीजल के दाम घटने से कृषि लागत कम आएगी। सरकार ने जो उपाय किए हैं, उनके दूरगामी फायदे होंगे।

निर्मल गंगा के लिए भाजपा प्रतिबद्ध

सरकार ने गंगा के लिए अलग मंत्रालय बनाया, आम बजट में 2037 करोड़ रुपये 'नमामि गंगे योजना' घोषित की। परिणामस्वरूप गंगा को प्रदूषण मुक्त करने का कार्यक्रम शुरू, प्रदूषणकारी उद्योगों को मार्च 2015 तक सेंसर लगाने को कहा। गंगा में गंदगी गिरने पर पूर्णतः रोक सुनिश्चित होगी।

गौवंश का संरक्षण

सरकार ने 'राष्ट्रीय गोकुल मिशन' शुरू किया और देशी गायों के संरक्षण के लिए 500 करोड़ रुपये की इस योजना के तहत कई कार्यक्रमों को मंजूरी दी गई।

अन्य ऐतिहासिक उपलब्धियां

'प्रधानमंत्री जन धन योजना' में खुले गरीबों के बैंक खाते

प्रधानमंत्री ने स्वतंत्रता दिवस पर 15 अगस्त, 2014 को लालकिले की प्राचीर से इस योजना की घोषणा की और 28 अगस्त, 2014 को इसे राष्ट्रीय स्तर पर लांच किया। 22 नवंबर, 2014 तक 'प्रधानमंत्री जन धन योजना' के तहत 7.73 करोड़ बैंक खाते खोले जा चुके हैं। इसमें से 4.58 करोड़ बैंक खाते ग्रामीण क्षेत्र में तथा 3.14 बैंक खाते शहरी क्षेत्र में हैं। जनगणना 2011 के अनुसार, देश में 40 प्रतिशत परिवारों के पास बैंक खाते नहीं थे।

'मेक इन इंडिया' की शुरुआत

प्रधानमंत्री ने 25 सितंबर, 2014 को 'मेक इन इंडिया अभियान' लांच किया। इसे सफल बनाने के लिए रक्षा क्षेत्र में प्रत्यक्ष विदेशी निवेश की सीमा को 49 प्रतिशत से बढ़ाकर अधिक किया गया। इसके अलावा, कई अन्य क्षेत्रों में भी एफडीआई की राह आसान बनाई। इससे युवाओं के लिए रोजगार के अवसर मिलने का रास्ता तैयार होगा।

कूटनीतिक मोर्चे पर लहराया परचम

विदेश नीति के मोर्चे पर भी प्रधानमंत्री श्री नरेन्द्र मोदी ने परचम लहराया है। सीमा पर गोलीबारी के मुद्दे पर पाकिस्तान को करारा जवाब दिया गया है। अमेरिका, जापान और ऑस्ट्रेलिया में प्रधानमंत्री के भव्य स्वागत से दुनिया भर में भारतीयों का सिर गर्व से ऊंचा हुआ है। इराक संकट के दौरान फंसे भारतीयों को सफलतापूर्वक सुरक्षित निकाला गया। पड़ोसी देशों के साथ सहयोग और मैत्रीपूर्ण संबंध कायम रखने के लिए सार्क देशों के प्रमुखों को शपथ ग्रहण समारोह में आमंत्रित किया।

डब्ल्यूटीओ में किसानों और गरीबों के हितों की रक्षा

भारत ने जुलाई 2014 में डब्ल्यूटीओ के व्यापार सरलीकरण समझौते पर दस्तखत करने से इनकार कर दिया। भारत ने साफ कहा है कि पहले खाद्य सुरक्षा और कृषि सब्सिडी के मुद्दे पर उसकी चिंताएं दूर

होनी चाहिए। राजग सरकार के इस सख्त रुख की वजह से ही अमेरिका भारत के नजरिये का समर्थन करने को मजबूर हुआ। डब्ल्यूटीओ वार्ताओं में भारत की यह बड़ी जीत है।

पंडित दीनदयाल उपाध्याय श्रमेव जयते कार्यक्रम

कर्मचारियों और श्रमिकों की भलाई के लिए सरकार ने यह कार्यक्रम अक्तूबर, 2014 में लांच किया। इसके साथ ही न्यूनतम पेंशन 1000 रुपये तय की। साथ ही, पीएफ के लिए यूनिवर्सल नंबर का शुभारंभ हुआ है, जिसकी मदद से कमर्चारी अपने पीएफ खाते को कहीं से भी संचालित कर सकेंगे। कर्मचारी भविष्य निधि संगठन के पास दावारहित 27000 करोड़ रुपयों को श्रमिकों के हितों के लिए खर्च किया जाएगा।

सरकारी कार्यशैली में व्यापक बदलाव

प्रधानमंत्री नरेन्द्र मोदी के नेतृत्व में सरकारी कार्यशैली में व्यापक परिवर्तन आया है। सरकारी निर्णय लेने की प्रक्रिया तेज हुई है। संप्रग सरकार के कार्यकाल में सरकार में नीतिगत फैसले लेने की प्रक्रिया बिलकुल ठप पड़ गई थी। इस संबंध में सबसे अहम फैसला संप्रग शासन में बने मंत्री-समूहों को खत्म करके लिया गया गया। इसके अलावा सरकारी कर्मचारियों की हाजिरी के लिए http://attendance - gov-in/ शुरू की, ताकि केन्द्र के सभी कर्मचारी समय पर कार्यालय पहुंचे।

रक्षा क्षेत्र में एफडीआई की सीमा बढ़ाई, रक्षा खरीद प्रक्रिया को गति दी

आर्थिक सुधारों को लागू करते हुए सरकार ने रक्षा क्षेत्र में एफडीआई की सीमा 26 प्रतिशत से बढ़ाकर 49 प्रतिशत की। फिलहाल भारत 70 प्रतिशत रक्षा सामान आयात करता है। इस फैसले से देश में ही रक्षा उपकरणों की मैन्युफैक्चरिंग को बढ़ावा दिया जा सकेगा। सरकार ने एक फैसले में 80,000 करोड़ रुपये की रक्षा खरीद को मंजूरी दी। यूपीए सरकार ने रक्षा खरीद पर कोई फैसला न करके देश की सुरक्षा से समझौता किया था। रक्षा क्षेत्र के साथ-साथ रेल और निर्माण क्षेत्र में भी एफडीआई की सीमा बढ़ाई गई।

24 घंटे बिजली

चौबीस घंटे बिजली देने का वादा पूरा करने के लिए मोदी सरकार ने 43,000 करोड़ रुपये की 'दीनदयाल उपाध्याय ग्राम ज्योति योजना' को मंजूरी दी है। इसके अलावा बिजली क्षेत्र में कई व्यापक सुधार भी किए हैं।

इस तरह प्रधानमंत्री नरेन्द्र भाई मोदी के नेतृत्व में राजग सरकार ने 'सबका साथ, सबका विकास' नीति पर अमल करते हुए छह महीने से भी कम समय में 'एक भारत, श्रेष्ठ भारत' के निर्माण की ठोस शुरुआत की है। आने वाले दिनों में ऐसे ही कई लोक कल्याणकारी उपाय देखने को मिलेंगे। इसके लिए प्रधानमंत्री नरेन्द्र भाई मोदी और उनकी पूरी टीम बधाई की पात्र हैं। दूसरी ओर हताश कांग्रेस पार्टी के नेता आजकल अनर्गल राग अलाप रहे हैं। वे राजग सरकार से छह महीने का हिसाब मांग रहे हैं। जिस पार्टी ने 60 साल तक शासन कर देश को तरक्की से वंचित रखा, करोड़ों लोगों को गरीबी में जीने को मजबूर किया, युवाओं के हाथों में बेरोजगारी की हथकड़ियां डाले रखीं, जिसने लोकतंत्र का गला घोंटने की कोशिश की, वही पार्टी आज छह महीने के शासन का हिसाब मांग रही है। ऐसी शोषणकारी, दमनकारी, अलोकतांत्रिक पार्टी को भाजपा के छह माह के शासन का हिसाब मांगने का कोई हक नहीं है। कांग्रेस पार्टी को उसके 60 साल के कुशासन और भ्रष्टाचार की सजा देश की जनता 2014 के लोकसभा चुनाव में और उसके बाद हरियाणा व महाराष्ट्र विधानसभा के चुनाव में दे चुकी है। अब झारखंड और जम्मू-कश्मीर की जनता भी कांग्रेस को करारी मात देने को तैयार है। ऐसे में, निराशा में डूबे कांग्रेस के नेताओं की मनोदशा को सही ही समझा जा सकता है। इसी हताशा के चलते कांग्रेस को राजग सरकार की उपलब्धियां नजर नहीं आ रहीं।

बहरहाल, प्रधानमंत्री नरेन्द्र मोदी और उनकी टीम ने मात्र छह महीने में ही असाधारण उपलब्धियां अर्जित की हैं। सरकार जब 60 महीने का अपना रिपोर्ट कार्ड जनता की अदालत में रखेगी, तब निश्चित ही उपलब्धियों की फेहरिस्त और लंबी होगी।'

अध्याय दस

मिशन दिल्ली

मानो अमित शाह की कुंडली में ही यह लिखा है कि वह मिशन को अपने अंजाम तक पहुंचाने के लिए बने हैं। हरियाणा, महाराष्ट्र, झारखंड और जम्मू एवं कश्मीर में पार्टी को अभूतपूर्व सफलता दिलाने के बाद वह कुछ वक्त आराम क्या करते कि इससे पहले निर्वाचन आयोग ने दिल्ली चुनाव की अधिसूचना जारी कर दी। 12 जनवरी, 2015 को निर्वाचन आयोग ने दिल्ली विधानसभा चुनाव की तारीख घोषित कर दी है और इस घोषणा के साथ ही आदर्श चुनाव आचार संहिता भी लागू हो गई है। मुख्य चुनाव आयुक्त वी. एस. संपत ने एक प्रेस कांफ्रेंस में बताया कि दिल्ली में विधानसभा चुनाव के लिए मतदान सात फरवरी को होगा, जबकि चुनाव परिणाम 10 फरवरी को आएंगे। चुनाव आयोग के मुताबिक दिल्ली में कुल 11,763 मतदान केंद्रों पर वोटिंग होगी और 15 फरवरी से पहले ही चुनाव प्रक्रिया पूरी कर ली जाएगी। दिल्ली में कुल 70 सीटें हैं, जिनमें से 12 सीटें विभिन्न श्रेणियों के लिए आरक्षित की गई हैं। दिल्ली में मतदाताओं की संख्या एक करोड़ तीस लाख है, जो अपने 70 जनप्रतिनिधियों का चुनाव करेंगे। पिछले चुनाव में दिल्ली के मतदाताओं ने खंडित जनादेश सुनाया था, जिसमें भाजपा को सबसे अधिक सीटें मिली थीं। हालांकि, कांग्रेस के बाहरी समर्थन से आम आदमी पार्टी ने अपनी सरकार बनाई थी, लेकिन वह सरकार महज 49 दिनों तक चली।

बहरहाल, 12 जनवरी की चुनाव तारीखों की घोषणा से यह अंदाजा लग जाता है कि तमाम राजनीतिक पार्टियों के पास दिल्ली में प्रचार-प्रसार

को लेकर समय कम मिला, खासतौर पर भाजपा हाईकमान के लिए, क्योंकि यह पार्टी अन्य राज्यों के विधानसभा चुनावों में व्यस्त थी और इसलिए उसने दिल्ली के लिए अपने उम्मीदवार घोषित नहीं किए थे। लेकिन अब तक अमित शाह के बारे में तमाम राजनीतिक जानकार यह समझ चुके थे कि वह उसी मिशन को स्वीकारते हैं, जिसमें चुनौतियां ढेर सारी हों। अमित शाह के सामने सबसे बड़ी चुनौती यही थी कि दिल्ली में आम आदमी पार्टी के पिछले एक साल से जारी चुनाव प्रचार अभियान को रोकना। इस चुनौती में सबसे बड़ा मोड़ यह था कि आम आदमी पार्टी ने अपनी तरफ से मुख्यमंत्री पद के उम्मीदवार के लिए अरविंद केजरीवाल के नाम को फिर आगे कर रखा था, जो अपनी स्वच्छ, ईमानदार, बेदाग और प्रशासनिक छवि के लिए जाने जाते हैं। इसलिए भाजपा को एक ऐसे नेता की जरूरत थी, जो उनकी इस छवि को जनता के बीच टक्कर दे सके। इसके लिए अमित शाह ने पूर्व आईपीएस अधिकारी किरण बेदी को चुना, जो अपनी ईमानदार और स्वच्छ प्रशासनिक छवि के तौर पर जानी जाती है। उनकी कर्तव्यनिष्ठा का दिल्ली की जनता वर्षों से कायल रही है।

15 जनवरी, 2015 को भाजपा के राष्ट्रीय अध्यक्ष अमित शाह के नेतृत्व में पूर्व आईपीएस अधिकारी श्रीमती किरण बेदी ने भारतीय जनता पार्टी की सदस्यता ग्रहण की। भाजपा केंद्रीय कार्यालय, 11 अशोक रोड में आयोजित इस कार्यक्रम में भारत सरकार के वित्त मंत्री अरुण जेटली, केंद्रीय मंत्री डा. हर्षवर्धन, दिल्ली प्रदेश के अधयक्ष सतीश उपाध्याय, दिल्ली प्रदेश के प्रभारी प्रभात झा एवं राज्य सभा सांसद विजय गोयल उपस्थित थे। कार्यक्रम का संचालन भाजपा के राष्ट्रीय सचिव श्रीकांत शर्मा ने किया। भाजपा के राष्ट्रीय अध्यक्ष अमित शाह ने श्रीमती किरण बेदी को भाजपा की सदस्यता प्रदान कर उनका अभिनंदन किया। इस अवसर पर उन्होंने कहा कि किरण जी ने भारतीय जनता पार्टी की सदस्यता ग्रहण की है इसके लिए मैं पार्टी की ओर से उनका हृदय से धन्यवाद करता हूं और मानता हूं कि किरण जी के भारतीय जनता पार्टी में आने से पार्टी की दिल्ली यूनिट को बहुत मजबूती मिलेगी। दिल्ली के चुनाव में जनता की जो अपेक्षाएं हैं, उसकी परिपूर्ति के लिए एक अच्छा साझीदार मिलेगा। आने वाले दिनों में दिल्ली की चुनावी जंग और

बाद में दिल्ली में नई बनी हुई सरकार, दोनों जनता की अपेक्षा पर खरे उतरें इसके लिए उनका रचनात्मक योगदान भारतीय जनता पार्टी को काफी काम आएगा। किरण जी के आने से भारतीय जनता पार्टी की दिल्ली इकाई हर्ष अनुभव कर रही है। इसी मौके पर भारत के वित्त मंत्री अरुण जेटली ने कहा कि श्रीमती किरण बेदी ने लंबे समय तक प्रशासनिक सेवा के माध्यम से देश की सेवा की है। समाज और देश में उनका विशिष्ट स्थान है। वह जागरूक और विश्वसनीय व्यक्तित्व की धनी हैं। वह भारतीय जनता पार्टी की सदस्यता ग्रहण कर रही हैं, निश्चित तौर पर उनके लंबे अनुभवों का लाभ पार्टी को मिलेगा। मैं उनका पार्टी में स्वागत करता हूं।

वहीं, भाजपा की सदस्यता ग्रहण करने के पश्चात पूर्व आईपीएस अधिकारी श्रीमती किरण बेदी ने कहा कि भारतीय जनता पार्टी की सदस्यता ग्रहण करने पर मैं स्वयं में गर्व का अनुभव कर रही हूं। पार्टी की सदस्यता लेने की प्रेरणा मुझे लोकप्रिय प्रधानमंत्री नरेन्द्र भाई मोदी के नेतृत्व-कौशल को देखकर मिली है। साथ ही साथ, भाजपा के राष्ट्रीय अध्यक्ष अमितभाई शाह और वित्त मंत्री अरुण जेटली जी की कार्यशैली से मैं प्रभावित रही हूं। इन्हीं प्रेरणास्पद व्यक्तित्वों से प्रभावित होकर मैंने भारतीय जनता पार्टी के माध्यम से सेवा का संकल्प लिया है। मैं पहले से ही सामाजिक संगठन के माध्यम से जनसेवा करती रही, किंतु राजनीति के माध्यम से समाज की सेवा इस दल के एक कर्मठ कार्यकर्ता के रूप में करना चाहती हूं। मुझे प्रसन्नता है कि वह अवसर आया है, जब मैं भाजपा की सदस्यता ग्रहण कर इस संकल्प को पूरा कर सकूंगी।

गौरतलब है कि लोकप्रिय अन्ना आंदोलन में अन्ना हजारे के सहयोगी के तौर पर किरण बेदी और अरविंद केजरीवाल एक साथ थे। बाद में, जब अरविंद केजरीवाल ने आम आदमी पार्टी बनाई, तो किरण बेदी उससे नहीं जुड़ीं। उन्होंने इस पार्टी का यह कहते हुए विरोध किया था कि यह अन्ना आंदोलन के मकसद को पूरा नहीं करती। ऐसे में, किरण बेदी को राजनीतिक मैदान में उतारकर अमित शाह ने एक ही बार में आम आदमी पार्टी के तमाम राजनीतिक मुद्दे झटक लिए और उसकी कथित लोकप्रियता में भी सेंध लगाई। ऐसा बताया जाता है कि अमित

शाह की इस रणनीति के वास्तविक सूत्रधार अरुण जेटली थे। दरअसल, भाजपा में शामिल होने से पहले वह किस तरह प्रधानमंत्री नरेन्द्र मोदी से मिलीं और कैसे प्रधानमंत्री ने उनका समर्थन किया, इसकी कहानी बेहद दिलचस्प है।

किरण बेदी को भाजपा में लेने के कई महीने पुराने विचार ने एक सर्वेक्षण के बाद गंभीरता पकड़ी। भाजपा के आंतरिक सर्वे में यह बात सामने आई कि पार्टी एक बड़ा प्रभावशाली चेहरा न होने की वजह से आम आदमी पार्टी के नेता अरविंद केजरीवाल के मुकाबले पिछड़ सकती है। बीजेपी के विजय गोयल, विजेंद्र गुप्ता, सतीश उपाध्याय, जगदीश मुखी जैसे बड़े नाम वोटर के एक वर्ग को केजरीवाल के मुकाबले ज्यादा प्रभावित करते नहीं लग रहे थे। करीबी मुकाबले वाले इलाकों में मतदाताओं का यह वर्ग अहम किरदार निभा सकता है। इस सर्वे के बाद अरुण जेटली की तरफ से किरण बेदी को संदेश भिजवाया गया। इस बीच कांग्रेस द्वारा भी प्रभावशाली नेता अजय माकन को प्रचार समिति का प्रमुख बनाए जाने के बाद भाजपा को बड़े चेहरे की जरूरत और बढ़ गई। किरण बेदी भी भाजपा के साथ जुड़ना चाहती थीं, यह उनके बयानों से जाहिर होता रहा है। इस सिलसिले में दो राउंड की मुलाकात के बाद जेटली ने उनकी मुलाकात अमित शाह के साथ तय कराई। अमित शाह उन्हें प्रधानमंत्री नरेंद्र मोदी के पास ले गए। करीब 20 मिनट की मुलाकात में बेदी को दिल्ली में प्रमुख चेहरा बनाने के संकेत मिल गए। इसके बाद दिल्ली भाजपा के सभी बड़े नेताओं को संकेत भिजवाए गए। इन संकेतों का ही असर था कि मुख्यमंत्री पद के दावेदार माने जाने वाले नेताओं के अलावा दिल्ली में सबसे सीनियर नेता विजय कुमार मल्होत्रा भी प्रदेश कार्यालय में किरण बेदी के स्वागत कार्यक्रम में उपस्थित थे। किरण बेदी इस कार्यक्रम में भावी मुख्यमंत्री के स्टाइल में बोलीं, 'अब पार्टी को महिलाओं, सोशल मीडिया में एक्टिव लोगों और युवाओं का ज्यादा समर्थन मिल सकता है।'

दूसरी तरफ, आम आदमी पार्टी की टिकट पर पिछले चुनाव में मात खाने वाली शाजिया इल्मी इस घोषणा के अगले ही दिन भारतीय जनता पार्टी में शामिल हो गईं। इसी मौके पर संगीतकार आनंद राज आनंद ने भी बीजेपी में शामिल होने का ऐलान किया।

इस मौके पर इल्मी ने कहा कि वह जीवनभर के लिए बीजेपी में शामिल हुई हैं। साथ ही उन्होंने साफ किया कि उनका चुनाव लड़ने का मन नहीं है- 'मैं सच्चे दिल से आपको बता रही हूं कि मैं चुनाव नहीं लड़ना चाहती। मुझे उम्मीद है कि संगठन मेरी इस इच्छा का सम्मान करेगा और मुझे ऐसे ही रखेगा।' पार्टी में शामिल होने से पहले शाजिया भाजपा अध्यक्ष अमित शाह से मिलने उनके घर गई थीं। शाजिया ने पूर्व आईपीएस अफसर किरण बेदी के बीजेपी में शामिल होने पर खुशी जताते हुए कहा कि उन्हें प्रशासन का लंबा तजुर्बा है और वह बेहतरीन प्रशासक रही हैं, जिसका पार्टी को फायदा मिलेगा। उन्होंने कहा कि लोग कर रहे हैं कि यह बीजेपी का मास्टर स्ट्रोक है और मुझे भी ऐसा ही लग रहा है।

19 जनवरी को भाजपा ने दिल्ली में किरण बेदी को अपना मुख्यमंत्री पद का उम्मीदवार घोषित करते हुए तमाम अटकलों पर विराम लगाया। अमित शाह ने यह घोषणा भाजपा संसदीय बोर्ड की बैठक खत्म होने के लगभग 45 मिनट बाद की। बैठक में प्रधानमंत्री नरेंद्र मोदी भी शामिल थे। भाजपा ने किरण बेदी को यमुनापार के कृष्णानगर विधानसभा सीट से चुनाव मैदान में उतारने का फैसला किया है।

अमित शाह ने कहा कि किरण बेदी पहली महिला आईपीएस अधिकारी रही हैं और उनका पूरा जीवन भ्रष्टाचार के खिलाफ संघर्ष में बीता है। वह दिल्ली में विभिन्न पदों पर तैनात रही हैं। उनकी छवि का लाभ भाजपा को चुनाव में मिलेगा। भाजपा ने दिल्ली ने जो नाम जनता के सामने रखा है वह दिल्ली की जनता की अपेक्षा की पूर्ति करेगा और बेदी के नेतृत्व में भाजपा विजय हासिल करेगी। शाह ने इस बात का खंडन किया कि बेदी को मुख्यमंत्री पद का उम्मीदवार बनाए जाने को लेकर पार्टी के अंदर कोई मतभेद है।

हालांकि, मीडिया रिपोर्ट से यह तब तक जाहिर हो चुका था कि किरण बेदी को लेकर दिल्ली बीजेपी के कई वरिष्ठ नेता नाराज हो चुके हैं। एक समय में स्वयं को मुख्यमंत्री के दावेदार के तौर पर स्थापित कर चुके जगदीश मुखी ने कहा है कि बेदी को पार्टी में लाने से पहले स्टेट यूनिट से ज्यादा बात नहीं की गई। दूसरी तरफ, उत्तर-पूर्वी दिल्ली से पार्टी सांसद मनोज तिवारी ने किरण बेदी को सीएम कैंडिडेट बनाए जाने

पर नाखुशी जाहिर की। मीडिया रिपोर्ट बताती है कि डॉ. हर्षवर्धन भी किरण के रवैये से खुश नजर नहीं आ रहे थे। इस तरह की भी खबरें उड़ीं कि राष्ट्रीय स्वयंसेवक संघ में भी किरण बेदी को लेकर खासी नाराजगी है। हालांकि बाद में विरोध के स्वर धीमे पड़ने लगे। जगदीश मुखी ने यह कहकर विवाद को विराम दिया कि वह आरएसएस के सिपाही हैं और मिशन के लिए काम करते रहेंगे। अगर लीडरशिप को लगता है कि किरण बेदी को पार्टी में लाने से, मिशन को हासिल करने में मदद मिलेगी, तो ठीक है।

उधर, राष्ट्रीय स्वयंसेवक संघ ने पूर्व आईपीएस अधिकारी किरण बेदी के भाजपा में शामिल होने पर संघ प्रमुख की नाराजगी संबंधी खबरों का खंडन किया है। संघ ने इसे निराधार और मीडिया के दिमाग की उपज बताया। संघ के अखिल भारतीय प्रचार प्रमुख डॉ. मनमोहन वैद्य ने ट्विटर किया कि भाजपा में किरण बेदी के प्रवेश पर संघ प्रमुख मोहन भागवत की असहमति की खबर निराधार है। इस तरह की अफवाह संघ और सरकार के बीच दरार डालने की कोशिश है। वहीं, संघ के दिल्ली प्रांत के प्रचार प्रमुख ने कहा कि यह भाजपा का आंतरिक मसला है। वह जिसे चाहे मुख्यमंत्री बना सकती है। संघ इन मामलों में हस्तक्षेप नहीं करता। उन्होंने कहा कि भाजपा को जब मार्गदर्शन की जरूरत होती है, तभी संघ से परामर्श करती है।

इस तरह विरोध की जो सुगबुगाहट पार्टी के अंदर और बाहर सुनाई दे रही थी, वह अमित शाह के कुशल नेतृत्व में थम गई और भाजपा का मिशन दिल्ली अगले मुकाम पर जा पहुंचा।

उपसंहार

किताब भारतीय जनता पार्टी के राष्ट्रीय अध्यक्ष अमित शाह के अब तक के राजनीतिक सफर पर विशुद्ध रूप से केंद्रित है, खास तौर से राष्ट्रीय राजनीति में उनके उत्थान पर। उनके बचपन को, राष्ट्रीय स्वयंसेवक संघ के कार्यकर्ता के रूप में उनके काम को, गुजरात की क्षेत्रीय राजनीति में बतौर गृहमंत्री उनके प्रशासनिक कामकाज को इसमें संक्षिप्त रूप से ही समाहित किया जा सका है, क्योंकि एक ही किताब में इतना कुछ समेटना संभव नहीं होता। हां, भाजपा के बतौर उत्तर प्रदेश प्रभारी और बतौर राष्ट्रीय अध्यक्ष उनके काम, उनकी चुनावी रणनीतियों, उनकी सांगठनिक कामकाजों और उनके भाषणों को इसमें सिलसिलेवार रूप से प्रमुखता दी गई है। किताब यह दावा नहीं करती कि इसमें जो लिखा गया है, वह अमित शाह की अब तक पूरी राजनीतिक जीवनी है, लेकिन किताब यह जरूर दावा करती है कि अमित शाह के राजनीतिक क्रियाकलापों और उनके इर्द-गिर्द के घटनाक्रमों इसमें प्रामाणिक रूप से संरक्षित किया गया है। न उनके विचारों को तोड़ा-मरोड़ा गया है और न ही तथ्यों से खेला गया है। जो कुछ किसी भी कारणवश छूट गया है, उसके लिए लेखक को खेद है।

एक लेखक की अपनी सीमाएं होती है- वैचारिक से लेकर सम-सामयिक तक। लेखक इन सीमाओं के बीच ही किसी शख्सियत के बारे में लिखता है। इस मामले में, यह किताब औरों से अलग इसलिए है कि यहां लेखक ने भाजपा के राष्ट्रीय अध्यक्ष अमित शाह के बारे में अपने विचार कम थोपे हैं, बल्कि अमित शाह के विचारों और

उनके बारे में अन्य उनके करीबियों के विचारों को रखा है। इसके अलावा, किताब में उनकी चुनावी रणनीतियों का राजनीतिक विश्लेषण किया गया है। अतः इस किताब को पढ़ते समय लेखक क्या सोचता है, से अधिक अमित शाह क्या सोचते हैं, इस पर गौर किया जाना चाहिए। इस किताब को किसी सुखद मोड़ पर खत्म भी नहीं किया गया है, बल्कि अमित शाह की अगली यात्रा, यानी मिशन दक्षिण की संक्षिप्त गतिविधियों के साथ विराम दिया गया है। निःसंदेह, उनकी यह यात्रा जैसे-जैसे आगे बढ़ेगी, किताब वैसे-वैसे विस्तृत होती जाएगी। भले ही पाठक को यह विस्तार इस किताब में न मिले, परंतु वह आगे के घटनाक्रमों को इस किताब से जोड़ता जा सकता है।

यह किताब संगठन के एक आदमी का संगठनकर्ता बनने की कहानी है। यह किताब भारतीय जनता पार्टी के नए शाह का सफरनामा है। यह किताब भारतीय राजनीति में आए ऐतिहासिक बदलाव का एक गवाह है। यह किताब नरेन्द्र मोदी के प्रधानमंत्री बनने और अमित शाह के भाजपा अध्यक्ष बनने की दास्तान है।

OOO